FONTES CHRISTIANI

THEODOR VON MOPSUESTIA
KATECHETISCHE HOMILIEN
I

FONTES CHRISTIANI

Zweisprachige Neuausgabe christlicher Quellentexte
aus Altertum und Mittelalter

Herausgegeben von
Norbert Brox, Wilhelm Geerlings, Gisbert Greshake,
Rainer Ilgner, Rudolf Schieffer

Band 17/1

THEODOR VON MOPSUESTIA
KATECHETISCHE HOMILIEN
I

HERDER

FREIBURG · BASEL · WIEN
BARCELONA · ROM · NEW YORK

THEODOR VON MOPSUESTIA
KATECHETISCHE HOMILIEN

ERSTER TEILBAND

ÜBERSETZT UND EINGELEITET
VON
PETER BRUNS

HERDER

FREIBURG · BASEL · WIEN
BARCELONA · ROM · NEW YORK

Fontes-Redaktion:
Rosalie Hellmann, Nicolaus Klimek, Horst Schneider

Gedruckt mit Unterstützung der
Alfried Krupp von Bohlen und Halbach-Stiftung

Die Deutsche Bibliothek – CIP-Einheitsaufnahme

Theodorus ‹Mopsuestenus›:
Katechetische Homilien / Theodor von Mopsuestia. Übers. und eingel. von Peter Bruns. – Freiburg im Breisgau ; Basel ; Wien ; Barcelona ; Rom ; New York : Herder.
(Fontes Christiani ; Bd. 17)
NE: Bruns, Peter [Hrsg.]; Theodor ‹Mopsuestenus›: [Sammlung]; GT
Teilbd. 1 (1994)
ISBN 3-451-22141-1 kart.
ISBN 3-451-22241-8 geb.

Umschlagbild: Marmorplatte eines Lesepults,
Ravenna, S. Apollinare Nuovo, 6. Jh.

Satz: Nicolaus Klimek, Bochum
Herstellung: Freiburger Graphische Betriebe 1994
ISBN 3-451-22141-1 kartoniert
ISBN 3-451-22241-8 gebunden

INHALTSVERZEICHNIS

Erster Teilband

Einleitung

Übersetzung

ZWEITER TEILBAND

EINLEITUNG

ÜBERSETZUNG

REGISTER

ABKÜRZUNGEN

Werkabkürzungen

Abraham bar Lipheh
int. off. interpretatio officiorum

Aithallaha
epist. epistula

Ambrosius von Mailand
myst. de mysteriis
sacr. de sacramentis

Anaphorae Syriacae
An. Syr. Anaphorae Syriacae

Aphrahat
dem. demonstrationes

Apolinarius von Laodicea
frg. fragmenta

Aristides
apol. apologia

Athanasius
decr. de decretis Nicaenae synodi

Athenagoras
leg. legatio *sive* supplicatio pro Christianis

Babai magnus
un. de unione

Barḥadbešabba
fund. schol. causa fundationis scholarum
hist. historia patrum sanctorum

Basilius von Cäsarea
Spir. de Spiritu sancto

CONSTITUTIONES APOSTOLORUM

Const. apost.	Constitutiones apostolorum

CYRILL VON JERUSALEM

myst. cat.	mystagogicae catecheses

DIODOR VON TARSUS

comm. in Ps.	commentarii in Psalmos
frg.	fragmenta
Synous.	fragmenta ex libris contra Synousiastas

DOCTRINA PATRUM

Doct. patr.	Doctrina patrum

EUSEBIUS VON CÄSAREA

h. e.	historia ecclesiastica

EXPOSITIO OFFICIORUM

Exp. off.	Expositio officiorum

FACUNDUS VON HERMIANE

c. Moc.	contra Mocianum Scholasticum
defens.	in defensione trium capitulorum
fid.	epistula fidei catholicae in defensione trium capitulorum

GREGOR VON NAZIANZ

epist.	epistulae

GREGOR VON NYSSA

Apol.	antirrheticus adversus Apolinarium
Eun.	contra Eunomium

IRENÄUS VON LYON

haer.	adversus haereses

ISAAK VON ANTIOCHIEN

carm.	carmina

ISAAK VON NINIVE

tract. myst.	tractatus mystici

JOHANNES CHRYSOSTOMUS

cat. bapt.	catecheses baptismales
Thdr.	ad Theodorum lapsum

JULIAN APOSTATA
epist. epistulae

JUSTIN DER MÄRTYRER
apol. apologia
dial. dialogus cum Tryphone Iudaeo

LIBANIUS
epist. epistulae

NARSAI
ascen. de ascensione
carm. carmina
creat. de creatione
doct. de tribus doctoribus
epiph. de epiphania
hom. homiliae
nat. de nativitate
pass. de passione
resur. de resurrectione

PELAGIUS DIACONUS
defens. in defensione trium capitulorum

PHOTIUS VON KONSTANTINOPEL
cod. bibliothecae codices

PROKOP
anec. anecdota

SAHDONA (MARTYRIUS)
perf. de perfectione

SEVERUS VON ANTIOCHIEN
Phil. Philalethes

SOKRATES (KIRCHENHISTORIKER)
h. e. historia ecclesiastica

SOZOMENUS
h. e. historia ecclesiastica

SYNODICON ORIENTALE
Syn. Or. Synodicon Orientale

TATIAN

orat.	oratio ad Graecos

TERTULLIAN

nat.	ad nationes
scorp.	scorpiacae

THEODOR BAR KONAI

schol.	liber scholiorum

THEODOR VON MOPSUESTIA

comm. in Gen.	commentarius in Genesim
comm. in Ps.	commentarius in psalmos
comm. in Eccl.	commentarius in Ecclesiasten
comm. in XII proph.	commentarius in XII prophetas
comm. in Mt.	commentarius in Matthaeum
comm. in Lc.	commentarius in Lucam
comm. in Io.	commentarius in Ioannem
comm. in Rom.	commentarius in epistulam ad Romanos
comm. in 1 Cor.	commentarius in epistulam I ad Corinthios
comm. in Gal.	commentarius in epistulam ad Galatos
comm. in Eph.	commentarius in epistulam ad Ephesios
comm. in Phil.	commentarius in epistulam ad Philippenses
comm. in Col.	commentarius in epistulam ad Colossenses
Apol.	contra Apolinarium
contr. Mac.	controversia cum Macedonianis
Eun.	contra Eunomium
hom. cat.	homiliae catecheticae
incarn.	de incarnatione

THEODORET VON CYRUS

eran.	eranistes
h. e.	historia ecclesiastica

THEOPHILUS VON ANTIOCHIEN

Autol.	ad Autolycum

TRADITIO APOSTOLICA

Trad. apost.	Traditio apostolica

Allgemeine Abkürzungen

adn. ad l.	adnotatio ad lineam	lat.	lateinisch
app. crit.	apparatus criticus	LXX	Septuaginta
arab.	arabisch	N.F.	Neue Folge
armen.	armenisch	NS	Neue Serie
atl.	alttestamentlich	ntl.	neutestamentlich
bibl.	biblisch	par.	parallel
christl.	christlich	Präpeš.	Präpeshitta
durchges.	durchgesehen	Ps.	Pseudo
engl.	englisch	syr.	syrisch
FS	Festschrift	übers.	übersetzt
griech.	griechisch	Übers.	Übersetzung
hebr.	hebräisch	u. ö.	und öfter
hom.	Homilie	verb.	verbessert
jüd.	jüdisch	wörtl.	wörtlich

Bibliographische Abkürzungen

AAWG	Abhandlungen der Akademie der Wissenschaften in Göttingen
AAWG. PH	— Philologisch-historische Klasse
ABG	Archiv für Begriffsgeschichte, Bonn
AGTL	Arbeiten zur Geschichte und Theologie des Luthertums
AJT	American journal of theology, Chicago,Ill.
AKG	Arbeiten zur Kirchengeschichte
Ang.	Angelicum, Rom
Aug.	Augustinianum, Rom
AugSt (Phil.)	Augustinian Studies, Philadelphia
BGL	Bibliothek der griechischen Literatur
Bib.	Biblica, Rom
BIIRHT	Bulletin d'information de l'Institut de Recherche et d'Histoire des Textes, Rom
BKV	Bibliothek der Kirchenväter
ByZ	Byzantinische Zeitschrift, Leipzig u. a.
BZNW	Beihefte zur Zeitschrift für die neutestamentliche Wissenschaft
CCG	Corpus Christianorum. Series Graeca
CCL	Corpus Christianorum. Series Latina
ChH	Church history, Chicago, Ill. u.a.
CM	Classica et mediaevalia, Kopenhagen
CSCO	Corpus scriptorum Christianorum Orientalium
CSCO.S	— Scriptores Syri
CSCO.Sub	— Subsidia

Diak(US)	Diakonia. A quarterly devoted to advancing orthodox-catholic dialogue, Bronx, N.Y.
DoC	Doctor communis, Rom
DomSt	Dominican studies, Oxford
DOP	Dumbarton Oakes papers, Cambridge
DS	Enchiridion symbolorum (Denzinger/Schönmetzer), siehe Quellen: CONCILIA
DThC	Dictionnaire de théologie catholique, Paris
ED	Euntes docete, Rom
EL	Ephemerides Liturgicae, Rom
EMerced	Estudios, notas y bibliografía especialmente sobre la orden de la Merced en España y América, Barcelona
EOr	Echos d'Orient, Paris
ETH	Études de théologie historiques
FC	Fontes Christiani
FKDG	Forschungen zur Kirchen- und Dogmengeschichte
GCS	Die griechischen christlichen Schriftsteller der ersten drei Jahrhunderte
GOF	Göttinger Orientforschung
GOF.S	— Reihe 1: Syriaca
GOTR	Greek orthodox theological review, Athen
Gr.	Gregorianum, Rom
GregPal	Grēgōrios ho Palamas, Thessaloniki
HDG	Handbuch der Dogmengeschichte
HJb	Historisches Jahrbuch der Görres-Gesellschaft, München u. a.
IThQ	Irish Theological Quarterly, Maynooth u. a.
JA	Journal asiatique, Paris
JAOS	Journal of the American oriental society, Baltimore, Md. u. a.
JbAC	Jahrbuch für Antike und Christentum, Bonn
JThS	Journal of theological studies, Oxford u. a.
LJ	Liturgisches Jahrbuch, Münster
MThS	Münchener Theologische Studien
MThS.H	— Historische Abteilung
Muséon	Le Muséon. Revue d'études orientales, Louvain
NTA	Neutestamentliche Abhandlungen
OCA	Orientalia Christiana analecta, Rom
OCP	Orientalia Christiana periodica, Rom
OLoP	Orientalia Lovaniensia periodica, Louvain
OrChr	Oriens Christianus, Rom/Wiesbaden
OrSyr	L'Orient Syrien, Paris
OTHE	Opuscula et textus historiam ecclesiae eiusque vitam atque doctrinam illustrantia
OTHE.L	— Serie Liturgica
ParOr	Parole de l'Orient, Kaslik
PG	Patrologiae cursus completus. Accurante J.-P. Migne, Paris. Series Graeca

PL	Patrologiae cursus completus. Accurante J.-P. Migne, Paris. Series Latina
PO	Patrologia orientalis
POC	Proche-Orient chrétien, Jerusalem
PS	Patrologia Syriaca
PTS	Patristische Texte und Studien
RAC	Reallexikon für Antike und Christentum, Stuttgart
RB	Revue biblique, Paris
RevSR	Revue des sciences religieuses, Straßburg
RHE	Revue d'histoire ecclésiastique, Louvain
RHR	Revue de l'histoire des religions, Paris
ROC	Revue de l'Orient chrétien, Paris
RSLR	Rivista di storia e letteratura religiosa, Florenz
RSR	Recherches de science religieuse, Paris
RThom	Revue Thomiste, Brügge
RTL	Revue théologique de Louvain
SCA	Studies in Christian antiquity. Catholic University of America
SCh	Sources chrétiennes
ScrVict	Scriptorium Victoriense, Vitoria
SE	Sacris erudiri, Brügge
SSL	Spicilegium sacrum Lovaniense
SST	Studies in Sacred Theology
StPatr	Studia patristica
StT	Studi e Testi
TaS	Texts and studies
Theoph.	Theophaneia
ThPh	Theologie und Philosophie, Freiburg
TS	Theological Studies, Woodstock/Baltimore, Md.
TU	Texte und Untersuchungen zur Geschichte der altchristlichen Literatur
VetChr	Vetera Christianorum, Bari
VigChr	Vigiliae Christianae. Review of early Christian life and language, Amsterdam
WhNT	Werkhefte zum NT
WoodSt	Woodbrooke studies. Christian documents in Syriac, Arabic and Garshuni
ZAW	Zeitschrift für die alttestamentliche Wissenschaft und die Kunde des nachbiblischen Judentums, Berlin
ZDMG	Zeitschrift der deutschen morgenländischen Gesellschaft, Wiesbaden u. a.
ZKG	Zeitschrift für Kirchengeschichte, Stuttgart u. a.
ZKTh	Zeitschrift für Katholische Theologie, Wien u. a.
ZNW	Zeitschrift für die neutestamentliche Wissenschaft und die Kunde der älteren Kirche, Berlin u. a.

BIBLIOGRAPHIE

Quellen

Abraham bar Lipheh
Interpretatio officiorum:
— Anonymi auctoris expositio officiorum ecclesiae Georgio Arbelensi vulgo adscripta I–II. Accedit Abrahae bar Lipheh interpretatio officiorum (hrsg. und übers. von R. H. Connolly = CSCO 64.71.72.76 = CSCO.S 25.28.29.32), Louvain 1911–1915.

Acta synodi Ephesinae
— *Akten der Ephesinischen Synode vom Jahre 449* (syr. hrsg. von J. Flemming, übers. von G. Hoffmann), Göttingen 1970 (Berlin 1917).

Aithallaha
Epistula:
— *Aithallae episcopi edesseni epistola ad Christianos in Persarum regione de fide* (hrsg. und übers. von J. Thorossian), Venedig 1942.
— Aithallahas Brief über den Glauben (übers. von P. Bruns): OrChr 77 (1993) 120–136.

Ambrosius von Mailand
De mysteriis:
— De mysteriis. Über die Mysterien: *De Sacramentis. Über die Sakramente / De Mysteriis. Über die Mysterien* (hrsg. und übers. von J. Schmitz = FC 3), Freiburg 1990, 205–255.
De sacramentis:
— De sacramentis. Über die Sakramente: *De Sacramentis. Über die Sakramente / De Mysteriis. Über die Mysterien* (hrsg. und übers. von J. Schmitz = FC 3), Freiburg 1990, 75–203.

Anaphorae Syriacae
Anaphora Gregorii Joannis:
— Anaphora Gregorii Joannis: *Anaphorae Syriacae 2/2* (hrsg. und übers. von O. Heiming / A. Raes), Rom 1953, 213–229.
Anaphora S. Jacobi:
— Anaphora S. Jacobi: *Anaphorae Syriacae 2/2* (hrsg. und übers. von O. Heiming / A. Raes), Rom 1953, 138–179.
Anaphora minor S. Jacobi:
— Anaphora minor S. Jacobi: *Anaphorae Syriacae 2/2* (hrsg. und übers. von O. Heiming / A. Raes), Rom 1953, 183–209.

APHRAHAT
Demonstrationes:
— *Demonstrationes.* Darlegungen, 2 Bde. (übers. von P. BRUNS = FC 5/1–2), Freiburg 1991.

APOLINARIUS VON LAODICEA
Fragmenta:
— *Apollinaristische Schriften. Syrisch-griechisch* (hrsg. von J. FLEMMING/ H. LIETZMANN = AAWG.PH N.F. 7/4), Göttingen 1904.
— *Apollinaris von Laodicea und seine Schule* (hrsg. von H. LIETZMANN = TU 1), Tübingen 1904.

ARISTIDES
Apologia:
— Apologia: *Die ältesten Apologeten* (hrsg. von E.J. GOODSPEED), Göttingen 1984, 3–23 (1914).

ATHANASIUS
De decretis Nicaenae synodi:
— De decretis Nicaenae synodi: *Werke,* Bd. 3/1 (hrsg. von H.G. OPITZ), Berlin/Leipzig 1934, 1–45.

ATHENAGORAS
Legatio sive supplicatio pro Christianis:
— Supplicatio pro Christianis: *Die ältesten Apologeten* (hrsg. von E.J. GOODSPEED), Göttingen 1984, 315–358 (1914).

BABAI MAGNUS
De unione:
— *Babai Magni liber de unione* (hrsg. und übers. von A. VASCHALDE), Rom/Paris 1915.

BARḤADBEŠABBA
Causa fundationis scholarum:
— *Cause de la fondation des écoles* (hrsg. und übers. von A. SCHER = PO 4, 315–404), Turnholt 1981 (Paris 1907).
Historia patrum sanctorum:
— *L'histoire des saints pères persécutés à cause de la vérité* (hrsg. und übers. von F. NAU = PO 9, 503–631; 23, 182–343), Paris 1913.

BASILIUS VON CÄSAREA
De Spiritu sancto:
— *De Spiritu sancto. Über den Heiligen Geist* (hrsg. und übers. von H.-J. SIEBEN = FC 12), Freiburg 1993.

CHRONICA ANONYMA
— *Histoire Nestorienne inédite (Chronique de Séert)* (hrsg. und übers. von A. SCHER = PO 4, 5/2, 7/2, 13/4), Paris 1907–1909.

CONCILIA
Concilia oecumenica (Concilium Constantinopolitanum II):
— *Sanctorum conciliorum et decretorum collectio nova et amplissima collectio* (hrsg. von I. D. MANSI), Graz 1960–61, Bd. 9, 368–388 (Florenz/Venedig 1759–98).
— *Conciliorum Oecumenicorum Decreta* (hrsg. von J. ALBERIGO u. a.), Freiburg 3. Aufl. 1973, 105–122.
Enchiridion symbolorum:
— *Enchiridion symbolorum* (hrsg. von H. DENZINGER / A. SCHÖNMETZER), Freiburg 36. Aufl. 1976.

CONSTITUTIONES APOSTOLORUM
— *Les constitutions apostoliques*, 3 Bde. (hrsg. und übers. von M. METZGER = SCh 320. 329. 336), Paris 1985–1987.

CYRILL VON JERUSALEM
Mystagogicae catecheses:
— *Mystagogicae catecheses. Mystagogische Katechesen* (hrsg. und übers. von G. RÖWEKAMP = FC 7), Freiburg 1992.

DIODOR VON TARSUS
Commentarii in psalmos:
— *Diodori Episcopi Tarsensis commentarii in psalmos* (I–L) (hrsg. von J. M. OLIVIER = CCG 6), Turnholt 1980.
Fragmenta:
— Fragmenta ex libris contra Synousiastas (PG 33), 1559–1561.
— Fragments syriaques de Diodore de Tarse (hrsg. und übers. von M. BRIÈRE): ROC 30 (1946) 231–283.

DOCTRINA PATRUM
— *Doctrina Patrum de incarnatione Verbi.* Ein griechisches Florilegium aus der Wende des 7. und 8. Jh. (mit Korr. und Nachtr. von B. PHANOURGAKIS, hrsg. von E. CHRYSOS), Münster 2. Aufl. 1981 (hrsg. von F. DIEKAMP, Paderborn 1907).

EUSEBIUS VON CÄSAREA
Historia ecclesiastica:
— *Histoire ecclésiastique*, 4 Bde. (hrsg. und übers. von G. BARDY = SCh 31. 41. 55. 73), Paris 3. Aufl. 1986. 1983. 1984. 1987.
— *Die Kirchengeschichte mit der lateinischen Übersetzung des Rufinus,* 2 Bde. (hrsg. von E. SCHWARTZ / T. MOMMSEN = GCS 9/1–2, Eusebius 2/1–2), Leipzig 1903. 1908.

— *Kirchengeschichte. Kleine Ausgabe* (hrsg. von E. Schwartz), Berlin 5. Aufl. 1955.
— *Kirchengeschichte* (übers. von P. Haeuser = BKV² 2. Reihe 1), München 2. Aufl. (neu durchgesehen von H. Gärtner, hrsg. von H. Kraft) 1981 (München 1932).

Expositio officiorum
— Anonymi auctoris expositio officiorum ecclesiae Georgio Arbelensi vulgo adscripta I–II. Accedit Abrahae bar Lipheh interpretatio officiorum (hrsg. und übers. von R. H. Connolly = CSCO 64.71.72.76 = CSCO.S 25.28.29.32), Louvain 1911–1915.

Facundus von Hermiane
Contra Mocianum:
— Contra Mocianum: *Opera omnia* (hrsg. von J.-M. Clément / R. van der Plaetse = CCL 90a), Turnholt 1970, 399–416.
Epistula fidei catholicae:
— Epistula fidei catholicae: *Opera omnia* (hrsg. von J.-M. Clément / R. van der Plaetse = CCL 90a), Turnholt 1970, 417–434.
In defensione trium capitulorum:
— In defensione trium capitulorum: *Opera omnia* (hrsg. von J.-M. Clément / R. van der Plaetse = CCL 90a), Turnholt 1970, 1–398.

Gregor von Nazianz
Epistulae:
— *Briefe* (hrsg. von P. Gallay = GCS 53), Berlin 1969.
— Epistolae: *Sancti Gregorii Theologi Archiepiscopi Constantinopolitani opera omnia 3* (PG 37), 21–388.
— *Briefe* (übers. von M. Wittig = BGL 13), Stuttgart 1981.

Gregor von Nyssa
Antirrheticus adversus Apolinarium:
— Antirrheticus adversus Apolinarium: *Gregorii Nysseni Opera 3/1* (hrsg. von W. Jaeger), Leiden 1958, 129–233.
Contra Eunomium:
— Contra Eunomium: *Gregorii Nysseni Opera 1–2* (hrsg. von W. Jaeger), Leiden 2. Aufl. 1960.

Irenäus
Adversus haereses:
— Adversus haereses liber I. Gegen die Häresien Buch 1: *Epideixis. Darlegung der apostolischen Verkündigung / Adversus haereses liber I. Gegen die Häresien Buch 1* (hrsg. und übers. von N. Brox = FC 8/1), Freiburg 1993, 113–357.

— *Adversus haereses liber II. Gegen die Häresien Buch 2* (hrsg. und übers. von N. BROX = FC 8/2), Freiburg 1993.
— *Contre les hérésies*, 10 Bde.: Buch I (hrsg. und übers. von A. ROUSSEAU / L. DOUTRELEAU = SCh 263.264), Paris 1979; Buch II (hrsg. und übers. von A. ROUSSEAU / L. DOUTRELEAU = SCh 293.294), Paris 1982; Buch III (hrsg. und übers. von A. ROUSSEAU / L. DOUTRELEAU = SCh 210.211), Paris 1974; Buch IV (hrsg. von A. ROUSSEAU unter Mitarbeit von B. HEMMERDINGER / L. DOUTRELEAU / C. MERCIER = SCh 100/1–2), Paris 1965; Buch V (hrsg. und übers. von A. ROUSSEAU / L. DOUTRELEAU / C. MERCIER = SCh 152.153), Paris 1969.

ISAAK VON ANTIOCHIEN
Carmina:
S. Isaaci Antiocheni, doctoris Syrorum, opera omnia I–II (hrsg. und übers. von G. BICKELL), Gießen 1873–1877.

ISAAK VON NINIVE
Tractatus mystici:
— *Mar Isaacus Ninivita de perfectione religiosa* (hrsg. von P. BEDJAN), Paris/Leipzig 1909.
— *Mystic Treatises by Isaac of Niniveh* (übers. von J.A. WENSINCK), Wiesbaden 1969 (Amsterdam 1923).

JOHANNES CHRYSOSTOMUS
Ad Theodorum lapsum:
— *A Théodore* (hrsg. und übers. von J. DUMORTIER = SCh 117), Paris 1966.
Catecheses baptismales:
— *Catecheses Baptismales. Taufkatechesen*, 2 Bde. (hrsg. und übers. von R. KACZYNSKI = FC 6/1–2), Freiburg 1992.

JULIAN APOSTATA
Epistulae:
— *Briefe* (hrsg. und übers. von B.K. WEIS), Zürich/München 1973.

JUSTIN DER MÄRTYRER
Apologia:
— Apologia: *Die ältesten Apologeten* (hrsg. von E.J. GOODSPEED), Göttingen 1984, 24–77 (1914).
Dialogus cum Tryphone Iudaeo:
— Dialogus cum Tryphone: *Die ältesten Apologeten* (hrsg. von E.J. GOODSPEED), Göttingen 1984, 90–265 (1914).

LIBANIUS
Epistulae:
— *Briefe. Auswahl* (hrsg. und übers. von G. FATOUROS / T. KRISCHER), Zürich/München 1980.

LITURGICA
— *Liturgies Eastern and Western 1: Eastern Liturgies* (übers. von F.E. BRIGHTMAN), Oxford 1965 (1906).
— *The Eucharistic Prayer of Addai and Mari* (hrsg. und übers. von A. GELSTON), Oxford 1992.

NARSAI
De creatione:
— *Homélies de Narsaï sur la création* (hrsg. und übers. von P. GIGNOUX = PO 36, 3/4), Turnholt/Paris 1968.
De nativitate, de epiphania, de passione, de resurrectione, de ascensione:
— *Narsai's Metrical Homilies on the Nativity, Epiphany, Passion, Resurrection and Ascension* (hrsg. und übers. von F.G. MCLEOD = PO 40, 1), Turnholt/Paris 1979.
De tribus doctoribus:
— Homélie de Narsès sur les trois docteurs nestoriens (hrsg. und übers. von F. MARTIN): JA 14 (1899) 446–492; 15 (1900) 469–525.
Homiliae et carmina:
— *Narsai Doctoris Syri homiliae et carmina*, 5 Bde. (hrsg. von A. MINGANA), Mossul 1905.
— *The Liturgical Homilies of Narsai* (übers. von R. CONNOLLY = TaS 8), Cambridge 1909.

NESTORIANA
— *A Nestorian Collection of Christological Texts*, 2 Bde. (hrsg. und übers. von L. ABRAMOWSKI / A.E. GOODMAN), Cambridge 1972.

PELAGIUS DIACONUS
In defensione trium capitulorum:
— *In defensione trium capitulorum* (hrsg. von R. DEVREESSE = StT 57), Rom 1932.

PHOTIUS VON KONSTANTINOPEL
Bibliothecae codices:
— *Myriobiblon sive Bibliotheca* (PG 103. 104).

PROKOP
Anecdota:
— *Anekdota. Geheimgeschichte des Kaiserhofes von Byzanz* (hrsg. und übers. von O. VEH), Zürich/München 3. Aufl. 1981.

RABBULA VON EDESSA
— *S. Ephremi Syri, Rabulae et al. opera selecta* (hrsg. von J. J. OVERBECK), Oxford 1965.

SAHDONA (MARTYRIUS)
De perfectione:
— *S. Martyrii, qui et Sahdona, quae supersunt omnia* (hrsg. von P. BEDJAN), Paris 1902.
— *Œuvres spirituelles. Livre de perfection* (hrsg. und übers. von A. DE HALLEUX = CSCO 200.201 = CSCO.S 86.87), Louvain 1960.

SEVERUS VON ANTIOCHIEN
Philalethes:
— *Le Philalèthe,* 2 Bde. (hrsg. und übers. von R. HESPEL = CSCO 133.134 = CSCO.S 68.69), Louvain 1952.

SOKRATES (KIRCHENHISTORIKER)
Historia ecclesiastica:
— Historia ecclesiastica: *Socratis scholastici, Hermiae Sozomeni historia ecclesiastica* (PG 67), 29–842.

SOZOMENUS
Historia ecclesiastica:
— *Kirchengeschichte* (hrsg. von J. BIDEZ / G.C. HANSEN = GCS 50), Berlin 1960.

SYNODICON ORIENTALE
— *Das Buch der Synhados oder Synodicon Orientale* (übers. von O. BRAUN), Amsterdam 1975 (Wien 1900).
— *Synodicon Orientale ou Recueil de Synodes nestoriens* (hrsg. und übers. von J. B. CHABOT), Paris 1902.

TATIAN
Oratio ad Graecos:
Oratio ad Graecos: *Die ältesten Apologeten* (hrsg. von E. J. GOODSPEED), Göttingen 1984, 268–305 (1914).

TERTULLIAN
Ad nationes:
Ad nationes (hrsg. von J. G. P. BORLEFFS): *Tertulliani Opera* (CCL 1), Turnholt 1954, 11–75.
Scorpiacae:
Scorpiacae (hrsg. von A. REIFFERSCHEID / G. WISSOWA): *Tertulliani Opera* (CCL 2), Turnholt 1954, 1069–1097.

THEODOR BAR KONAI
Liber scholiorum:
— *Liber Scholiorum*, 2 Bde. (hrsg. und übers. von A. SCHER = CSCO 55.69 = CSCO.S 19.26), Louvain 1910–1912.
— *Livre des Scolies*, Bd. 1–2 (hrsg. und übers. von R. HESPEL / R. DRAGUET = CSCO 431.432 = CSCO.S 187.188), Louvain 1981.
— *Livre des Scolies*, Bd. 3–6 (hrsg. und übers. von R. HESPEL = CSCO 447.448.464.465 = CSCO.S 193.194.198.199), Louvain 1983 bis 1984.

THEODOR VON MOPSUESTIA
Ältere z. T. überholte Gesamtausgabe: PG 66.
Commentarius in Genesim:
— Interprétation (du Livre) de la Genèse (Vat. Syr. 120ff, I–V) (hrsg. von R. TONNEAU): Le Muséon 66 (1953) 45–64.
— Interprétation du livre de la Genèse. Fragments de la version syriaque (b. m. add. 17, 189, fol. 17–21), (hrsg. von T. JANSMA): Le Muséon 75 (1962) 63–92.
— *Theodori Mopsuesteni fragmenta syriaca* (hrsg. und übers. von E. SACHAU), Leipzig 1869, 1–21.
Commentarius in Psalmos:
— Der Psalmenkommentar des Theodor von Mopsuestia in syrischer Bearbeitung: ZAW 5 (1885) 53–101.
— *Fragments syriaques de commentaire des Psaumes (psaume 118 et psaume 138–148)* (hrsg. und übers. von L. VAN ROMPAY = CSCO 435.436 = CSCO.S 189.190), Louvain 1982.
— *Le commentaire de Théodore de Mopsueste sur les Psaumes* (I–LXXX) (hrsg. von R. DEVREESSE = StT 93), Rom 1939.
— Siebenzehn makkabäische Psalmen nach Theodor von Mopsuestia (hrsg. von F. BAETHGEN): ZAW 6 (1886) 261–288; 7 (1887) 1–60.
— *Theodori Mopsuesteni Expositionis in Psalmos Juliano Aeclanensi interprete in Latinum versae quae supersunt* (hrsg. von L. DE CONINCK = CCL 88a), Turnholt 1977.
Commentarius in Ecclesiasten:
— *Das syrische Fragment des Ecclesiastes-Kommentar von Theodor von Mopsuestia.* Syrischer Text mit vollständigem Wörterverzeichnis (hrsg. von W. STROTHMANN = GOF.S 28), Wiesbaden 1988.
— *Syrische Katenen aus dem Ecclesiastes-Kommentar des Theodor von Mopsuestia.* Syrischer Text mit vollständigem Wörterverzeichnis (hrsg. von W. STROTHMANN = GOF.S 29), Wiesbaden 1988.
Commentarius in XII prophetas:
— *Theodori Mopsuesteni Commentarius in XII Prophetas* (hrsg. von H. N. SPRENGER = GOF 5/1), Wiesbaden 1977.
— *Theodori Mopsuesteni fragmenta syriaca* (hrsg. und übers. von E. SACHAU), Leipzig 1869, 22–27.

Commentarius in Matthaeum:
— Matthäus-Kommentare aus der griechischen Kirche (hrsg. von J. REUSS = TU 61), Berlin 1957, 96–150.
Commentarius in Lucam:
— Commentarius in Lucam: *Synesii opera quae exstant omnia / Theodori Mopsuesteni episcopi scripta vel scriptorum fragmenta quae supersunt* (PG 66), 716–728.
Commentarius in Ioannem:
— Les fragments grecs du commentaire sur le quatrième évangile (hrsg. von R. DEVREESSE): *Essai sur Theódore de Mopsueste* (StT 141), Rom 1948, 288–420.
— *Theodori Mopsuesteni Commentarius in Evangelium Ioannis Apostoli* (J.M. VOSTÉ = CSCO 115.116 = CSCO.S 62.63), Louvain 1940.
Commentarii in epistolas B. Pauli apostoli:
— *Pauluskommentare aus der griechischen Kirche. Aus den Katenenhandschriften gesammelt und herausgegeben* (hrsg. von K. STAAB = NTA 15), Münster 2. Aufl. 1984.
— *Theodori episcopi Mopsuesteni in epistolas B. Pauli Commentarii*, 2 Bde. (hrsg. von H.B. SWETE), Cambridge 1880–1882.
Controversia cum Macedonianis:
— Théodore de Mopsueste. Controverse avec les Macédoniens (hrsg. und übers. von F. NAU = PO 9), Paris 1913, 637–667.
De incarnatione, contra Eunomium, contra Apolinarium et alia fragmenta dogmatica:
— *Analecta Syriaca* (hrsg. von P. DE LAGARDE), Wiesbaden 1967 (Leipzig 1858).
— *Theodori episcopi Mopsuesteni in epistolas B. Pauli Commentarii 2* (hrsg. von H.B. SWETE), Cambridge 1882, 289–340.
— Theodori Mopsuesteni fragmenta syriaca (hrsg. und übers. von E. SACHAU), Leipzig 1869, 28–57. 60–70.
Homiliae catecheticae:
— *Commentary of Theodore of Mopsuestia in the Lord's Prayer and on the Sacraments of Baptism and the Eucharist* (hrsg. und übers. von A. MINGANA = WoodSt 6), Cambridge 1933.
— *Commentary of Theodore of Mopsuestia on the Nicene Creed* (hrsg. und übers. von A. MINGANA = WoodSt 5), Cambridge 1932.
— *Les homélies catéchétiques* (hrsg. und übers. von R. TONNEAU / R. DEVREESSE = StT 145), Rom 1949.
— *Ritus baptismi et missae, quem descripsit Theodorus ep. Mopsuestenus in sermonibus catecheticis* (übers. von A. RÜCKER = OTHE.L 2), Münster 1933.

THEODORET VON CYRUS
Eranistes:
— *Eranistes* (hrsg. von G.H. ETTLINGER), Oxford 1975.

Historia ecclesiastica:
— *Kirchengeschichte* (hrsg. von L. PARMENTIER / F. SCHEIDWEILER = GCS 44), Berlin 2. Aufl. 1954.

THEOPHILUS VON ANTIOCHIEN
Ad Autolycum:
— *Ad Autolycum* (hrsg. und übers. von R. M. GRANT), Oxford 1970.
— Des heiligen Theophilus, Bischofs von Antiochien, drei Bücher an Autolykus (übers. von J. LEITL, 2., verb. Ausgabe besorgt und eingel. von A. DI PAULI): *Frühchristliche Apologeten und Märtyrerakten 2* (BKV[2] 14), Kempten / München 1913, 8–110.

TRADITIO APOSTOLICA
— Traditio apostolica. Apostolische Überlieferung (hrsg. und übers. von W. GEERLINGS): *Didache. Zwölf-Apostel-Lehre / Traditio apostolica. Apostolische Überlieferung* (hrsg. und übers. von W. GEERLINGS / G. SCHÖLLGEN = FC 1), Freiburg 1991, 141–313.

LITERATUR

ABRAMOWSKI, L., Das Konzil von Chalkedon in der Homilie des Narses über die drei nestorianischen Lehrer: ZKG 66 (1954/55) 140–143.
—, Der Streit um Diodor und Theodor zwischen den beiden ephesinischen Konzilien: ZKG 67 (1955/56) 252–287.
—, Die Zitate in der Schrift *In defensione trium Capitulorum* des römischen Diakons Pelagius: VigChr 10 (1956) 160–193.
—, Ein unbekanntes Zitat aus *Contra Eunomium* des Theodor von Mopsuestia: Muséon 71 (1958) 97–104.
—, Reste von Theodorets Apologie für Diodor und Theodor bei Facundus (StPatr 1 = TU 63), Berlin 1957, 61–69.
—, Was hat das Nicaeno-Constantinopolitanum (C) mit dem Konzil von Konstantinopel 381 zu tun?: ThPh 67 (1992) 481–513.
—, Zur Theologie Theodors von Mopsuestia: ZKG 72 (1961) 262–293.
ABRAMOWSKI, R., Der theologische Nachlaß des Diodor von Tarsus: ZNW 42 (1949) 19–49.
—, Neue Schriften Theodors von Mopsuestia († 428): ZNW 34 (1934) 66–84.
—, Untersuchung zu Diodor: ZNW 30 (1931) 234–262.
ALTANER, B. / STUIBER, A., *Patrologie. Leben, Schriften und Lehre der Kirchenväter*, Freiburg 8. Aufl. 1978.
ALWAN, K. H., L'homme était-il mortel ou immortel avant le péché, pour Jacques de Saroug?: OCP 55 (1989) 5–31.

AMANN, E., La doctrine christologique de Théodore de Mopsueste (à propos d'une publication récente): RevSR 14 (1934) 161–190.

—, Théodore de Mopsueste: DThC 15/1, 235–237.

—, Un nouvel ouvrage de Théodore de Mopsueste: RevSR 20 (1940) 491–528.

ANASTOS, M., The Immutability of Christ and Justinian's Condemnation of Theodore of Mopsuestia: DOP 6 (1951) 125–160.

ANDRESEN, C., *Logos und Nomos. Die Polemik des Kelsos wider das Christentum* (AKG 30), Berlin 1955.

ARNOU, R., Nestorianisme et Néoplatonisme: l'unité du Christ et l'union des „intelligibles": Gr. 17 (1936) 116–131.

ASSEMANI, J.-S., *Bibliotheca Orientalis Clementino-Vaticana,* 3 Bde., Hildesheim / New York 1975 (Rom 1719–1728).

BADGER, P. G., *The Nestorians and their Rituals I–II*, London 1987 (1852).

BARDENHEWER, O., *Geschichte der altkirchlichen Literatur 3*, Darmstadt 1962 (Freiburg 1923).

—, *Polychronius. Bruder Theodors von Mopsuestia und Bischof von Apamea,* Freiburg 1879.

BARDY, G., *Paul de Samosate. Etude Historique* (SSL 4), Louvain 1929.

BAUMSTARK, A., *Aristoteles bei den Syrern vom 5. bis 8. Jh.*, Aalen 1975 (Leipzig 1900).

BECK, E., Das Bild vom Spiegel bei Ephräm: OCP 19 (1953) 5–24.

BETZ, J., *Eucharistie in der Schrift und Patristik* (HDG 4/4a), Freiburg 1979, 97–108.

BIHAIN, E., Le *Contre Eunome* de Théodore de Mopsueste: Le Muséon 75 (1962) 331–355.

BLUM, G., Nestorianismus und Mystik. Zur Entwicklung christlich-orientalischer Spiritualität in der ostsyrischen Kirche: ZKG 93 (1982) 273–294.

—, *Rabbula von Edessa. Der Christ, der Bischof, der Theologe* (CSCO 300 = CSCO.Sub 34), Louvain 1969.

—, *Tradition und Sukzession. Studien zum Normbegriff des Apostolischen von Paulus bis Irenäus* (AGTL 9), Berlin/Hamburg 1963.

BOWMAN, J., Exorcism and Baptism: *A Tribute to Arthur Vööbus. Studies in Early Christian literature and its environment, primarly in the Syrian East* (hrsg. von R. H. FISCHER), Chicago 1977, 249–264.

BRADE, L., *Untersuchungen zum Scholienbuch des Theodor bar Konai: Die Übernahme des Erbes von Theodorus von Mopsuestia in der nestorianischen Kirche,* Wiesbaden 1975.

BRAUN, O., Beiträge zur Geschichte der Eschatologie in den syrischen Kirchen: ZKTh 16 (1892) 273–312.

—, *Moses bar Kepha und sein Buch von der Seele,* Freiburg 1891.

BRIÈRE, *Fragments de Diodore,* siehe Quellen.

BRUNS, P., Aithallahas Brief über den Glauben: OrChr 76 (1992) 46–73; 77 (1993) 120–136.

—, *Das Christusbild Aphrahats des Persischen Weisen* (Hereditas 4), Bonn 1990.

—, *Den Menschen mit dem Himmel verbinden. Eine Studie zu den katechetischen Homilien des Theodor von Mopsuestia* (CSCO), im Druck.

BULTMANN, R., *Die Exegese des Theodor von Mopsuestia* (posthum hrsg. von H. FELD / K.H. SCHELKLE), Stuttgart 1984 (Marburg 1910).

CAMELOT, T., De Nestorius à Eutychès. L'opposition de deux christologies: *Das Konzil von Chalkedon. Geschichte und Gegenwart 1* (hrsg. von A. GRILLMEIER / H. BACHT), Würzburg 1951, 213–242.

—, *Ephesus und Chalzedon*, Mainz 1963.

CANIVET, P., *Le monachisme syrien selon Théodoret de Cyr*, Paris 1977.

CAÑIZARES LLOVERA, A., El catecumenato según Teodoro de Mopsuestia: EMerced 32 (1976) 147–193.

CARRARA, P., Per il testo greco del commento alla Genesi di T. di M.: Sileno 9 (1984) 135–143.

CARTER, B. E., Chrysostom's *Ad Theodorum lapsum:* VigChr 16 (1962) 87–101.

CAVALLERA, F., *Le schisme d'Antioche*, Paris 1905.

CHABOT, *Synodicon Orientale*, siehe Quellen.

CHADWICK, H., Eucharist and Christology in the Nestorian Controversy: JThS (NS) 2 (1951) 145–164.

CHEIKHO, P. L., *Chrestomathia Arabica*, Beirut 2. Aufl. 1911.

COURTH, F., *Trinität in Schrift und Patristik* (HDG 2/1a), Freiburg 1988.

CURTIN, T. A., *The baptismal liturgy of Theodor of Mopsuestia* (SST 222), Washington D.C. 1971.

DALEY, B. (u.a.), *Eschatologie in Schrift und Patristik* (HDG 4/7a), Freiburg 1986.

—, *The Hope of the Early Church. A Handbook of Patristic Eschatology*, Cambridge 1991.

DANIÉLOU, J., *Sacramentum futuri. Études sur les origines de la typologie biblique* (ETH), Paris 1950.

DEKKERS, E., Un nouveau manuscrit du Commentaire de Théodore de Mopsueste aux Epîtres de saint Paul: SE 6 (1954) 429–433.

DEVREESSE, R., *Essai sur Théodore de Mopsueste* (StT 141), Rom 1948.

—, La méthode exégétique de Théodore de Mopsueste: RB 53 (1946) 207–241.

—, Les instructions catéchétiques de Théodore de Mopsueste: RevSR 12 (1933) 425–436.

—, Par quelles voies nous sont parvenus les commentaires de Théodore de Mopsueste?: RB 39 (1930) 362–377.

DIEPEN, H.M., L'Assumptus Homo à Chalcédoine: RThom 51 (1951) 573–608.

DOBSCHÜTZ, E., A hitherto unpublished prologue to the Acts of the Apostles (probably Theodore of Mopsuestia): AJT 2 (1898) 353–387.

DÖLGER, F.J., Das Kreuzzeichen im Taufritual: JbAC 5 (1962) 5–22.
DORNER, F.A., *Theodori Mopsuesteni doctrina de imagine Dei*, Regensburg 1844.
DÖRRIES, H., *De Spiritu Sancto. Der Beitrag des Basilius zum Abschluß des trinitarischen Dogmas* (AAWG.PH 39), Göttingen 1956.
DRIJVERS, H.J.W., *Bardaisan of Edessa*, Assen 1966.
—, Early forms of Antiochene Christology: *After Chalcedon. Studies in Theology and Church History* (hrsg. von C. LAGA / J.A. MUNITZ), Leuven 1985, 99–113.
DUMORTIER, J., La tradition manuscrite des traités à Théodore: ByZ 51 (1958) 66–72; 52 (1959) 265–275.
ELERT, W., *Der Ausgang der altkirchlichen Christologie*, Berlin 1957.
EL-KHOURY, N., Der Mensch als Gleichnis Gottes. Eine Untersuchung zur Anthropologie des Theodor von Mopsuestia: OrChr 74 (1990) 62–71.
ELZE, M., *Tatian und seine Theologie* (FKDG 9), Göttingen 1960.
FABRICIUS, C., Adressat und Titel der Schriften an Theodor: CM 20 (1959) 68–97.
FELLERMAYER, J., *Tradition und Sukzession im Lichte des römisch-antiken Erbdenkens*, München 1979.
FELMY, K.C., *Die orthodoxe Theologie der Gegenwart. Eine Einführung*, Darmstadt 1990.
FERRARO, G., L'ora di Cristo e della Chiesa nel commentario di Teodoro di Mopsuestia al quarto Vangelo: Aug. 15 (1975) 275–307.
FLEMMING/LIETZMANN, *Apollinaristische Schriften*, siehe Quellen.
FRITZSCHE, O. F., *De Theodori Mopsuesteni vita et scriptis commentatio historico-theologica*, Halle a.d. Saale 1834, abgedr. in PG 66, 1–104.
GALTIER, P., Théodore de Mopsueste: sa vraie pensée sur l'incarnation: RSR 45 (1957) 161–186. 338–360.
GAVIN, F., The Sleep of the Soul in the Syriac Church: JAOS 40 (1920) 103–120.
GEERLINGS, W., Apologetik und Fundamentaltheologie in der Väterzeit: *Handbuch der Fundamentaltheologie 4* (hrsg. von W. KERN u.a.), Freiburg 1988, 317–333.
GESCHÉ, A., L'âme humaine de Jésus dans la christologie du IVe siècle: RHE 54 (1959) 385–425.
GIBSON, M., Theodore of Mopsuestia. A fragment in the Bodleian Library: JThS 21 (1970) 104f.
GIGNOUX, *Homelies de Narsaï*, siehe Quellen.
GRAF, G., Chalkedon in der Überlieferung der christlichen arabischen Literatur: *Das Konzil von Chalkedon. Geschichte und Gegenwart 1*, (hrsg. von A. GRILLMEIER / H. BACHT), Würzburg 1951, 749–768.
GRAFFIN, F., Une page retrouvée de Théodore de Mopsueste: *A Tribute to Arthur Vööbus. Studies in Early Christian literature and its environment, primarly in the Syrian East* (hrsg. von R.H. FISCHER), Chicago 1977, 29–34.

GREER, R. A., The Antiochene Christology of Diodor of Tarsus: JThS 17 (1966) 327–341.

—, *Theodore of Mopsuestia, Exegete and Theologian,* London 1961.

GRILLMEIER, A., Das *scandalum oecumenicum* des Nestorius in kirchlich-dogmatischer und theologischer Sicht: ders., *Mit ihm und in ihm. Christologische Forschungen und Perspektiven,* Freiburg 1975, 245 bis 282.

—, *Jesus der Christus im Glauben der Kirche 1: Von der Apostolischen Zeit bis zum Konzil von Chalcedon (451),* Freiburg 1979.

—, *Jesus der Christus im Glauben der Kirche,* Bd. 2/2, Freiburg 1989.

GROSS, J., Theodor von Mopsuestia. Ein Gegner der Erbsündenlehre: ZKG 65 (1953/54) 1–15.

GUIDA, A., La rinunzia evangelica ai beni. La polemica di Giuliano e la replica di Teodoro di Mopsuestia: Sileno 10 (1984) 277–287.

HAHN, A., *Bibliothek der Symbole und Glaubensregeln der Alten Kirche,* Hildesheim 1962 (Breslau 3. Aufl. 1897).

HALLEUX, A. DE, „Hypostase" et „Personne" dans la formation du dogme trinitaire (ca. 375–381): RHE 79 (1984) 313–369. 625–670.

—, La Profession de l'Esprit Saint dans le symbole de Constantinople: RTL 10 (1979) 5–39.

HANSON, R. P. C., *The Search for the Christian Doctrine of God. The Arian Controversy 318–381,* Edinburgh 1987.

HARNACK, A. VON, *Lehrbuch der Dogmengeschichte 2: Die Entwicklung des kirchlichen Dogmas 1,* Darmstadt 1990 (Tübingen 4. Aufl. 1909).

—, *Die Mission und Ausbreitung des Christentums in den ersten drei Jahrhunderten 1–2,* Leipzig 4. Aufl. 1924.

HAYES, E. R., *L'École d'Edesse,* Paris 1930.

HELLEMO, G., *Adventus Domini. Eschatological Thought in Fourth-Century Apses and Catecheses,* Leiden 1989, 199–247.

HOCKEL, A., *Christus der Erstgeborene. Zur Geschichte der Exegese von Kol 1, 15,* Düsseldorf 1965.

HÜBNER, R., *Die Schrift des* Apolinarius von Laodicea *gegen Photin (Ps-Athanasius. Contra Sabellianos) und Basilius von Cäsarea* (PTS 30), Berlin 1989.

—, Gotteserkenntnis durch die Inkarnation Gottes: Kleronomia 4 (1972) 131–161.

IVÁNKA, E. VON, *Platon Christianus. Übernahme und Umgestaltung des Platonismus durch die Väter,* Einsiedeln 1964.

JANERAS, V.-S., En quels jours furent prononcées les homélies catéchétiques de Théodore de Mopsueste?: *Mémorial Gabriel Khouri-Sarkis* (hrsg. von F. GRAFFIN), Louvain 1969, 121–133.

JOUASSARD, G., Ad Theodorum lapsum: HJb 77 (1958) 140–150.

JUGIE, M., La doctrine christologique de Diodore: ED 2 (1949) 171–191.

—, Le *Liber ad baptizandos* de Théodore de Mopsueste: EOr 34 (1935) 257–271.

—, *Theologia dogmatica Christianorum Orientalium ab Ecclesia catholica dissidentium 5*, Paris 1935.

KELLY, J.N.D., *Altkirchliche Glaubensbekenntnisse. Geschichte und Theologie*, Göttingen 1972.

KIHN, H., *Theodor von Mopsuestia und Junilius Africanus als Exegeten*, Freiburg 1880.

KOCH, G., *Die Heilsverwirklichung bei Theodor von Mopsuestia* (MThS.H 31), München 1965.

KOPECEK, T.A., *A History of Neo-Arianism*, Cambridge 1979.

LAMPE, G.W.H., *A Patristic Greek Lexicon*, Oxford 7. Aufl. 1984.

LEBON, J., Le credo de Théodore de Mopsveste: RHE 32 (1936) 835 bis 840.

LÉCUYER, J., Die Theologie der Anaphora nach der Schule von Antiochien: LJ 11 (1961) 81–92.

—, Le sacerdoce chrétien et le sacrifice eucharistique selon Théodore de Mopsueste: RSR 36 (1949) 481–516.

LERA, J.M., *Y se hizo hombre. La economía trinitaria en las catequesis de Teodoro de Mopsuestia*, Bilbao 1977.

LIETZMANN, H., *Apollinarius*, siehe Quellen.

—, Die Liturgie des Theodor von Mopsuestia: *Kleine Schriften 3*, Berlin 1963, 71–97.

—, *Symbole der Alten Kirche*, Bonn 1906.

LOOFS, F., *Paulus von Samosata*, Leipzig 1924.

LORENZ, R., Die Christusseele im arianischen Streit: ZKG 94 (1983) 1–51.

—, *Arius judaizans*, Göttingen 1979.

LOURMEL, A. DE, Théodore de Mopsueste Catéchète: Estudios Franciscanos (Barcelona) 18 (1968) 65–80.

LUISLAMPE, P., *Spiritus vivificans. Grundzüge einer Theologie des Heiligen Geistes nach Basilius von Cäsarea*, Münster 1981.

MACOMBER, W., An anaphora prayer composed by Theodore of Mopsuestia: ParOr 6/7 (1975/76) 341–348.

—, Newly discovered fragments of the Gospel Commentaries of Theodore of Mopsuestia: Muséon 81 (1968) 441–447.

MARSCHALL, W., *Karthago und Rom. Die Stellung der nordafrikanischen Kirche zum Apostolischen Stuhl in Rom*, Stuttgart 1971.

MAZZA, E., La formula battesimale nelle omelie catechetiche di Teodoro di Mopsuestia: EL 104 (1990) 23–34.

—, La struttura dell'Anafora nelle Catechesi di Teodoro di Mopsuestia: EL 102 (1988) 147–183.

MCGUCKIN, J. A., Did Augustine's Christology depend on Theodore of Mopsuestia?: RSLR 25 (1989) 444–457.

MCKENZIE, J., A new study of Theodore of Mopsuestia: TS 10 (1949) 394–408.

—, Annotations on the Christology of Theodore of Mopsuestia: TS 19 (1958) 345–373.

—, The Commentary of Theodore of Mopsuestia on John 1,46–51: TS 14 (1959) 73–84.
McNamara, K., The Problem of Theodore of Mopsuestia: IThQ 24 (1957) 175–184.
—, Theodore of Mopsuestia and the Nestorian Heresy: IThQ 19 (1952) 254–278; 20 (1953) 172–191.
McWilliam Dewart, J., The Influence of Theodore of Mopsuestia on Augustine's Letter 187: AugSt (Phil.) 10 (1979) 113–132.
—, The Notion of Person underlying the Christology of Theodore of Mopsuestia: StPatr 12 (1975/76) 199–207.
—, *The Theology of Grace of Theodore of Mopsuestia* (= SCA 16), Washington 1971.
Mingana, *Nicene Creed*, siehe Quellen: Theodor von Mopsuestia.
Mühl, M., Der λόγος ἐνδιάθετος und προφορικός von der älteren Stoa bis zur Synode von Sirmium: ABG 7 (1962) 7–56.
Mühlenberg, E., *Apollinarius von Laodicea* (FKDG 23), Göttingen 1969.
—, *Die Unendlichkeit Gottes bei Gregor von Nyssa. Gregors Kritik am Gottesbegriff der klassischen Metaphysik* (FKDG 16), Göttingen 1966.
Nelz, H. R., *Die theologischen Schulen der morgenländischen Kirchen*, Bonn 1916.
Norris, R. A., *Manhood and Christ. A Study in the Christology of Theodore of Mopsuestia*, Oxford 1963.
Nowak, J., *La relation entre la célébration des mystères et la vie chrétienne d'après les homélies catéchétiques de Théodore de Mopsueste*, Rom 1968.
Oñatibia, I., La doctrina de Teodoro de Mopsuestia sobre la penitencia eclesiástica: *Kyriakon 1, FS J. Quasten* (hrsg. von B. Kötting), Münster 1970, 427–440.
—, La vida cristiana tipo de las realidades celestes: ScrVict 1 (1954) 100–133.
Ortiz de Urbina, I., *Nizäa und Konstantinopel*, Mainz 1964.
—, *Patrologia Syriaca*, Rom 2. Aufl. 1965.
Outler, A. C., The Three Chapters. A Comment on the Survival of Antiochene Christology: *A Tribute to Arthur Vööbus. Studies in Early Christian literature and its environment, primarly in the Syrian East* (hrsg. von R. H. Fischer), Chicago 1977, 357–364.
Papadima, S. E., Die göttliche Liturgie nach den Mystagogischen Katechesen des Theodor von Mopsuestia (griech.): GregPal 51 (1968) 431–436.
Parente, P., Una riabilitazione di Teodoro Mopsuesteno: DoC 1 (1950) 3–15.
Patterson, L., *Theodore of Mopsuestia and Modern Thought*, London 1926.
Payne-Smith, J., *A compendious Syriac Dictionary*, Oxford 1985 (1903).

—, *Thesaurus Syriacus,* 2 Bde., Oxford 1981 (1879–1901).

PAYNE-SMITH, R. / MARGOLIOUTH, J.P., *Supplement to the Thesaurus Syriacus,* Oxford 1927.

PILHOFER, P., *Presbyteron kreitton. Der Altersbeweis der jüdischen und christlichen Apologeten und seine Vorgeschichte* (WhNT 2/39), Tübingen 1990.

PIROT, L., *L'Œuvre exégétique de Théodore de Mopsueste*, Rom 1913.

PRESTIGE, G. L., *God in Patristic Thought*, London 2. Aufl. 1952.

QUASTEN, J., *Patrologia 2* [I Padri greci (secoli IV–V)], Washington/Rom 1980.

RADDATZ, A., Theodor von Mopsuestia: *Gestalten der Kirchengeschichte 1* (hrsg. von M. GRESCHAT), Stuttgart 1984, 167–177.

RAVEN, C.E., *Apollinarism,* Cambridge 1923.

REFOULÉ, F., Immortalité de l'âme et résurrection de la chair: RHR 163 (1963) 11–52.

REINE, F. J., *The Eucharistic Doctrine and Liturgy of the Mystagogical Catecheses of Theodore of Mopsuestia* (SCA 2), Washington 1942.

REUSS, *Matthäus-Kommentare*, siehe Quellen: THEODOR VON MOPSUESTIA.

RICHARD, M., La tradition des fragments du traité Περὶ τῆς ἐνανθρωπήσεως de Théodore de Mopsueste: Muséon 56 (1943) 55–75.

—, Les Traités de Cyrille d'Alexandrie contre Diodore et Théodore: *Mélanges F. Grat 1,* Paris 1946, 99–116.

—, Quelques manuscrits peu connu des chaînes exégétiques et des commentaires grecs sur le Psaultier: BIIRHT 3 (1954) 87–106.

RIEDMATTEN, H. DE, *Les Actes du procès de Paul de Samosate,* Fribourg 1952.

—, Some neglected aspects of Apollinarist Christology: DomSt 1 (1948) 239–260.

RILEY, H. M., *Christian Initiation. A Comparative Study of the Interpretation of the Baptismal Liturgy in the Mystagogical Writings of Cyril of Jerusalem, John Chrysostom, Theodore of Mopsuestia and Ambrose of Milan* (SCA 17), Washington 1974.

RITTER, A.-M., *Das Konzil von Konstantinopel und sein Symbol,* Göttingen 1965.

ROMPAY, L. VAN, Eznik von Kolb et Théodore de Mopsueste. À propos d'une hypothèse de Louis Mariès: OLoP 15 (1984) 159–175.

—, Fragments syriaques du Commentaire de Théodore de Mopsueste sur les Psaumes: OLoP 9 (1978) 83–93.

RÜCKER, *Ritus*, siehe Quellen: THEODOR VON MOPSUESTIA.

SACHAU, *Fragmenta syriaca*, siehe Quellen: THEODOR VON MOPSUESTIA.

ŠAGI-BUNIĆ, T., *Deus perfectus et homo perfectus. A Concilio Ephesino (a. 431) ad Chalcedonense*, Rom 1965.

SAINT LAURENT, G.E., Pre-Baptismal Rites in the Baptismal Catecheses of Theodore of Mopsuestia: Diak(US) 16 (1981) 118–126.

SAMIR, K., Théodore de Mopsueste dans le „Fihrist“ d'Ibn an-Nadim: Muséon 90 (1977) 355–363.
SCHÄFERDIEK, K., *Das Johannesverständnis des Theodor von Mopsuestia* (Diss.), Bonn 1958.
SCHÄUBLIN, C., *Untersuchungen zur Methode und Herkunft der Antiochenischen Exegese* (Theoph. 23), Köln/Bonn 1974, 84–155.
SCHEFFCZYK, L., *Schöpfung und Vorsehung* (HDG 2/2a), Freiburg 1963.
SCHER, *Chronik von Seert*, siehe Quellen: CHRONICA ANONYMA.
SCHMIDT, M., Das Auge als Symbol der Erleuchtung bei Ephräm und Parallelen in der Mystik des Mittelalters: OrChr 68 (1984) 27–57.
SCHULTZE, B., Die Pneumatologie des Symbols von Konstantinopel als abschließende Formulierung der griechischen Theologie: OCP 47 (1981) 5–54.
SCHULZ, H. J., *Die byzantinische Liturgie. Vom Wesen ihrer Symbolgestalt* (Sophia 5), Trier 2. Aufl. 1980, 39–44.
SELLERS, R. V., *The Council of Chalcedon*, London 1953.
—, *Two ancient christologies*, London 1940.
SIEBEN, *Basilius von Cäsarea*, siehe Quellen.
SIMONETTI, M., Note sull'esegesi veterotestamentaria di Teodoro di Mopsuestia: VetChr 14 (1977) 69–102.
SPINKS, B. D., The East Syrian Anaphora of Theodore: Reflections upon its sources and theology: EL 103 (1989) 441–455.
SPRENGER, *Commentarius*, siehe Quellen: THEODOR VON MOPSUESTIA.
STAAB, K., *Die Pauluskatenen nach den handschriftlichen Quellen untersucht*, Rom 1926.
STAATS, R., Die römische Tradition im Symbol von 381 und seine Entstehung auf der Synode von Antiochien: VigChr 44 (1990) 209–221.
—, Pontius Pilatus im Bekenntnis der frühen Kirche: ZThK 84 (1987) 493–513.
STEAD, C., Arius in modern research: JThS 45 (1994) 24–36.
STRAUB, J., Die Verurteilung der Drei Kapitel durch Vigilius: Kleronomia 2 (1970) 347–375.
STUDER, B., *Soteriologie in der Schrift und Patristik* (HDG 3/2a), Freiburg 1978.
SULLIVAN, F. A., Further notes on Theodore of Mopsuestia: TS 20 (1959) 264–279.
—, Some reactions to Devreesse's new study of Theodore of Mopsuestia: TS 12 (1951) 179–207.
—, *The Christology of Theodor of Mopsuestia*, Rom 1956.
SWETE, *Commentarii*, siehe Quellen: THEODOR VON MOPSUESTIA.
TEIXIDOR, J., *Bardesane d'Edesse. La première philosophie syriaque*, Paris 1992.
TIBILETTI, C., Le anime dopo la morte: Aug. 28 (1988) 631–660.
TIXERONT, J., *Histoire des dogmes dans l'antiquité chrétienne 3*, Paris 4. Aufl. 1919.

TONNEAU / DEVREESSE, *Homélies*, siehe Quellen: THEODOR VON MOPSUESTIA.

UNNIK, W. C. VAN, Παρρησία in the Catechetical Homilies of Theodore of Mopsuestia: *Mélanges offerts à Mlle. Chr. Mohrmann*, Utrecht 1963, 12–22.

VACCARI, A., In margine al Commento di Teodoro Mopsuesteno ai Salmi: *Miscellanea G. Mercati 1* (StT 121), Rom 1946, 175–198.

—, La θεωρία nella scuola esegetica d'Antiochía: Bib. 1 (1920) 3–36.

—, Testo dei Salmi nel Commento di Teodoro Mopsuesteno ai Salmi: Bib. 23 (1942) 1–17.

VAGGIONE, R. P., Some neglected fragments of Theodore of Mopsuestia *Contra Eunomium:* JThS.NS 31 (1980) 403–470.

VARGHESE, B., Les onctions baptismales dans la tradition syrienne (CSCO 512 = CSCO.Sub 82), Louvain 1989.

VILLER, M. / RAHNER, K., *Aszese und Mystik in der Väterzeit,* Freiburg 1990 (1939).

VOISIN, G., *L'apollinarisme,* Louvain/Paris 1901.

VÖÖBUS, A., *History of the School of Nisibis* (CSCO 266 = CSCO.Sub 26), Louvain 1965.

—, New Sources for the Symbol in early Syrian Christianity: VigChr 26 (1972) 291–296.

—, Regarding the theological anthropology of Theodore of Mopsuestia: ChH 33 (1964) 115–124.

VOSTÉ, J.-M., De versione syriaca operum Theodori Mopsuesteni: OCP 8 (1942) 477–481.

—, La chronologie de l'activité littéraire de Théodore de Mopsueste: RB 34 (1925) 54–81.

—, Le commentaire de Théodore de Mopsueste sur S. Jean d'après la version syriaque: RB 32 (1923) 522–551.

—, Théodore de Mopsueste sur les Psaumes: Ang. 19 (1942) 179–198.

—, Theodori Mopsuesteni *Liber ad Baptizandos*: OCP 9 (1943) 211 bis 228.

VRIES, W. DE, Das eschatologische Heil bei Theodor von Mopsuestia: OCP 24 (1958) 309–338.

—, *Der Kirchenbegriff der von Rom getrennten Syrer* (OCA 145), Rom 1955.

—, Der „Nestorianismus" Theodors von Mopsuestia in seiner Sakramentenlehre: OCP 7 (1941) 91–148.

—, *Die Sakramententheologie bei den Nestorianern,* Rom 1947.

—, *Die Sakramententheologie bei den syrischen Monophysiten*, Rom 1940.

—, Die syrisch-nestorianische Haltung zu Chalkedon: *Das Konzil von Chalkedon, Geschichte und Gegenwart 1* (hrsg. von A. GRILLMEIER / H. BACHT), Würzburg 1951, 603–635.

WANG, E., *Théodore de Mopsueste et les origines du pélagianisme*, Paris 1961.

WEBB, D. / SPINKS, B. D., The Anaphora of Theodore the Interpreter: EL 104 (1990) 3–22.

WICKERT, U., Die Persönlichkeit des Paulus in den Pauluskommentaren Theodors von Mopsuestia: ZNW 53 (1962) 51–66.

—, Einheit und Eintracht der Kirche im Präskript des ersten Korintherbriefes: ZNW 50 (1959) 73–82.

—, *Studien zu den Pauluskommentaren Theodors von Mopsuestia* (BZNW 27), Berlin 1962.

WILLIAMS, R. D., *Arius and the Meletian Schism*: JThS 37 (1986) 35–52.

ZAHAROPOULOS, D., Theodore of Mopsuestia: Views on prophetic inspiration: GOTR 23 (1978) 42–52.

ZETTL, E., *Die Bestätigung des V. Ökumenischen Konzils durch Papst Vigilius,* Bonn 1974.

ZIEGENAUS, A., *Das Menschenbild des Theodor von Mopsuestia* (Diss.), München 1963.

ZISI, T., Die Lehre Theodors von Mopsuestia über den Urzustand des Menschen (griech.): Kleronomia 3 (1971) 250–258.

EINLEITUNG

I. Leben und Person Theodors von Mopsuestia

Theodor von Mopsuestia gehört zu den großen tragischen Gestalten der Alten Kirche[1]. Der Dogmenhistoriker A. von Harnack rechnet Theodor, und zwar zusammen mit Origenes, sogar unter die „einzigen großen Theologen, welche die Kirche des Orients besaß“[2]. Mag sich hinter einer solchen Bewertung sicherlich auch eine gewisse Geringschätzung der großen Kappadozier sowie des alexandrinischen Widersachers Theodors, Cyrills, verbergen, so trifft sie doch einen wahren Kern, der nicht bloß in dem ähnlichen äußeren Schicksal beider besteht — ihre endgültige Verurteilung fällt zeitlich ins sechste Jahrhundert —, sondern auch ihren geistigen Rang als Exegeten und spekulative Denker des christlichen Glaubens ausmacht. Beide gehören gewiß zu den umstrittensten Theologen der Alten Kirche, deren Geltung und Bedeutung von Freunden und Gegnern gleichermaßen anerkannt werden mußte.

Über das Leben Theodors geben vor allem drei zeitgenössische Historiker Auskunft: Theodoret, Sokrates und Sozomenus[3]. Sein Geburtsjahr läßt sich nur ungefähr aus der Korrespondenz des Johannes Chrysostomus[4] entnehmen und ist um 350 anzusetzen, sein Tod fällt in das Jahr

---

[1] So KOCH, *Heilsverwirklichung* 216; LERA, *Hombre* 27–32.

[2] HARNACK, *Dogmengeschichte* 2,505.

[3] Siehe THEODORET, *h. e.* 5,27.40 (GCS 44,328 f. 347–349); SOKRATES, *h. e.* 6,3 (PG 67,665–670); SOZOMENUS, *h. e.* 8,2 (GCS 50,349–352).

[4] Als CHRYSOSTOMUS an THEODOR *epist.* 4,17 schrieb, war dieser gerade zwanzig Jahre alt: Νῦν, ὅτε οὔπω εἰκοστὸν ἄγεις ἔτος (SCh 117,68). Die einzige Schwierigkeit besteht darin, das genaue Datum des CHRYSOSTOMUS-Briefes zu bestimmen, vgl. dazu die Bemerkungen von DEVREESSE, *Essai* 3 Anm. 3.

428 oder kurz danach, genau zu der Zeit, da Nestorius den Patriarchenthron von Konstantinopel bestieg[5]. Theodor stammte aus einem begüterten antiochenischen Elternhaus, das mancherlei Beziehungen zur höheren Verwaltung besaß[6]. Die einflußreiche Position der Familie ermöglichte dem jungen Theodor eine gediegene Ausbildung in Philosophie und Rhetorik bei dem heidnischen Lehrer Libanius, der einer ganzen Reihe von Theologen zum geistigen Ziehvater wurde. Theodors umfassende weltliche und geistliche Bildung wird bei Sozomenus gerühmt: „Ein Mann, in den heiligen Schriften und der übrigen rhetorischen und philosophischen Bildung hinreichend unterwiesen."[7] Während des Studiums lernte Theodor Maximus von Seleukia und Johannes Chrysostomus kennen, von denen Theodoret sagt, daß sie hervorragende Lehrer gewesen seien[8]. Theodor selbst hatte noch einen Bruder, Polychronius mit Namen, der später Bischof von Apamea wurde und zahlreiche exegetische Kommentare verfaßte[9].

Mit Johannes Chrysostomus verband Theodor eine lebenslange Freundschaft. Beide begaben sich mit Maximus

---

[5] Diese Datierung ergibt sich aus der Darstellung bei THEODORET, *h. e.* 5,39f (GCS 44,342–349), wonach THEODOR und THEODORET 105 Jahre nach dem Ausbruch des arianischen Streites (323) ihr Ende fanden. Vgl. FACUNDUS, *c. Moc.* 30: *Namque alia causa fuisse dicenda est, ut post centum et viginti suae defunctionis annos damnaretur, cum dogmatibus suis episcopus in Ecclesiae pace defunctus, vel epistula cuius auctor incertus dicitur?* (CCL 90a,407). Demnach hat die Verurteilung THEODORS 120 Jahre nach seinem Ableben stattgefunden.

[6] Darauf verweist die *Chronik von Seert* 53 (PO 5,285). CHRYSOSTOMUS, *epist.* 204 (PG 52,724–726), erwähnt einen gewissen PAIANIUS, einen Verwandten THEODORS, als Mitglied des Magistrats.

[7] Ἀνὴρ καὶ τῶν ἱερῶν βίβλων καὶ τῆς ἄλλης παιδείας ῥητόρων τε καὶ φιλοσόφων ἱκανῶς ἐπιστήμων (SOZOMENUS, *h. e.* 8,2,7 [GCS 50,351]). Weiter unten spricht SOZOMENUS vom πολυΐστωρ THEODOR.

[8] Vgl. THEODORET, *h. e.* 5,27 (GCS 44,328f).

[9] Von seinem umfangreichen Œuvre sind Bruchstücke zu Jeremia, Ezechiel und Daniel sowie der gesamte Ijobkommentar erhalten; vgl. dazu QUASTEN, *Patrologia* 2,426f, und auch BARDENHEWER, *Polychronius*.

in Antiochien in die Hand von Diodor und Carterius, um sich in die ἀσκήτικα einweisen zu lassen[10]. Diodor von Tarsus gehört zu jenen theologischen Lehrmeistern, die den größten und nachhaltigsten Einfluß auf Theodor ausübten und deren Ansehen ebenfalls durch die nestorianische Kontroverse schwerstens beschädigt wurde[11]. Im Alter von zwanzig Jahren verließ Theodor das *asceterium*[12] wieder, um seine Hochzeit zu planen. In diese Zeit fällt auch das Mahnschreiben *Ad Theodorum lapsum*[13], mit dem sich der Studienfreund Chrysostomus nicht ohne Erfolg um die Rückführung des Gefährten zur alten asketischen Lebensweise bemühte.

Nachdem Theodor wieder zu seiner ursprünglichen Lebensform zurückgefunden hatte, wurde er unter Flavian

---

[10] Vgl. SOKRATES, *h. e.* 6,3 (PG 67,665–670).

[11] Galt THEODOR als Vater des Nestorianismus, so sollte mit DIODOR gleichsam der „Großvater“ dieser Häresie getroffen werden. THEODORET nennt DIODOR einen ausgezeichneten Lehrer, vgl. *h. e.* 5,40 (GCS 44,348).

[12] CANIVET, *Monachisme syrien* 47–56, geht davon aus, daß es sich bei diesem ἀσκητήριον eher um eine Asketenschule als um ein „Kloster“ im strengen Sinne handelte.

[13] Nach den Untersuchungen von DUMORTIER, *Tradition* 66–72. 265 bis 275, und JOUASSARD, *Ad Theodorum* 140–150, ist von dem umfangreicheren Traktat *Ad Theodorum lapsum* (SCh 117,80–219) die kürzere *Epistula ad Theodorum* zu unterscheiden (SCh 117,46–79). Der Traktat gleichen Titels ist an einen Mönch gerichtet, dem durch eine Frau namens HERMIONE Gefahr drohte. SOZOMENUS, *h. e.* 8,2, stellt in diesem Zusammenhang fest, daß THEODOR durch die Ratschläge des JOHANNES CHRYSOSTOMUS „gerettet wurde und sich wieder einem philosophischen Leben zukehrte“. FABRICIUS, *Adressat* 68–97, hat darüber hinaus auch die Echtheit der sogenannten *Epistula ad Theodorum* bestritten und möchte in dem Bericht vom „Fall“ THEODORS eine spätere Verunglimpfung durch seine theologischen Gegenspieler sehen. FABRICIUS' These kann durch die Studie von CARTER, *Ad Theodorum* 87–101, als widerlegt angesehen werden, weshalb an der Echtheit der *epistula* festgehalten werden muß.

Presbyter in Antiochien[14]. Das sogenannte „Meletianische Schisma“ [15], das aufgrund der unterschiedlichen Interpretation der nizänischen Lehre entstanden war, hat im Werk des Mopsuesteners indirekte Spuren hinterlassen, besonders in seinem steten Bemühen um die Einheit der Kirche und die Integrität ihrer Rechtgläubigkeit[16]. Beachtliche literarische Fähigkeiten entwickelte er bei der Auseinandersetzung mit seinen Hauptgegnern Eunomius und Apolinarius, die ihm alsbald den Ruf eines streitbaren Theologen eintrug, „der es mit der ganzen häretischen Phalanx bestens aufnahm“ [17]. Von Antiochien zog es Theodor weiter nach

---

[14] JOHANNES VON ANTIOCHIEN, zitiert bei FACUNDUS, *defens.* 2,2,15 (CCL 90a,47), sagt über THEODOR: „Über ihn noch weiter unten. Er ist jener geliebte Schüler des FLAVIAN, des großen Bischofs der Kirche Gottes zu Antiochien, und Mitschüler des seligen Bischofs von Konstantinopel ...“ *(Itemque de illo inferius: Iste ille est Flaviani magni Antiochensium sanctae Dei Ecclesiae pontificis amantissimus discipulus et beati Iohannis Constantinopolitani episcopi condiscipulus ...)* Dies mag damit zusammenhängen, daß THEODOR zur Zeit des Bischofs FLAVIAN (seit 381; † 404) Presbyter in Antiochien war.

[15] MELETIUS bestieg 360 den Bischofsstuhl von Antiochien, ergriff im Kampf mit dem Arianismus die Partei der Nizäner und wurde dafür unter VALENS zweimal (365–367; 371–377) mit Verbannung bestraft. Allerdings war die nizänische Partei in ihrer trinitarischen Terminologie selber gespalten. So bekannten die Meletianer in Gott eine Wesenheit (οὐσία) in drei Hypostasen (ὑποστάσεις), während die strengen „Altnizäner“, die sog. Eustathianer, οὐσία und ὑπόστασις gleichsetzten und die unterschiedlichen Personen in Gott πρόσωπα nannten, vgl. ORTIZ DE URBINA, *Nizäa* 88f. THEODOR VON MOPSUESTIA steht als Schüler FLAVIANS I., der wiederum Presbyter unter MELETIUS war, in dieser meletianischen Traditionslinie, obwohl seine trinitarische Terminologie die πρόσωπα-Vorstellung der Eustathianer genügend berücksichtigt. Das Schisma dauerte zunächst noch unter FLAVIAN I. weiter, entschärfte sich durch Vermittlung von Rom und Konstantinopel (394–398) und konnte erst um 413 mit der Vereinigung von Meletianern und Eustathianern endgültig beseitigt werden, vgl. zum Ganzen CAVALLERA, *Schisme;* ORTIZ DE URBINA, *Nizäa* 169–189; WILLIAMS, *Arius.*

[16] SACHAU, *Fragmenta syriaca* 55–57, hat einige Fragmente THEODORS zum Meletianischen Schisma zusammengetragen.

[17] Πάσης δὲ ἐκκλησίας διδάσκαλος κατὰ πάσης φάλλαγγος αἱρετικῆς

Tarsus[18], von dort aus folgte er Olympius auf dem Bischofsthron von Mopsuestia[19]. Nach Theodorets Auskunft[20] war Theodor 36 Jahre Bischof, woraus geschlossen werden kann, daß seine Bischofsweihe für das Jahr 392/93 anzusetzen ist. Zu dieser Zeit fand auch die Disputation mit den Mazedonianern auf der Konferenz von Anazarba statt, wo er die Gottheit des Heiligen Geistes mit Nachdruck verteidigte[21]. 394 nahm Theodor als Bischof an einer Provinzsynode von Konstantinopel teil[22], um zwischen Agapius und Bagadius, beide Anwärter auf den Bischofsthron von Bostra, zu vermitteln. Im Herzen des anwesenden Kaisers Theodosius hat Theodor als Prediger einen bleibenden Eindruck hinterlassen[23].

ἀριστεύσας (THEODORET, *h.e.* 5,40 [GCS 44,348]). Weiter unten ist auch von der Phalanx des ARIUS, EUNOMIUS und APOLINARIUS die Rede.

[18] HESYCHIUS: *Antiochia relicta in Tarsum transmigravit, ex qua in Mopsuestiam transiit ordinatus in ea episcopus* (PG 66,18).

[19] Mopsuestia leitet sich etymologisch von Μόψου ἑστία („Herd des Mopsos“) her. Zum legendarischen Kampf THEODORS mit diesem Götzen vgl. die *Chronik von Seert* 53 (PO 5,286f).

[20] Vgl. THEODORET, *h.e.* 5,40 (GCS 44,347–349).

[21] Vgl. *Chronik von Seert* 53 (PO 5,286). Demnach hat die Disputation kurz nach der Bischofsweihe THEODORS stattgefunden. Die Mazedonianer in ihrer Eigenschaft als Bischöfe weigerten sich, mit einem Presbyter über Fragen des Glaubens zu disputieren. Deshalb mußte THEODOR in aller Eile zum Bischof geweiht werden, um die orthodoxe Sache zu verteidigen.

[22] Vgl. die Kanonsammlung in PG 138,449–456.

[23] Vgl. JOHANNES VON ANTIOCHIEN bei FACUNDUS, *defens.* 2,2,13f (CCL 90a,47): „Im Gegenteil, er ist vielmehr von allen Priestern wegen seiner begnadeten Lehre stets in Bewunderung gehalten worden ... aber nicht nur von den Priestern, sondern auch eurem höchst ehrwürdigen, ja dreimal seligen Großvater ... Theodosius“ *(Econtrario autem ab omnibus sacerdotibus, propter eam quae illi aderat doctrinae gratiam, in admiratione semper est habitus ... et non a sacerdotibus tantummodo, sed a sacratissimo vestro avo, dicimus ter beato, ... Theodosio).* Zum Verhältnis THEODOR und THEODOSIUS vgl. auch die *Chronik von Seert* 53 (PO 5,289).

Als Bischof von Mopsuestia stand Theodor in regem Gedankenaustausch mit den Geistesgrößen seiner Zeit; neben Johannes Chrysostomus sei hier noch Basilius erwähnt, dem Theodor seinen Johanneskommentar widmete[24], ferner Gregor von Nazianz, der mit Theodor in Briefkontakt stand[25], schließlich sogar Cyrill von Alexandrien, der allerdings nach Ausbruch der nestorianischen Kontroverse von dieser Freundschaft nichts mehr wissen wollte[26]. Dem Jugendfreund Chrysostomus hielt Theodor auch dann noch die Treue, als jener bereits im Exil war; der abgesetzte Patriarch von Konstantinopel bedankte sich seinerseits in einem warmen und sehr persönlich gehaltenen Schreiben für die erwiesene Anteilnahme[27]. Es gehört zu den Kuriositäten des II. Konzils von Konstantinopel (553), daß es neben der Authentizität des Ibas-Briefes auch die Echtheit dieser Korrespondenz verwarf[28]. Um 420 gewährte Theodor Julian von Eclanum Gastrecht, zögerte aber nicht, ihn nach seiner Abreise auf einer kilikischen Provinzsynode als Häretiker zu verurteilen[29]. Nach einem

---

[24] Vgl. *Comm. in Io.* 1,1 (CSCO 116,1). THEODOR wendet sich zwar an PORPHYRIUS, will aber seinen Kommentar als Verteidigung des BASILIUS und Widerlegung des EUNOMIUS verstanden wissen.

[25] So der Hinweis bei FACUNDUS, *defens.* 7,7,32–35 (CCL 90a,225). GREGOR VON NAZIANZ spricht von einer „gemeinsamen Verteidigung der Kirche" *(communis defensio Ecclesiae)* in bezug auf den Abwehrkampf gegen den Arianismus.

[26] Zum Stimmungswechsel bei CYRILL vgl. auch FACUNDUS, *defens.* 3,6,33–45 (CCL 90a,100–103).

[27] Der Brief des JOHANNES CHRYSOSTOMUS spricht von der Liebe THEODORS wie von einem in Kilikien verborgenen Schatz. FACUNDUS, *defens.* 7,7,22f (CCL 90a,222f), bietet eine lateinische Übersetzung dieses Schreibens.

[28] Da die Autorität des CHRYSOSTOMUS nicht zu erschüttern war, kamen das II. Konzil von Konstantinopel und JUSTINIAN nicht umhin, die Echtheit dieses Briefwechsels kurzerhand zu leugnen. Vgl. auch die *Chronik von Seert* 67 (PO 5,320f) zu ebendiesem Briefwechsel.

[29] Vgl. zur Diskussion um THEODORS Pelagianismus DEVREESSE, *Essai* 163f.

reichen, von großem Schaffensdrang erfüllten Leben verstarb Theodor 428 im Alter von fast 80 Jahren.

II. Das literarische Werk Theodors von Mopsuestia

Theodor war ein außergewöhnlich fruchtbarer Schriftsteller. Zeugnis von seiner überragenden literarischen Schaffenskraft geben zwei nestorianische Chroniken, die jeweils einen ausführlichen Schriftenkatalog enthalten: Es sind dies der Schriftstellerkatalog des Ebedjesu (*'Abdīšō' bar Brīkhā*) aus dem Jahre 1318[30] sowie die *Chronik von Seert* (11. Jh.)[31] mit ihren biographischen Notizen zu Leben und Werk des Mopsuesteners. Beide Kataloge ergänzen einander, weichen jedoch in der Angabe der einzelnen Titel oft voneinander ab und lassen etliche Fragen offen.

Im einzelnen unterscheidet man zwischen den exegetischen Werken Theodors und seinen theologisch-dogmatischen Schriften. Letztere sind im Verlauf des Drei-Kapitel-Streites, auf den noch im Rahmen der Rezeptionsgeschichte einzugehen ist, wegen der inkriminierten Christologie einer fast vollständigen Vernichtung anheimgefallen. Daß die byzantinische Reichskirche ihr Ketzergericht an Theodor nicht zur Gänze vollstrecken konnte, hängt mit dem glücklichen Umstand zusammen, daß schon sehr früh, kurz nach dem Tode des Bischofs von Mopsuestia, ein beträchtlicher Teil des Gesamtwerkes ins Syrische übersetzt worden war[32]. So ist nicht weniges durch Ver-

---

30 Text und lat. Übersetzung bei ASSEMANI, *Bibliotheca Orientalis* III, 1, 30–35.

31 Vgl. *Chronik von Seert* 53 (PO 5, 289–291).

32 Hier ist vor allem der Kreis um IBAS (syr. *Ḥībā*) zu nennen, der als einer der herausragendsten Vertreter der Schule von Edessa zu gelten hat. Vgl. BLUM, *Rabbula* 165–179.182–195.

mittlung persisch-nestorianischer Christen auf uns gekommen. Bedeutende Fragmente sind ferner in einer lateinischen Version überliefert. Ihre Tradenten sind wohl in den Kreisen jener spanischen und nordafrikanischen Bischöfe zu suchen, die sich zur Verteidigung der Drei Kapitel anschickten und auch für die Übersetzung der paulinischen Kommentare Sorge trugen.

Gut bezeugt ist ein Genesiskommentar; möglicherweise ist auch die ganze Thora von Theodor kommentiert worden[33]. Vom Josua- und Richterkommentar sind nur Bruchstücke überliefert[34], große Teile des Psalmenkommentars hingegen finden sich in syrischer und lateinischer Übersetzung[35]. Der Kommentar zum Zwölfprophetenbuch ist vollständig im griechischen Original überliefert[36]. Neben den kleinen Propheten kommentierte Theodor auch die großen wie Jesaja, Ezechiel, Jeremia und Daniel, wovon jedoch nur bescheidene Reste auf uns gekommen sind[37]. Das exegetische Werk zu den Samuelbüchern soll später von Elias von Nisibis komplettiert worden sein[38]. Aus der Zeit der Freundschaft mit Cyrill stammt ein an den alexandrinischen Patriarchen gerichteter Ijobkommentar[39]. Der bei Ebedjesu erwähnte Ecclesiasteskommentar ist in syri-

---

[33] Syr. Fragmente wurden ediert von SACHAU, JANSMA, TONNEAU; zur Diskussion der griech. Überlieferung vgl. DEVREESSE, *Essai* 5–25. Zu den anderen Büchern des Pentateuchs macht die *Chronik von Seert* keine Angaben. Fragmente des Exoduskommentars sind in den Katenensammlungen erhalten, vgl. DEVREESSE, *Essai* 25–27.

[34] Vgl. DEVREESSE, *Essai* 27.

[35] Ausgaben des lat. Textes und der griech. Fragmente: DEVREESSE (StT 93), DE CONINCK (CCL 88a). Die Ausgabe der syr. Fragmente wurde besorgt von ROMPAY (CSCO 435.436).

[36] Siehe SPRENGER (GOF V/1).

[37] Vgl. dazu DEVREESSE, *Essai* 35f.

[38] Vgl. *Chronik von Seert* 53 (PO 5,289).

[39] Vgl. DEVREESSE, *Essai* 33f.

schen Fragmenten überliefert[40], bekannt ist auch ein Hoheliedkommentar[41].

Umfangreich wie das Kommentarwerk zum Alten Testament ist auch das zum Neuen Testament. Hier ragt der Johanneskommentar besonders hervor, der vollständig syrisch, fragmentarisch auch griechisch überkommen ist[42]. Bedeutende Reste finden sich vom Matthäuskommentar[43], während Markus- und Lukaskommentar nur ganz schwache Spuren in der Überlieferung hinterlassen haben[44]. Die Echtheit eines unter dem Namen Theodors überlieferten Kommentars zur Apostelgeschichte ist umstritten[45]. Bekannt wurde der Bischof von Mopsuestia vor allem durch seinen Pauluskommentar, von dem sehr viel im griechischen Original, das meiste jedoch in lateinischer Übersetzung auf uns gekommen ist[46]. Die sogenannten „katholischen" Briefe finden sich nicht kommentiert, was wohl mit der Eigenart des syrisch-antiochenischen Kanons zusammenhängen dürfte, in welchen sie erst spät eingedrungen sind[47].

Während die Identifikation der exegetischen Werke sehr leicht fällt, stellen sich der Rekonstruktion der dogma-

---

40 Siehe STROTHMANN (GOF.S 28/29).

41 Vgl. dazu DEVREESSE, *Essai* 35 f.

42 Siehe VOSTÉ (CSCO 115/116). Die Edition der griech. Fragmente bei DEVREESSE, *Essai* 288–419, im Appendix.

43 Siehe REUSS (TU 61).

44 Vgl. DEVREESSE, *Essai* 36–38.

45 DEVREESSE, *Essai* 38 f, ist eher abgeneigt, den von DOBSCHÜTZ, *Prologue*, vorgebrachten Argumenten zu folgen.

46 Vgl. dazu die Ausgaben von SWETE, STAAB (NTA 15) sowie die Auslegung bei WICKERT, *Studien*. In der *Chronik von Seert* 53 (PO 5,288 f) findet sich eine legendarische Ausschmückung, die THEODOR überdies mit dem THEKLA-Grab in Verbindung bringt. Demnach ist der hl. Apostel Paulus selbst dem „Schriftdeuter" im Traume erschienen und habe ihm vierzehn Schlüssel als Symbol für die Auslegung seiner Briefe überreicht.

47 Vgl. ORTIZ DE URBINA, *Patrologia Syriaca* 224–229.

tisch-theologischen Schriften aus den bereits genannten Gründen erhebliche Schwierigkeiten in den Weg, zumal da die Differenzen der vorliegenden Listen aus der *Chronik von Seert* und dem Schriftstellerkatalog des Ebedjesu auf unterschiedliche Übersetzungen ins Syrische beziehungsweise ins Arabische zurückgehen. Auf jeden Fall gesichert ist die *Expositio fidei Nicaenae* und die *Explicatio sacramentorum*, hinter denen sich die von Mingana wiederentdeckten katechetischen Homilien verbergen[48]. Die *Controversia cum Macedonianis* ist syrisch überliefert[49], das dogmatische Hauptwerk *De incarnatione* gilt bis auf bescheidene Reste als verschollen, nachdem die einzige vollständige syrische Handschrift in den Wirren des Ersten Weltkrieges verlorengegangen ist[50]. Ferner verfaßte Theodor polemische Schriften gegen *Eunomius*[51] und *Apolinarius*[52]. Ein apologetisches, gegen die Perserreligion gerich-

---

[48] Siehe MINGANA (WoodSt 5/6).

[49] Siehe NAU (PO 9,637–667).

[50] Vgl. dazu DEVREESSE, *Essai* 44–48. 1909 fand der chaldäische Erzbischof von Seert (Kurdistan) in der Patriarchatsbibliothek ein Manuskript mit den fünfzehn Büchern *De incarnatione*, kam jedoch vor seiner Ermordung durch rebellische Kurden nicht mehr dazu, rechtzeitig eine Kopie anzufertigen. Beim Kurdenaufstand wurde schließlich auch die Klosterbibliothek ein Raub der Flammen. Seitdem fehlt von diesem wichtigen Manuskript jegliche Spur. Zu den Fragmenten vgl. RICHARD, *Tradition* 55–75, sowie SACHAU, *Fragmenta syriaca* 28–57.

[51] Die bei EBEDJESU bezeugten Schriften *Contra Eunomium* und *In defensione Basilii* sind eindeutig als eine einzige Schrift anzusehen, wie dies aus dem Beginn des Johanneskommentars hervorgeht: *Et quidem intendebam aliquid dicere ad defendenda Basilii verba adversus iniquum Eunomium* (CSCO 116,1). Die von DEVREESSE, *Essai* 49f, vorgebrachten Bedenken gegen eine solche Identifizierung überzeugen nicht. Denn auch PHOTIUS geht von der Einheit beider Werke aus, vgl. DEVREESSE, *Essai* 49 Anm. 5. Zu den Quellen vgl. auch VAGGIONE, *Fragments* 403–470.

[52] EBEDJESU gibt den Titel mit *De assumente et assumpto* wieder, die *Chronik von Seert* 53 (PO 5,290) spricht vom *Liber de defensione contra Apolinarium*, vgl. DEVREESSE, *Essai* 48f. Möglicherweise müssen man-

tetes Werk stellt das Buch *Adversus magiam* dar[53]. Mit der allegorischen Schriftauslegung der Origenisten setzen sich *De obscura locutione* und die *Adversus allegoricos libri quinque* auseinander[54]. Die Ursündenproblematik und Fragen der Gnadentheologie werden in einem Spätwerk behandelt[55]. Hinter dem *Liber margaritarum* verbirgt sich eine Sammlung von Briefen[56]; ferner stammen aus Theodors Feder auch Schriften spirituellen Inhalts, von denen außer ihren Titeln *De sacerdotio, Ad Monachos, De perfectione operum* nicht viel bekannt ist[57]. Der eschatologische Traktat *De adventu fraudatoris*, der sich mit dem Kommen

---

che von SACHAU edierten Fragmente ebenfalls diesem Werk zugeordnet werden, doch erscheint die exakte Zuordnung angesichts der verworrenen Quellenlage so gut wie unmöglich.

[53] Die *Chronik von Seert* 53 (PO 5, 290) spricht von „Verteidigungsschrift gegen die Magier", PHOTIUS (*cod.* 81) erwähnt noch eine Widmung an MASTUBIUS, vgl. DEVREESSE, *Essai* 51. Man hat des öfteren Vermutungen angestellt, ob sich hinter MASTUBIUS nicht jener berühmte Armenier MESROP/MASTOTS verbergen könnte. Eine kritische Sichtung der einzelnen Hypothesen bietet ROMPAY, *Eznik*.

[54] Von beiden existieren nur noch Fragmente, vgl. FACUNDUS, *defens.* 3,6,13 (CCL 90a, 95f): *In libro de allegoria et historia quem contra Origenem scripsit (unde et odium Origenianorum incurrit) dicit ad Cerdonem ...* Vgl. *comm. in Ps.* (1–14 [syr.] CSCO 435; 1–18 [franz.] CSCO 436).

[55] Vgl. DEVREESSE, *Essai* 50f. PHOTIUS überliefert den griech. Titel: Πρὸς τοὺς λεγόντας φύσει καὶ οὐ γνώμῃ πταίειν τοὺς ἀνθρώπους (*Cod.* 117: DEVREESSE, *Essai* 51 Anm. 1). Nach BARḤADBEŠABBA geht es dabei um die Frage, ob die Sünde von unserem Willen abhänge oder durch unsere Natur bestimmt sei, vgl. *hist.* 19 (PO 9, 505).

[56] Siehe *Chronik von Seert* 53. „Und er arbeitete ein schönes Buch aus, worin er die Widerlegung jedes Neuerers zusammenfaßte, und füllte es mit schönen Dingen an und nannte es ‚Buch der Perlen', denn es war angeordnet wie kostbare Perlen" (PO 5, 290). Vgl. auch DEVREESSE, *Essai* 51. FACUNDUS, *defens.* 3,5,8–10, hat noch eine Textpassage aus dem zweiten Brief an ARTEMIUS bewahrt (CCL 90a, 92), drei Fragmente eines Briefes an DOMNUS kann man in der *Doctrina Patrum* (305f DIEKAMP) nachlesen.

[57] Vgl. *Chronik von Seert* 53 (PO 5, 290); DEVREESSE, *Essai* 43 Anm. 2.

des Antichristes befaßt, scheint schon früh verlorengegangen zu sein[58].

III. Die unterschiedliche Rezeption: Der Drei-Kapitel-Streit und seine Folgen

1. *Die Theodor-Kontroverse in der griechischen Reichskirche*

Wohl kaum ein Theologe der Alten Kirche, von Origenes einmal abgesehen, hat eine so bewegte Wirkungsgeschichte wie der Bischof von Mopsuestia. Die Urteile über Theodor reichen von leidenschaftlicher Verehrung bei seinen Anhängern[59] und der Kanonisation als Heiliger und authentischer Interpret in der persisch-nestorianischen Kirche[60] einerseits bis hin zu haßerfüllter Ablehnung durch seine Gegner[61] und der definitiven Verurteilung auf dem fünften ökumenischen Konzil von Konstantinopel[62] (553) andererseits.

---

[58] Der von der *Chronik von Seert* 53 (PO 5,290) erwähnte *Sermo de adventu fraudatoris* ist allerdings ohne Parallelbezeugung bei EBEDJESU.

[59] Die *Chronik von Seert* 53 (PO 5,291) nennt in diesem Zusammenhang vor allem folgende Namen: JOHANNES VON ANTIOCHIEN, ALEXANDER VON MABBUG, FLAVIAN (Patriarch von Konstantinopel), NESTORIUS (Patriarch von Konstantinopel), THEODORET VON CYRUS sowie MELETIUS, THEODORS Nachfolger auf dem Bischofsthron von Mopsuestia.

[60] Vgl. die *Chronik von Seert* 53 (PO 5,290) mit der letzten Notiz vom Hinscheiden des Heiligen. Die Kanonisation THEODORS wurde auf mehreren persischen Synoden beschlossen und bestätigt, vgl. im einzelnen *Synodicon Orientale* (400. 459. 476. 561 CHABOT).

[61] Zu den Gegnern THEODORS werden die Allegoristen (Origenisten), die Arianer und die Apolinaristen gerechnet, und nach Ausbruch der nestorianischen Kontroverse kommt auch noch CYRILL hinzu, vgl. die *Chronik von Seert* 53 (PO 5,288. 290).

[62] Vgl. GRILLMEIER, *Jesus der Christus* 2/2, 431–484, dort auch weitere

Es sind vor allem *drei* Themenkreise, die Anlaß zur Kontroverse bieten: An erster Stelle ist die *Christologie*[63] Theodors zu nennen, die durch den Streit um die sogenannten „Drei Kapitel" endgültig zu seiner Verurteilung beitrug, sowie die *Gnadentheologie* und *Anthropologie*[64] und schließlich die *exegetische Methode*[65], mit der sich Theodor den Zorn aller überzeugten Origenisten zuzog.

Der sogenannte Drei-Kapitel-Streit, obzwar erst im sechsten Jahrhundert zur vollen Heftigkeit entbrannt, hat seine Wurzel in der christologischen Diskussion des fünften Jahrhunderts. Der Name leitet sich von den drei Anathemata her, die gegen drei Personen und ihre Werke gerichtet waren:

- gegen Theodor und sein literarisches, besonders sein christologisch-dogmatisches Werk[66],
- gegen den Edessener Ibas, einen Gegenspieler des cyrillfreundlichen Bischofs Rabbula von Edessa, einen bedeutenden Repräsentanten der sogenannten

---

Literatur, eine eingehende Untersuchung dieser Vorgänge kann hier nicht geboten werden.

[63] Die meisten Monographien sind diesem Themenkreis gewidmet: NORRIS, *Manhood* 123–234; SELLERS, *Christologies;* SULLIVAN, *Christology*, mit kritischer Berücksichtigung der Studien von AMANN, *Doctrine* 161–190, sowie DEVREESSE, *Essai.* Die Kontroverse zwischen GALTIER, *Incarnation*, und PARENTE, *Riabilitazione*, geht im wesentlichen um die Rechtgläubigkeit THEODORS.

[64] Die Gnadentheologie hat im Gegensatz zur Christologie weniger Berücksichtigung gefunden, vgl. die Monographie von MCWILLIAM DEWART, *Grace*, sowie VÖÖBUS, *Anthropology*, und ZIEGENAUS, *Menschenbild.* Nach dem Zeugnis des MARIUS MERCATOR gewährte THEODOR JULIAN VON ECLANUM Unterschlupf, was ihm den Vorwurf eintrug, Patron des Pelagianismus zu sein; vgl. DEVREESSE, *Essai* VI. 163.

[65] Vgl. dazu DEVREESSE, *Essai* 5–94, und THEODOR in den Fragmenten gegen die Allegoristen (CSCO 435, 1–14).

[66] Hier ist noch auf die Untersuchung von ANASTOS, *Immutability*, zu verweisen.

„Perserschule“, und sein an den Perser Mari gerichtetes Schreiben[67],

- gegen Theodoret von Cyrus, der zu den heftigsten Kritikern der Cyrillschen Christologie gehört und in seiner Kirchengeschichte zu freundlich über Theodor gehandelt hat[68].

Ausgelöst wurde der Streit durch eine Intrige des Hoftheologen Theodor Askidas, der aus Rache für die Verurteilung des Origenes durch Justinian die Augen des rechtgläubigen Kaisers nun geschickt auf den Fall Theodor lenkte[69]. Die Querele, die alsbald die gesamte Kirche in Ost und West aufwühlen sollte, profitierte besonders in der östlichen Reichshälfte von einer antichalzedonischen Stimmung. Zugleich bot sie dem Kaiser eine willkommene Gelegenheit, die monophysitisch gesonnenen Randprovinzen enger an die Orthodoxie der Reichskirche anzubinden und

---

[67] Eine lat. Übersetzung dieses Briefes findet sich bei FACUNDUS, *defens.* 6,3,2–17 (CCL 90a,170–173). Zu RABBULA vgl. vor allem die Monographie von BLUM, *Rabbula* 152–195.

[68] Hier ist vor allem der ERANISTES zu nennen, vgl. die Ausgabe von ETTLINGER. Zu seiner Christologie vgl. GRILLMEIER, *Jesus der Christus* 1,692–700, vor allem 697–699 die Nähe zu THEODOR.

[69] Diese Sicht der Dinge findet sich bei FACUNDUS, *defens.* 1,2,4 (CCL 90a,8f) ausgesprochen, der DOMITIAN, den Bischof von Ancyra, im Verein mit seinen Komplizen, THEODOR ASKIDAS und seine Hoftheologen, für den Kirchenskandal verantwortlich macht: „Die ganze Angelegenheit entging nicht der öffentlichen Aufmerksamkeit, zumal da ein gewisser DOMITIAN VON ANCYRA ..., der ein offenkundiger Verfechter der origenistischen Häresie *(ipsius Origenianae haeresis manifestus assertor)* war, in einem an den seligen Papst VIGILIUS gerichteten Schreiben unter göttlichem Antrieb eingestand, daß seine origenistischen Mitverschwörer, nachdem sie eingesehen hatten, daß sie ihr eigenes Dogma *(proprium dogma)* nicht verteidigen konnten und ihnen in dieser Auseinandersetzung keine Hoffnung verblieb, zur Rache der gegen ORIGENES gerichteten Vorgänge diese Kirchenskandale anzettelten *(ad ultionem eorum quae contra Origenem gesta sunt, haec Ecclesiae scandala commoverunt).*“

die aufgebrachten Origenisten für die ihnen angetane Schmach durch Verurteilung ihres exegetischen Widerparts Theodor zu entschädigen. Die unmittelbare persönliche Umgebung des Kaisers war jedenfalls stark monophysitisch geprägt, da seine einflußreiche Gattin Theodora keine Gelegenheit ausließ, ihren zahlreichen Schützlingen diplomatischen Beistand zu gewähren[70]. Eine formelle Verurteilung der in Chalcedon rehabilitierten Theologen Theodoret und Ibas kam dem antichalzedonischen Affekt jener Tage gewiß entgegen[71]. Dabei hatte der Kaiser durchaus noch das theologische Anliegen im Blick, die von Chalcedon unbeantwortet gelassene Frage nach dem genauen Verhältnis der Cyrillschen Konzeption von der hypostati-

[70] So sorgte die Kaiserin beispielsweise dafür, daß die Besetzung der freiwerdenden Patriarchenstühle durch profilierte Antichalzedonier erfolgte, vgl. dazu GRILLMEIER, *Jesus der Christus* 2/2, 363–365. Vor allem PROKOP weiß allerlei Gehässiges über das Kaiserpaar zu berichten, vgl. die *anec.* 9,10–22 (78–83 VEH). Zur Religionspolitik des Kaisers merkt der Historiker an, daß dieser „eine feste Meinung zu Christus hatte, doch diese nur zum Verderben seiner Untertanen", vgl. ebd. 13,4 (114f VEH). Die offizielle Begünstigung der Monophysiten durch JUSTINIAN hatte nicht zuletzt auch viele private Gründe, die ihm das komplizierte Zusammenleben mit seiner Frau erleichterten, vgl. PROKOP, *anec.* 10–12 (88–115 VEH).

[71] Beide waren auf dem Latrocinium von Ephesus (449) abgesetzt, in Chalcedon dagegen wieder ins Amt eingesetzt worden. THEODORET war aufgrund seiner Polemik gegen CYRILL verhaßt. Der Name des IBAS war durch den Brief an den Perser MARI belastet, welcher eine einzige Lobrede auf den im Frieden mit der Kirche verstorbenen Bischof von Mopsuestia darstellte, vgl. FACUNDUS, *defens.* 6,3,11 (CCL 90a, 171). So hatte THEODOR ASKIDAS leichtes Spiel; er erkannte die Aussichtslosigkeit eines Frontalangriffes auf Chalcedon, erfand daher die These, daß der IBAS-Brief gar nicht von ihm stamme und somit die Rehabilitation des Gebannten Chalcedon nicht zur Last gelegt werden dürfe. JUSTINIAN hatte nun seinerseits die Möglichkeit, das Anathem gegen ein häretisches Machwerk unbekannter Herkunft auszusprechen, ohne dadurch die Autorität des Chalcedonense direkt in Frage stellen zu müssen. Die Strategie der Origenisten war damit bestens aufgegangen.

schen Union zur traditionellen Zweinaturenlehre einer annehmbaren Lösung zuzuführen[72].

Im gewissen Sinne stellt die lehramtliche Verurteilung Theodors durch die Drei Kapitel nur den Schlußpunkt einer längeren Entwicklung dar, die gerade im Osten des Reiches für ihn sehr unglücklich war. Die von Theodor eifrig bekämpften Apolinaristen haben durch das pseudoathanasianische Schrifttum eine nicht geringe Wirkung, vor allem in den Kreisen um Cyrill, erzielt. Die direkte Konfrontation zwischen Cyrill und dem Theodorschüler Nestorius hat schließlich auch zur Inkriminierung Theodors als „Vater des Nestorianismus“ und zur Ächtung seiner dogmatischen Schriften nicht unerheblich beigetragen[73].

2. *Die Verteidigung der „Drei Kapitel“ im lateinischen Westen*

Völlig anders hingegen ist die Beurteilung Theodors durch den lateinischen Westen. Es gibt nämlich dort eine auffallende Konvergenz zwischen der traditionellen, auf Tertullian zurückgehenden *status*- beziehungsweise Naturenlehre[74] und der antiochenischen Christologie. Nur ist damit über eine mögliche literarische Abhängigkeit noch nichts gesagt, auch wenn in der neueren Forschung die Nähe

[72] In der neueren dogmengeschichtlichen Forschung, vgl. GRILLMEIER, *Jesus der Christus* 2/2, 457–459, wird dieses Anliegen JUSTINIANS durchaus positiv gewertet. Erste Schritte zu einer Lösung hat der Kaiser in seinem Dekret von 551 unternommen, in dem er sich durchaus nicht als theologischer „Dilettant“, sondern im Gegenteil als bestens mit der Materie vertraut erweist, vgl. dazu GRILLMEIER, *Jesus der Christus* 2/2, 458. Die severianische Einnaturenlehre wird klar verworfen.

[73] Dies ist auch die Sicht der neueren Dogmengeschichte, vgl. SULLIVAN, *Christology* 288; MCKENZIE, *Annotations*, hat dem widersprochen, nochmalige Replik bei SULLIVAN, *Further notes*.

[74] Vgl. hierzu die Darstellung bei GRILLMEIER, *Jesus der Christus* 1, 245–257.

Theodors zu den Lateinern ausführlich diskutiert wurde[75]. Ein direkter Einfluß Theodors etwa auf Augustinus ist allein schon aus sprachlichen Gründen unwahrscheinlich[76]. Vielmehr hat man es mit der schlichten Parallelität zweier selbständiger Traditionen und Denkweisen zu tun. Und in der Tat klingt Theodors Formel von den „zwei Naturen" und dem „einen Prosopon" wie ein Vorspiel zum Chalcedonense[77]. So ist es nicht verwunderlich, daß in einer Zeit, da der mächtige Justinian die verstreuten monophysitischen Gruppierungen unter dem Banner einer neuchalzedonischen Interpretation des christologischen Dogmas sammeln wollte und sich dazu auch der Verurteilung der „Drei Kapitel" bediente, lateinische Bischöfe, Nordafrikaner und Norditaliker, allen voran Facundus von Hermiane[78], heftig protestierten. Sie erblickten in dem kaiserlichen Vorgehen gegen die „Drei Kapitel" nur einen geschickt getarnten Versuch, die gesamte Zweinaturenlehre aus den Angeln zu heben[79]. Auch die Haltung des Papstes Vigilius in dieser diffizilen dogmatischen Frage war alles andere als dazu geeignet, die Erregung des aufgebrachten Episkopates zu dämpfen[80]. Schaut man sich einmal nur die Wende des Papstes vom *Iudicatum* über das *Constitutum* bis hin zur endgültigen Verurteilung der „Drei Kapitel" an, wird man ermessen können, wie sehr

---

75 Vgl. McWilliam Dewart, *Influence*.

76 McWilliam Dewarts Theorie ist durch McGuckin, *Augustin* 44 bis 457, widerlegt worden.

77 Grillmeier, *Jesus der Christus* 1, 32, hält die Formel in ihrem Wortlaut dem Konzil von Chalcedon näher als die Idee, welche sie ausdrückt.

78 Sein grundlegendes Werk ist die gegen Justinian gerichtete *Defensio Trium Capitulorum* (CCL 90a, 1–398), kleinere polemische Schriften schließen sich an.

79 Vgl. dazu Grillmeier, *Jesus der Christus* 2/2, 483 f.

80 Vgl. dazu Devreesse, *Essai* 210–242. Mit den westlichen Bischöfen verteidigte Vigilius nach dem *Constitutum I* die Drei Kapitel, die er in seinem *Iudicatum* vom 11. 4. 548 verurteilt hatte. Vgl. dazu auch Zettl, *Bestätigung*.

das Lehramt jener Tage bereits in den Strudel byzantinischer Machtinteressen hineingeraten war[81]. Auch der Schwenk des Pelagius, der als Papst anders urteilte als zu der Zeit, da er noch päpstlicher Diakon war, trug nicht zur Besänftigung der aufgebrachten Gemüter bei[82]. Das Schisma im Abendland war unausweichlich, da viele Bischöfe die päpstliche Konzession an Justinian als Verrat an der traditionellen Zweinaturenlehre der Catholica ansahen[83]. Doch sind dies alles Fernwirkungen eines großen Theologen, die hier nicht weiter untersucht werden können.

3. Die Theodor-Rezeption in der persischen Kirche

In ganz anderen Bahnen verlief die Theodor-Rezeption außerhalb des Römischen Reiches bei den Christen des Zweistromlandes[84]. Hier wurde ihm nun jene volle dogmatische Anerkennung zuteil, die ihm der griechische Osten

---

[81] Im *Constitutum* vom 14.5.553 verurteilte VIGILIUS verschiedene Irrtümer aus den Werken THEODORS, ohne jedoch dessen Namen zu nennen, da er sich weigerte, ein Anathem über einen Toten zu verhängen, vgl. GRILLMEIER, *Jesus der Christus* 2/2, 460–463. Daß Kaiser JUSTINIAN I. das *Constitutum* nicht annahm, zeigt, wie die Machtverhältnisse damals waren; vgl. ZETTL, *Bestätigung* 13. Die größte Demütigung für den Papst war der Umstand, daß er in Gegenwart des von ihm abgesetzten THEODOR ASKIDAS den Eid auf die Verurteilung der Drei Kapitel ablegen mußte; vgl. GRILLMEIER, *Jesus der Christus* 2/2, 439. 446–448 (mit Anm. 412).

[82] Vgl. hierzu DEVREESSE, *Essai* 259–272.

[83] Vgl. MARSCHALL, *Karthago* 211–215. Vermutlich noch 550 wurde Papst VIGILIUS durch eine afrikanische Synode formell wegen der Verurteilung der Drei Kapitel exkommuniziert. Vgl. FACUNDUS, *c. Moc.* 1–50 (CCL 90a, 401–412), in 45–47 diskutiert er die Frage, ob der Papst dem *Iudicatum* willentlich zugestimmt habe oder gezwungenermaßen. Aber nicht nur in Afrika, auch in Mailand kündigte man dem Bischof von Rom die Gemeinschaft auf, vgl. ebd. 44 (CCL 90a, 411). Das Schisma dauerte noch bis ins 7. Jh. fort, bis es schließlich ganz aus dem kirchlichen Bewußtsein verschwand, vgl. DEVREESSE, *Essai* 259–272.

[84] Vgl. DEVREESSE, *Essai* 272–277, und VRIES, *Chalkedon* 603–635.

in Gestalt Justinians verweigerte und der lateinische Westen unter Einschränkung[85] gegeben hatte. Freilich hatte Theodor während der nestorianischen Kontroverse auch seine Verteidiger vor allem unter den sogenannten „Antiochenern" unter Führung des Johannes von Antiochien[86], doch verlagerte sich durch die Ausbürgerung der Perserschule von Edessa ins benachbarte Nisibis sein Einfluß schließlich gänzlich außerhalb des Römischen Reiches[87]. Ein kurzes Intermezzo in Armenien konnte diese Entwicklung nicht aufhalten[88]. Die persisch-nestorianische Kirche oder die „Kirche des Ostens", wie sie sich selber nannte, erhob Theodor zu ihrem Kirchenlehrer. Auf der Synode unter Mar Isaac (410) wurde das Nicaenum angenommen[89], und 486 bekannte man sich unter Mar Acacius offiziell zur Zweinaturenlehre und zur Einung durch das Prosopon[90]. Der syrische Hymnendichter Narsai verherrlicht Theodor zusammen mit Diodor und Nestorius in einer metrischen

---

[85] Die grundsätzliche Verteidigung der Theodorschen Rechtgläubigkeit schließt vereinzelte Kritik an seiner Lehre keinesfalls aus, vgl. FACUNDUS, *c. Moc.* 54f (CCL 90a, 413): „Wenn daher Theodor aus geringerem Verständnis heraus zufällig schlecht geschrieben hat, reicht es aus, wenn wir es zurückweisen, wir müssen es nicht mit dem Bann belegen, da die Kirche stets diese Gunst denen erwiesen hat, welche ehrenvoll im Schoße ihres Friedens verschieden sind ... denn nicht die aus menschlicher Schwachheit herrührende Unkenntnis macht den Häretiker, sondern die Halsstarrigkeit."

[86] Vgl. dazu DEVREESSE, *Essai* 125–136.

[87] Vor allem der edessenische Bischof RABBULA tat sich mit Bücherverbrennungen unrühmlich hervor. So berichtet BARḤADBEŠABBA, *fund. schol.* 56a (PO 4, 381): „Rabbula ... ließ in Edessa alle seine (*sc.* Theodors) Schriften verbrennen, er warf nur die Kommentare zu Johannes dem Evangelisten und zu Kohelet nicht in die Flammen, welche, so heißt es, noch nicht vom Griechischen ins Syrische übersetzt waren."

[88] Vgl. dazu BLUM, *Rabbula* 165–179.

[89] Vgl. *Synodicon Orientale* (22, 21–23, 4 CHABOT). VÖÖBUS, *New Sources* 291–296, bietet zweifelsohne den älteren Text.

[90] Die Synode vermeidet es allerdings, hier einige Namen zu nennen, sie verweist nur auf die Schrift und die Lehrtradition der Kirche, vgl. *Synodicon Orientale* (54, 27–55, 9 CHABOT).

Homilie aus den Jahren 485–490 und gibt in diesem Zusammenhang wichtige Hinweise auf die dogmatischen Werke Theodors[91]. Eine Synode unter dem Katholikos *Išoᶜjahb* verteidigte 585 energisch das Andenken des Mopsuesteners, indem sie sein arbeitsreiches, asketisches Leben, seine Amtsführung als Bischof und seine untadelige Lehre rühmt und alle Diffamierungen seiner Person und seines Werkes zurückweist[92]. 596 empfiehlt eine weitere Synode unter *Sabrišoᶜ* die reine Lehre Theodors und verhängt über alle, die diese nicht annehmen wollen und Neuerungen einführen, den Kirchenbann[93]. Theodor gilt nun als Gewährsmann für die persische Orthodoxie, und dies nicht nur in Fragen der Christologie, sondern auch der Erbsündenlehre[94]. Gregor I. bekräftigt auf einer Synode aus dem Jahre 605 noch einmal Theodors christologische Konzeption, wonach die beiden Naturen in Christus „in wahrhafter Vereinigung des einen πρόσωπον vereint sind", und nimmt sie gegen alle Widersacher in Schutz[95]. Unter dem Einfluß des gelehrten Babai des Großen († um 628) vollzieht sich eine „scholastische" Systematisierung der traditionellen Lehre, die vor allem gegen die neuchalzedonische Orthodoxie der griechischen Reichskirche gerichtet ist, sich aber auch kritisch mit den Abweichlern in den eigenen Reihen

---

[91] Siehe NARSAI, *doct.*; vgl. L. ABRAMOWSKI, *Chalkedon* 140–143.

[92] Vgl. *Synodicon Orientale* (136,24–138,15 CHABOT).

[93] Vgl. *Synodicon Orientale* (198,25–28 CHABOT): „Auch verstoßen und verfluchen wir alle, die die Erklärungen, Überlieferungen und Lehren des erwählten Lehrers, des seligen Theodor, des Kommentators, verwerfen und neue Überlieferungen und Befremdlichkeiten voller Lug und Lästerung einzuführen suchen und gegen die wahre und genaue Lehre jenes Seligen auftreten."

[94] Ausdrücklich wird auch über jene der Bann verhängt, die die Sünde in die Natur des Menschen verlegen, vgl. *Synodicon Orientale* (198,32 bis 199,2 CHABOT).

[95] Vgl. *Synodicon Orientale* (210 CHABOT).

auseinandersetzt[96]. Eine Fortführung des Theodorschen Ansatzes stellt der christologische Entwurf Sahdonas (Martyrius) dar, der den gewagten Versuch unternimmt, das theologische Erbe des Mopsuesteners in einem chalcedonfreundlichen Sinne zu deuten, womit er allerdings innerhalb der persischen Kirche ziemlich allein steht[97].

IV. Überlieferung und Abfassungszeit der Homilien

Die „katechetischen Homilien", wie die Darlegungen Theodors im Anschluß an Tonneau/Devreesse bezeichnet werden, galten bis zu ihrer Wiederentdeckung und Erstveröffentlichung durch A. Mingana 1932/33 als verschollen und waren allenfalls in Bruchstücken greifbar. Ihre Existenz war freilich durch viele Autoren bezeugt. So spricht der nestorianische Theologe Ebedjesu in seinem Schriftstellerkatalog von einem Buch Theodors *De sacramentis sive de mysteriis* sowie einem weiteren *De fide*[98]. Die *Chronik von Seert* ist hier genauer, wenn sie von einer „Erklärung des Glaubens(-symbols) der 318" und einer „Erklärung der Mysterien" handelt[99]. Bereits Cyrill von Alexandrien hat sich eingehend mit dem dogmatischen Inhalt der Homilien befaßt, auch der monophysitische

---

[96] Hier ist sein dogmatisches Standardwerk *Liber de unione* zu nennen, das den ὑπόστασις-Begriff weiterentwickelt. Zu den von BABAI bekämpften Theologen gehört ḤENANA ADIABENICUS, der seinen Zeitgenossen durch eine gewisse Vorliebe für „ketzerische" (chalcedonfreundliche) Bücher auffiel und in vielen Punkten von der Lehre des „seligen Theodor" abirrte, vgl. die *Chronik von Seert* 74 (PO 13, 509).

[97] Siehe SAHDONA (MARTYRIUS), *perf.* Die ältere, von BEDJAN besorgte Ausgabe ist in vielerlei Hinsicht durch die Arbeiten von HALLEUX überholt.

[98] Vgl. ASSEMANI, *Bibliotheca Orientalis* 3, 1, 33.

[99] Vgl. *Chronik von Seert* 53 (PO 5, 290). Das arab. *tafsīr ar-rāzīn* steht für syr. *pušāqā d-rāze (interpretatio mysteriorum).*

Autor Severus von Antiochien ist hier anzuführen[100]. Die *Collectio Palatina*[101] zitiert ebenso daraus wie der eifrige Verteidiger der Drei Kapitel Facundus von Hermiane[102]. Auch das *Constitutum* des Papstes Vigilius sowie die Akten des II. Konzils von Konstantinopel bieten ausführliche Zitate[103]. Im Zuge der Auseinandersetzung mit der Erbsündenfrage hat sich auch Marius Mercator für die Theologie Theodors näher interessiert[104]. Schließlich ist noch ein nestorianischer Autor des neunten Jahrhunderts, Theodor bar Konai, zu nennen, der drei Auszüge aus den katechetischen Homilien bietet[105].

Das griechische Original der Homilien ist weiterhin verschollen. Die vorliegende Übersetzung basiert auf einem syrischen Text, der seine Existenz wohl der Übersetzertätigkeit der Perserschule von Edessa verdankt. Möglicherweise ist er das Werk Ibas (syr. *Ḥibā*), eines der eifrigsten Anhänger Theodors, der die Opposition gegen Rabbula, den kämpferischen Bischof von Edessa, anführte. Die syrische Übersetzung des griechischen Textes stellt ohne Zweifel eine herausragende philologische Leistung dar. Das fünfte Jahrhundert, dem diese Übersetzung entstammt, ist gerade in Edessa durch eine fruchtbare Begegnung des syrischsprachigen Christentums mit der griechischen Sprach- und Denkwelt gekennzeichnet. Die reiche Übersetzertätigkeit jener Zeit spricht jedenfalls für einen regen Austausch zwischen den Kulturen und stellt die reifste Frucht einer gewaltigen geistigen Synthese dar.

---

100 Vgl. dazu DEVREESSE, *Essai* 174.
101 Vgl. DEVREESSE, *Essai* 197.
102 *Defens.* 3,2 und 9,3 (CCL 90a,93 und 273); vgl. TONNEAU/DEVREESSE, *Homélies* 207.381; MINGANA, *Nicene Creed* 11 f.
103 Vgl. DEVREESSE, *Essai* 250–252; MINGANA, *Nicene Creed* 8–10.
104 Vgl. MINGANA, *Nicene Creed* 12–16.
105 Vgl. dazu die Monographie von BRADE, *Untersuchungen*.

Was nun die Abfassungszeit der katechetischen Homilien anbelangt, so ergibt sich als sicherer *terminus post quem* nur die Zeit nach dem Jahr 379, in dem jene Synode in Antiochien stattfand, auf die Theodor sich in Homilie 9 ausgiebig bezieht. Aufgrund innerer Kriterien, der ausführlichen Auseinandersetzung mit den Pneumatomachen in den Homilien 9–10 ist davon auszugehen, daß die Abfassung noch vor der Konferenz von Anazarba (392), das heißt in der Spätphase des antiochenischen Presbyterates, auf jeden Fall vor der Erhebung zum Bischof von Mopsuestia (392/93) anzusetzen ist. Innerhalb dieser Zeitspanne von gut 13 Jahren sollte man allerdings nicht zu weit hinaufgehen, da der Eindruck von der pneumatomachischen Kontroverse in den Homilien zu frisch ist.

Die Homilien zerfallen, wie die handschriftliche Überlieferung zeigt, in zwei Teile[106]: Die Homilien 1–10 umfassen die Auslegung des nizänischen Glaubensbekenntnisses in jener erweiterten Form, wie sie Theodor vorlag, während der zweite Teil[107] das Herrengebet und die Sakramente (11 das Vaterunser, 12–14 die Taufe, 15–16 die Eucharistie) zum Inhalt hat. In seiner Darlegung des Stoffes lehnt sich Theodor eng an die Vorgabe des Glaubensbekenntnisses an. Homilie 1 behandelt daher die Grundlage des christlichen Glaubens, die Einheit Gottes und die Abgrenzung des christlichen Monotheismus von Judentum und Heidentum. Homilie 2 beantwortet die Frage nach der Vaterschaft

---

[106] Der erste Teil schließt mit folgendem Kolophon (*hom.* 10,23): „Zu Ende geschrieben sind die zehn Homilien *(mēmrē)* der Erklärung des Glaubens(-bekenntnisses), angefertigt vom ausgezeichneten und christusliebenden Mar Theodorus, Bischof und Erklärer der göttlichen Schriften.“ Der zweite Teil hat (*hom.* 16,44): „Zu Ende sind die sechs Homilien, die Erklärung der Geheimnisse der heiligen Kirche, angefertigt von MAR THEODORUS, Bischof und Erklärer der göttlichen Schriften.“

[107] Für eine detailliertere Beschreibung der Homilien 11–16 vgl. den zweiten Teilband der Übersetzung.

Gottes, die im Kern eine Auseinandersetzung mit der Gotteslehre des Arius darstellt. Das Herzstück der Homilien ist, schon rein quantitativ betrachtet, die Christologie (*hom.* 3–8), die Verknüpfung von Trinitätslehre und Inkarnation, die Rolle des Geistes im Heilswerk Christi, die Widerlegung der christologischen Grundirrtümer von Arianismus und Apolinarismus. Sie bieten eine prägnante Zusammenfassung der Theodorschen Zweinaturenlehre und stellen somit eine gute Einführung in die theologische Denkweise des Bischofs von Mopsuestia dar. Der christologischen Frage ist die pneumatologische inhärent, die nun in Homilie 9 mit besonderer Aufmerksamkeit bedacht wird. Das Verhältnis des Geistes zum Vater wird in Homilie 10 näher beleuchtet, Gedanken zur Ekklesiologie und Eschatologie runden die Ausführungen ab.

V. Der Text des Glaubensbekenntnisses[108]

Während der zweite Teil der katechetischen Homilien wörtliche Exzerpte aus dem „Rituale" der Tauf- und Meßliturgie bietet, ist den zehn Homilien über das Glaubenssymbol leider kein vollständiger Credotext vorangestellt. Der folgende Rekonstruktionsversuch basiert daher auf

[108] Es fehlt nicht an Rekonstruktionsversuchen für das Glaubenssymbol THEODORS; vgl. HAHN, *Bibliothek* 144–146. Dieses Symbol ist nicht zu verwechseln mit einem weiteren, unter dem Namen „THEODOR VON MOPSUESTIA" kursierenden Bekenntnis, das im Ephesinum und im II. Constantinopolitanum verurteilt worden ist, vgl. HAHN, *Bibliothek* 302–308; LIETZMANN, *Symbole* 19f; RÜCKER, *Ritus* 43f; R. ABRAMOWSKI, *Neue Schriften* 71–77; DEVREESSE, *Instructions* 426f; ders., *Essai* 103 Anm. 3; KELLY, *Glaubensbekenntnisse* 187f, bietet die Rekonstruktion von LEBON, *Credo* 836. Die jüngste Rekonstruktion findet sich bei L. ABRAMOWSKI, *Nicaeno-Constantinopolitanum* 513, vgl. BRUNS, *Theodor* Kap. 2.1.4 mit der Rekonstruktion des Credo.

einzelnen syrischen Zitaten der Homilien und bietet eine Rückübersetzung ins Griechische mit Hilfe der griechischen Vorlagen des Nicaenums (N)[109] und des Constantinopolitanums (C)[110]. Die nachfolgende Synopse[111] erleichtert zugleich das Auffinden von Parallelen in zeitlich und geographisch benachbarten Glaubensbekenntnissen. Im einzelnen lassen sich aus dem syrischen Text folgende Zeilen eruieren:

Ich glaube an den einen Gott, den Vater, den Allmächtigen,
den Schöpfer aller sichtbaren und unsichtbaren Dinge.

Und an den einen Herrn Jesus Christus, Gottes eingeborenen Sohn,
den Erstgeborenen der ganzen Schöpfung,
aus dem [seinem] Vater gezeugt vor aller Zeit,
nicht gemacht, (Gott von Gott)
wahrer Gott vom wahren Gott,
eines Wesens mit dem [seinem] Vater,
durch ihn wurden die Welten gegründet und ist alles geworden,
für uns Menschen und zu unserem Heile
ist er vom Himmel herabgekommen, hat Fleisch angenommen
und ist Mensch geworden,
geboren aus der Jungfrau Maria,
gekreuzigt unter [in den Tagen des] Pontius Pilatus,
begraben und auferstanden (von den Toten) am dritten Tage
nach den Schriften, aufgefahren in den Himmel,
er sitzet zur Rechten Gottes
und wird wiederkommen, zu richten die Lebenden und die Toten.

Und an den einen Heiligen Geist (den Geist der Wahrheit),
welcher aus (der Natur des) dem Vater(s) hervorgeht,
den lebenspendenden Geist, (wir bekennen die eine Taufe)
eine, heilige, katholische Kirche,
Vergebung der Sünden,
(des Leibes) des Fleisches Auferstehung und das ewige Leben.

---

109 Text bei KELLY, *Glaubensbekenntnisse* 215f.

110 Text bei KELLY, *Glaubensbekenntnisse* 295f.

111 Beim *Symbolum Antiochenum* handelt es sich um einen Rekonstruktionsversuch von KELLY, *Glaubensbekenntnisse* 183f, basierend auf den lateinischen Zitaten bei JOHANNES CASSIANUS und den griechischen Bruchstücken des JOHANNES CHRYSOSTOMUS.

Constantinopolitanum (C)	Theodor
Πιστεύομεν εἰς ἕνα θεόν, πατέρα, παντοκράτορα, ποιητὴν οὐρανοῦ καὶ γῆς, ὁρατῶν τε πάντων καὶ ἀοράτων.	Πιστεύω εἰς ἕνα θεόν, πατέρα, παντοκράτορα, πάντων ὁρατῶν τε καὶ ἀοράτων ποιητήν.
Καὶ εἰς ἕνα κύριον Ἰησοῦν Χριστόν, τὸν υἱὸν τοῦ θεοῦ τὸν μονογενῆ, τὸν ἐκ τοῦ πατρὸς γεννηθέντα πρὸ πάντων τῶν αἰώνων, φῶς ἐκ φωτός, θεὸν ἀληθινὸν ἐκ θεοῦ ἀληθινοῦ, γεννηθέντα οὐ ποιηθέντα, ὁμοούσιον τῷ πατρί, δι' οὗ τὰ πάντα ἐγένετο, τὸν δι' ἡμᾶς τοὺς ἀνθρώπους καὶ διὰ τὴν ἡμετέραν σωτηρίαν κατελθόντα ἐκ τῶν οὐρανῶν καὶ σαρκωθέντα ἐκ πνεύματος ἁγίου καὶ Μαρίας τῆς παρθένου καὶ ἐνανθρωπήσαντα, σταυρωθέντα τε ὑπὲρ ἡμῶν ἐπὶ Ποντίου Πιλάτου, καὶ παθόντα καὶ ταφέντα, καὶ ἀναστάντα τῇ τρίτῃ ἡμέρᾳ κατὰ τὰς γραφάς, καὶ ἀνελθόντα εἰς τοὺς οὐρανούς, καὶ καθεζόμενον ἐν δεξιᾷ τοῦ πατρός, καὶ πάλιν ἐρχόμενον μετὰ δόξης κρῖναι ζῶντας καὶ νεκρούς· οὗ τῆς βασιλείας οὐκ ἔσται τέλος.	Καὶ εἰς ἕνα κύριον Ἰησοῦν Χριστόν, τὸν υἱὸν τοῦ θεοῦ τὸν μονογενῆ, τὸν πρωτότοκον πάσης κτίσεως, τὸν ἐκ τοῦ πατρὸς γεννηθέντα πρὸ πάντων τῶν αἰώνων, οὐ ποιηθέντα, (θεὸν ἐκ θεοῦ) θεὸν ἀληθινόν, ὁμοούσιον τῷ πατρί, δι' οὗ οἱ αἰῶνες κατηρτίσθησαν καὶ τὰ πάντα ἐγένετο, τὸν δι' ἡμᾶς τοὺς ἀνθρώπους καὶ διὰ τὴν ἡμετέραν σωτηρίαν κατελθόντα ἐκ τῶν οὐρανῶν, καὶ σαρκωθέντα καὶ ἐνανθρωπήσαντα, γεννηθέντα ἐκ Μαρίας τῆς παρθένου, καὶ σταυρωθέντα ἐπὶ Ποντίου Πιλάτου, ταφέντα καὶ ἀναστάντα (ἐκ νεκρῶν) τῇ τρίτῃ ἡμέρᾳ κατὰ τὰς γραφὰς ἀνελθόντα εἰς τοὺς οὐρανούς, καθεζόμενον ἐκ δεξιῶν τοῦ θεοῦ, καὶ πάλιν ἐρχόμενον κρῖναι ζῶντας καὶ νεκρούς.
Καὶ εἰς τὸ πνεῦμα τὸ ἅγιον, τὸ κύριον καὶ ζωοποιόν, τὸ ἐκ τοῦ πατρὸς ἐκπορευόμενον, τὸ σὺν πατρὶ καὶ υἱῷ συμπροσκυνούμενον καὶ συνδοξαζόμενον, τὸ λαλῆσαν διὰ τῶν προφητῶν· εἰς μίαν ἁγίαν καθολικὴν καὶ ἀποστολικὴν ἐκκλησίαν. Ὁμολογοῦμεν ἓν βάπτισμα εἰς ἄφεσιν ἁμαρτιῶν· προσδοκῶμεν ἀνάστασιν νεκρῶν καὶ ζωὴν τοῦ μέλλοντος αἰῶνος. Ἀμήν.	Καὶ εἰς ἓν πνεῦμα ἅγιον (πνεῦμα τῆς ἀληθείας) τὸ ἐκ τῆς φύσεως τοῦ πατρὸς ἐκπορευόμενον, πνεῦμα ζωοποιόν, (ὁμολογοῦμεν ἓν βάπτισμα) μίαν ἁγίαν ἐκκλησίαν καθολικήν, ἄφεσιν ἁμαρτιῶν, (σώματος) σαρκὸς ἀνάστασιν καὶ ζωὴν αἰώνιον.

Antiochenum (A)	Nicaenum (N)
Credo in unum et solum verum deum, patrem omnipotentem, creatorem omnium visibilium et invisibilium creaturarum;	Πιστεύομεν εἰς ἕνα θεόν, πατέρα, παντοκράτορα, πάντων ὁρατῶν τε καὶ ἀοράτων ποιητήν.
Et in unum dominum nostrum Iesum Christum, filium eius unigenitum et primogenitum totius creaturae, ex eo natum ante omnia saecula et non factum, deum verum ex deo vero, homousion patri, per quem et saecula compaginata sunt et omnia facta, qui propter nos venit et natus est ex Maria virgine, et crucifixus sub Pontio Pilato, et sepultus, et tertia die resurrexit secundum scripturas, et ascendit in caelos, et iterum veniet iudicare vivos et mortuos,	Καὶ εἰς ἕνα κύριον Ἰησοῦν Χριστόν, τὸν υἱὸν τοῦ θεοῦ, γεννηθέντα ἐκ τοῦ πατρὸς μονογενῆ, τουτέστιν ἐκ τῆς οὐσίας τοῦ πατρός, θεὸν ἐκ θεοῦ, φῶς ἐκ φωτός, θεὸν ἀληθινὸν ἐκ θεοῦ ἀληθινοῦ, γεννηθέντα οὐ ποιηθέντα, ὁμοούσιον τῷ πατρί, δι' οὗ τὰ πάντα ἐγένετο, τά τε ἐν τῷ οὐρανῷ καὶ τὰ ἐν τῇ γῇ, τὸν δι' ἡμᾶς τοὺς ἀνθρώπους καὶ διὰ τὴν ἡμετέραν σωτηρίαν κατελθόντα καὶ σαρκωθέντα, ἐνανθρωπήσαντα, παθόντα καὶ ἀναστάντα τῇ τρίτῃ ἡμέρᾳ, ἀνελθόντα εἰς τοὺς οὐρανούς, ἐρχόμενον κρῖναι ζῶντας καὶ νεκρούς.
Et reliqua. (Καὶ εἰς ἁμαρτιῶν ἄφεσιν καὶ εἰς νεκρῶν ἀνάστασιν, καὶ εἰς ζωὴν αἰώνιον).	Καὶ εἰς τὸ ἅγιον πνεῦμα.

Theodors Glaubensbekenntnis zerfällt deutlich in drei einzelne Artikel, die jeweils durch das prononcierte ἕν einen monotheistischen Grundakkord erhalten. Der eine Gott in den drei Hypostasen bildet das Grundcredo, aus dem sich die einzelnen Glaubenssätze organisch herleiten. Der erste Artikel bietet der Rekonstruktion keine Schwierigkeit: „Ich glaube an den einen Gott, den Vater, den Allmächtigen, den Schöpfer aller sichtbaren und unsichtbaren Dinge.“[112] Theodor weist darauf hin, daß Gott Vater wesensmäßig in bezug auf den Sohn, Schöpfer hingegen in bezug auf die geschaffene Welt ist.

Zeile 3 wird immer wieder in der gleichen Vollständigkeit zitiert: „Und an den einen Herrn Jesus Christus, Gottes eingeborenen Sohn.“[113] Εἷς steht dabei für die Einheit von Gottheit und Menschheit, „Herr“ und „Eingeborener“ weisen auf das göttliche Sein, „Jesus Christus“ auf den angenommenen Menschen. Auffällig ist das Kol 1,15 entstammende „Erstgeborener der ganzen Schöpfung“, das sich weder in N noch C, wohl aber im Caesareense und in A findet[114]. Wegen der Benutzung durch die Arianer hat man wohl in N darauf verzichtet; Theodor löst das Problem höchst elegant, indem er im Sinne des Dyophysitismus μονογενής auf die göttliche Natur, πρωτότοκος πάσης κτίσεως hingegen auf die menschliche Natur bezieht. Die Zeugung vor aller Zeit hebt noch einmal auf die wahre, physische Sohnschaft Christi ab[115].

In Zeile 6 ist vor dem οὐ ποιηθέντα nicht unbedingt noch ein γεννηθέντα zu ergänzen, wie es N und C nahelegen[116]. Das bekannte „Licht vom Licht“ (N, C) ist für Theodor nicht bezeugt, auch für „Gott von Gott“ finden sich kaum Anhaltspunkte[117]. Möglicherweise fand der Mopsuestener beide Formulierungen nicht im Credo vor, wie es A nahe-

---

[112] Zu Z. 1 vgl. *hom.* 1,8.13f.17; zu Z. 2 vgl. 1,8; 2,11; 4,18.

[113] Vgl. *hom.* 3,1.8; 5,1.

[114] Vgl. *hom.* 3,1.6f.9; 5,1. Es begegnet bei EUSEBIUS (DS 40), in der antiochenischen Tradition (DS 50) und schließlich in den Apostolischen Konstitutionen (DS 60).

[115] Vgl. *hom.* 3,10.13.15; die Lesart „aus seinem Vater“ ist in *hom.* 4,1–3 bezeugt.

[116] So der Vorschlag bei R. ABRAMOWSKI, *Neue Schriften* 72; vgl. *hom.* 6,7; 10,1.

[117] Vgl. *hom.* 4,2.9. Beide Stellen sind im Syrischen nicht eigentlich als Zitate kenntlich gemacht.

legt, oder er hat sich schlicht auf die antiarianische Passage „wahrer Gott vom wahren Gott“ konzentriert[118]. Das heftig umkämpfte Homousios[119] (Z. 8) wird mit dem in Zeile 9 überlieferten Zusatz „durch ihn wurden die Welten gegründet und ist alles geworden“ zitiert[120]. Während δι' οὗ τὰ πάντα ἐγένετο zum Grundbestand von N und C gehört, besitzen wir für das δι' οὗ οἱ αἰῶνες κατηρτίσθησαν nur eine Parallele in A[121].

Die Zeilen 10f beinhalten die Menschwerdung als Kern des Erlösungsgeschehens; in der Auslegung erhalten diese Zeilen besonderen Raum, da Theodor in ihnen die volle Menschheit Jesu ausgesprochen sieht[122]. Die Geburt aus der Jungfrau Maria, in den Homilien mehrmals ausgesprochen[123], unterstreicht noch einmal die menschliche Seite des Heiles in Christus und hat von daher eine antiapolinaristische Spitze. Die Einfügung des *sub Pontio Pilato* hat Theodor mit A und C gegenüber N gemein, was von der Aufnahme römischer Tradition zeugt[124]. Man kann dies als Bestätigung für die in Homilie 9,1 gemachte Andeutung nehmen, wonach eine orientalische Synode die abendlän-

---

118 Vgl. *hom.* 4,8f. 12. 19; 5,1; 6,7. Die Arianer argumentierten mit Joh 17,3 (μόνος ἀληθινὸς θεός) gegen die Gottheit des Sohnes, vgl. dazu GRILLMEIER, *Jesus der Christus* 1, 408 Anm. 69.

119 Vgl. *hom.* 4,13f. 17. 19; 5,1; 6,7.

120 Vgl. *hom.* 4,18f.

121 Eine entfernte Parallele findet sich in einem ägyptischen Credo, vgl. DS 55.

122 Vgl. *hom.* 5,2f. 5. 17; 6,1. 7; 7,1. Gerade das ἐνανθρωπήσαντα, das erläuternd zur Fleischwerdung hinzutritt, soll noch einmal hervorheben, daß der Logos einen vollkommenen Menschen angenommen hat und nicht bloß das Fleisch mit animalischer Seele.

123 Vgl. *hom.* 6,1f. 9. 15; 7,1.

124 Vgl. *hom.* 6,1f. 9. 15; 7,2f. Der syr. Text hat „in den Tagen des Pontius Pilatus“, was wohl eine etwas redundante Übertragung von griech. ἐπί darstellt.

disch-römische Lehrmeinung übernahm[125]. Offensichtlich handelt es sich um jene antiochenische Provinzsynode von 379, die selber als Vorläufer von C anzusehen ist. Anstelle des παθόντα (N) beziehungsweise παθόντα καὶ ταφέντα (C) findet sich in Übereinstimmung mit A ein schlichtes ταφέντα, was die Tatsächlichkeit des Todes Christi herausstellen soll[126].

Der Auferstehungsartikel (Z. 14) ist durch ein nicht einheitlich bezeugtes ἐκ νεκρῶν, durch die Zeitangabe τῇ τρίτῃ ἡμέρᾳ sowie durch den Hinweis auf die Schrift näher bestimmt[127]. Himmelfahrt und Inthronisation zur Rechten Gottes schließen sich an[128]. Gegenüber dem bloßen Kommen Christi (N) hat Theodor mit C und A ein πάλιν, auf das er in seiner Exegese ausführlich eingeht[129]. Es fehlt bei Theodor allerdings der gegen Markell von Ankyra gerichtete Satz „seines Reiches wird kein Ende sein", der für C so charakteristisch ist. Es wäre überhaupt nicht einzusehen, warum Theodor, wenn C sein Symbol gewesen wäre, diesen Satz weggelassen hätte[130].

---

[125] THEODOR ist wohl der erste Orientale, der die Pilatus-Klausel vorweisen kann. Auch CASSIAN bezeugt sie für Antiochien, vgl. dazu STAATS, *Pontius Pilatus* 493–513; ders., *Römische Tradition* 209–221. THEODOR setzt ganz offensichtlich den Glaubenskonsens zwischen Ost und West in *hom.* 9,1 voraus. Dies dürfte auch als Argument zu werten sein, daß THEODORS Credo nicht C war, denn die Aufnahme des dritten Kanons in C hinsichtlich der Stellung Konstantinopels hatte ja bekanntlich zu empfindlichen Verstimmungen in Altrom geführt.

[126] Vgl. *hom.* 7,2f. In N und C findet sich beides ausgesprochen: Obwohl der Gedanke des Leidens Christi bei THEODOR häufig ausgesprochen wird (vgl. *hom.* 7,1–3), läßt es sich nicht ausmachen, ob er ihn in seinem Credo vorfand oder nicht.

[127] Vgl. *hom.* 7,3.6.9. Das κατὰ τὰς γραφάς hat THEODOR mit C gegenüber N gemein.

[128] Vgl. *hom.* 6,6.14; 7,9f. Die Inthronisation zur Rechten Gottes geht über N hinaus, stimmt mit C überein, fehlt aber in A.

[129] Vgl. *hom.* 7,11.13f.

[130] Vgl. hierzu die Ausführungen von GRILLMEIER, *Jesus der Christus* 1, 432–437. Verbirgt sich dahinter vielleicht auch römischer Einfluß, da

Während also Theodor in den ersten beiden Hauptteilen seines Credos stark der Tradition von N verpflichtet ist, finden sich die größten Hinzufügungen im dritten Artikel, der den Heiligen Geist behandelt. Läßt N die Frage nach dem Heiligen Geist weitgehend offen, so sind aufgrund der pneumatomachischen Kontroverse weitere Ergänzungen nötig[131]. Besonderes Gewicht legt Theodor auf die Hinzufügung des ἕν, damit soll die Einzigartigkeit des Heiligen Geistes von der Vielzahl der kreatürlichen πνεύματα abgegrenzt werden[132]. Möglicherweise hat Theodors Bekenntnis auch den im späteren Nestorianum bezeugten Zusatz „Geist der Wahrheit" (Joh 14, 17) aufgewiesen[133]. Das Verhältnis des Geistes zum Vater wird durch Hervorgang gekennzeichnet[134]. Homilie 10, 10 läßt den Geist aus der Natur des Vaters hervorgehen, geht also von der Konnaturalität beider Hypostasen aus. Angehängt wird bei Theodor noch ein Hinweis auf die lebenschaffende Kraft des Heiligen Geistes, die in C vor dem Hervorgehen aus dem Vater erwähnt wird[135]. Im Unterschied zu C fehlt bei Theodor jeder Hinweis auf die gemeinsame Anbetung und Verherrlichung von Vater, Sohn und Geist sowie auf das heilsgeschichtliche Sprechen durch die Propheten. Eine solche

---

MARKELL in Rom *persona grata* war, während der Osten ihn der Ketzerei verdächtigte?

[131] Diese alte nizänische Lesart mochte für die Frühzeit, wie THEODOR betont, genügen; vgl. *hom.* 9, 1 f. 6.

[132] Vgl. *hom.* 9, 16; 10, 3. Dies ist wiederum eine Eigenart THEODORS gegenüber C.

[133] Darauf hat L. ABRAMOWSKI, *Nicaeno-Constantinopolitanum* 511, hingewiesen. Das arab. Glaubensbekenntnis des Persers SHAHRASTANI († 1153) weist jedenfalls diese Wendung auf. Überhaupt stellt dieses Credo bis auf ganz geringe Abweichungen eine genaue Wiedergabe des Theodorschen Bekenntnisses dar, Text bei CHEIKHO, *Chrestomathia Arabica* 186 f, hier 187. Eine detailliertere philologische Untersuchung wäre gewiß lohnenswert.

[134] Vgl. *hom.* 10, 7–9.

[135] Vgl. *hom.* 10, 11. C hat „Herr und Lebensspender".

Auslassung wäre unverständlich, wenn C Theodor als Symbol vorgelegen hätte. Viel eher ist anzunehmen, daß der antiochenische Tomus von 379 diese Zeilen gar nicht enthielt, daß sie mithin erst 381 in C dazugekommen sind.

Sinngemäß wird man in Zeile 20 ein ὁμολογοῦμεν als Prädikat ergänzen; die folgenden Akkusative sind als Objekte des Bekennens anzusehen[136]. Die Reihenfolge der einzelnen Bekenntnisinhalte in den Zeilen 21–23 weist römische Strukturen[137] auf: *unam sanctam ecclesiam catholicam*[138], *remissionem peccatorum*[139], *carnis resurrectionem et vitam aeternam*[140]. C hat eine gänzlich andere Struktur, sie weist eher nach Kleinasien als nach Rom, zumal da in C ἓν βάπτισμα direkt mit εἰς ἄφεσιν ἁμαρτιῶν als Zweckangabe verbunden ist. Doch auch wenn Theodor über die Taufe sehr viel zu sagen weiß, ist dies als Bestandteil seines Credos nicht hinreichend gesichert. Das Bekenntnis zur Auferstehung des Fleisches wird hingegen ausdrücklich von Theodor erwähnt[141].

---

[136] Die von RÜCKER, *Ritus* 44; R. ABRAMOWSKI, *Neue Schriften* 73; DEVREESSE, *Instructions* 427, vorgeschlagene Rekonstruktion „an die eine, heilige ..." ist weniger wahrscheinlich, da im Syr. nur reine Akkusative vorhanden sind, so daß die Objekte nicht von πιστεύω εἰς abhängig sind. Es ist also sinngemäß ein Prädikat „glauben"/„bekennen" zu ergänzen, das den Akkusativ nach sich zieht.

[137] Vgl. DS 10–36. Die alte römische Formel ist in DS 11 kollationiert.

[138] Vgl. *hom.* 10,15.19.21; zum Attribut „heilig" siehe vor allem 10,19. Es fehlt allerdings ein Hinweis auf die Apostolizität der Kirche wie in C sowie ein Hinweis auf die *communio sanctorum*, welche freilich auch in der lateinischen Überlieferung nicht durchgehend bezeugt ist, vgl. KELLY, *Glaubensbekenntnisse* 381–390.

[139] Vgl. *hom.* 10,20f.

[140] Vgl. *hom.* 10,21.

[141] Syr. *pagrā* wäre wörtlich mit griech. σῶμα wiederzugeben. In Präpeš Joh 1,14 und bei APHRAHAT steht es jedoch für das griech. σάρξ, so daß die obige Rückübersetzung σαρκὸς ἀνάστασιν gerechtfertigt ist. THEODOR folgt im Gegensatz zu C (ἀνάστασιν νεκρῶν) römischer Tradition, die in radikal antignostischer Frontstellung von einer *resurrectio carnis* spricht.

Zusammenfassend läßt sich in bezug auf Theodors Glaubensbekenntnis folgendes sagen: Die ersten beiden Artikel lehnen sich eng an N an. Bis auf geringfügige Ausnahmen herrscht große Übereinstimmung mit C. Zu den auffälligsten Gemeinsamkeiten zählen die der römischen Tradition entstammende Pilatusklausel, die Inthronisation zur Rechten Gottes, die Schriftgemäßheit der Auferstehung sowie die Rede von der Wiederkunft. Doch sind dies Gemeinsamkeiten, die Theodor auch mit A teilt. Zu den gravierenden Abweichungen von C zählt das Fehlen der gegen Markell von Ankyra gerichteten Formel von der Ewigkeit des Reiches Christi sowie des Hinweises auf die Geistgewirktheit der Empfängnis und das Leiden. Darüber hinaus ist der zweite Abschnitt nahezu identisch mit A, ausgenommen der Hinweis auf die Fleisch- beziehungsweise Menschwerdung. Dafür findet sich die auffällige Berührung im πρωτότοκος πάσης κτίσεως. Der dritte Artikel enthält gegenüber N die größten Erweiterungen und gegenüber C weitere Abweichungen. Leider ist die Tradition für A zu schlecht bezeugt, als daß man für den dritten Artikel genaue Aussagen über das Verhältnis von Theodor zu A machen könnte. Auffallend sind hier jedoch die frappanten Parallelen zur römischen Überlieferung[142].

Damit ergibt sich im einzelnen folgendes recht komplexe Bild: Der Grundstock in Theodors Symbol geht auf N zurück, Erweiterungen sind römischen beziehungsweise antiochenischen Ursprungs, im dritten Hauptteil fast völlig römisch[143]. Man kann daher das vorliegende Symbol als die gemeinsame Frucht des römischen und des antiocheni-

---

[142] Zu den Spuren der römisch-antiochenischen Übereinstimmung vgl. auch L. ABRAMOWSKI, *Nicaeno-Constantinopolitanum* 491–496.

[143] L. ABRAMOWSKI, *Nicaeno-Constantinopolitanum* 498.500–503, hat hierfür nicht zu Unrecht den Begriff „Romano-Nicaenum" (RN) geprägt.

schen Glaubenssinnes[144] ansehen, eine gelungene Synthese von West und Ost. Die Gemeinsamkeiten zwischen C und Theodor gerade im ersten und zweiten Artikel reichen jedoch nicht aus, eine direkte Abhängigkeit von C zu beweisen, wie dies häufig geschieht[145]. Die großen Abweichungen im dritten Artikel — Theodor ist wesentlich knapper als C — lassen einen solchen Schluß noch viel weniger zu[146]. Man kann eher umgekehrt annehmen, daß C ein antiochenisches Symbol vorliegen hatte, das dem Theodorschen sehr ähnlich war. C hätte dann die antiochenische Vorlage im dritten Artikel über den Heiligen Geist verlassen, den in Antiochien herrschenden römischen Einfluß zurückgedrängt und dafür die kleinasiatische Tradition aufgewertet[147]. Die Übereinstimmungen zwischen Theodor und A sind nicht verwunderlich, wenn die obige These zutrifft, daß die Homilien noch in der Zeit des antiochenischen Presbyterates gehalten wurden. Eine Zuweisung

---

[144] Damit dürfte auch die von R. ABRAMOWSKI, *Neue Schriften* 71, aufgeworfene „Frage nach der amtlichen Authentizität" eine angemessene Antwort gefunden haben. R. ABRAMOWSKI, ebd. 77, überschätzt zudem die Bedeutung von C, wenn er unter der von THEODOR erwähnten „orientalischen Synode" das „zweite ökumenische Konzil" C versteht. Dem gleichen Irrtum scheint auch L. ABRAMOWSKI, *Nicaeno-Constantinopolitanum* 496, zu erliegen. Ökumenischen Rang erhielt C aber erst durch Chalcedon, auch scheint die theologische Vorarbeit für C 379 in Antiochien geleistet worden zu sein. Auch in ökumenischer Hinsicht ist diese Synode gewiß bedeutsamer, da hier der Glaubenskonsens mit Rom zustande kam, vgl. dazu STAATS, *Römische Tradition* 213. Die päpstliche Diplomatie unter DAMASUS konnte also die ersten Erfolge für sich verbuchen.

[145] So etwa bei RITTER, *Konstantinopel* 153–155, sowie die Kritik bei L. ABRAMOWSKI, *Nicaeno-Constantinopolitanum* 484–487. Auch ORTIZ DE URBINA, *Nizäa* 103.160.210–213, nimmt THEODOR als Zeugen für C in Anspruch.

[146] So auch die Meinung bei L. ABRAMOWSKI, *Nicaeno-Constantinopolitanum* 500.

[147] Vgl. dazu STAATS, *Römische Tradition* 213 Anm. 11. Offensichtlich hatten einige asketisch-charismatische Gruppen in Konstantinopel großes Interesse der Ausweitung von N bezüglich des Heiligen Geistes.

nach Mopsuestia wäre dann freilich auszuschließen[148]. Doch auch wenn man an Mopsuestia als Entstehungsort festhalten würde, wäre immer noch zu erwarten, daß Theodor ein wenig Lokalkolorit aus dem antiochenischen Presbyterat in die neue Diözese mitgenommen hätte. Das vorliegende Symbol mit dem verlorenen antiochenischen Tomus aus dem Jahre 379 zu identifizieren, ist gewiß ein reizvoller und diskutabler Versuch, der allerdings wegen der prekären Quellenlage kaum erfolgversprechend erscheint, zumal da die Abweichungen Theodors von den wichtigen Inkarnationsaussagen in A einer dringenden Erklärung bedürfen[149]. So bleiben einige wesentliche Fragen zur Herkunft des Theodorschen Symbols weiterhin offen.

VI. Theologische Grundzüge der katechetischen Homilien[150]

1. *Christlicher Gottesglaube als „dritte Religion"*

Im Rahmen der katechetischen Homilien steht es zu erwarten, daß der Glaube nicht bloß gelehrt, sondern auch be-

---

[148] Es stellt eine Inkonsequenz in DS 51 dar, wenn man einerseits eine Datierung der Katechesen für 381–392 annimmt, andererseits an Mopsuestia in Kilikien als Entstehungsort denkt. THEODOR war jedoch erst nach 392 dort Bischof.

[149] L. ABRAMOWSKI, *Nicaeno-Constantinopolitanum* 508, ist viel zu euphorisch, wenn sie von einem „endgültigen Erweis" der Antiochien-Hypothese spricht. Die prekäre Quellenlage (vgl. DS 50), auch der nochmalige Rückgriff auf CHRYSOSTOMUS (vgl. L. ABRAMOWSKI, *Nicaeno-Constantinopolitanum* 503–508) füllen die vorhandenen Lücken nicht und gestatten auch nicht mehr als eine begründete Vermutung. Es sind einfach noch zu viele Detailfragen ungeklärt, als daß man zu einer gesicherten Aussage kommen könnte, vgl. schon RITTER, *Konstantinopel* 153 Anm. 3.

[150] Es versteht sich von selbst, daß hier nur eine knappe Einführung in die Lehre THEODORS geboten werden kann. Für weitere Detailfragen

gründet wird. Der Taufbewerber wird gleich zu Beginn auf die Gefahren hingewiesen, die „von den Feinden der Religion“[151] ausgehen. Die katechetischen Homilien tragen daher apologetischen Charakter[152]: Es geht um die Abgrenzung des christlichen Glaubens nach außen gegenüber Judentum und Heidentum, nach innen um die Festigung der kirchlichen Lehre gegenüber der Häresie[153]. „Heiden, Juden und der Rest der Häretiker“ stehen gleichermaßen außerhalb des christlichen Glaubens[154]. Die Überlegenheit des Christentums gründet in der eschatologischen Überbietung von Judentum und Heidentum, an der der Christ bereits in diesem Äon zumindest zeichenhaft Anteil hat[155]. Es ist, wie er an anderer Stelle ausführt, die „dritte Lehre“, die Christus nach dem Judentum und Heidentum als die wahre Religion begründet hat[156]. Dabei trennt der Eingottglaube das Christentum vom Heidentum, während der Trinitätsglaube es vom Judentum unterscheidet. Vergleicht man jedoch die katechetischen Homilien mit dem Johan-

---

vgl. BRUNS, *Theodor*. Sakramententheologie und Eschatologie des Mopsuesteners werden im zweiten Teilband behandelt. Zur Gotteslehre siehe DEVREESSE, *Essai* 94–124; TONNEAU/DEVREESSE, *Homélies* XV bis XXI, sowie BRUNS, *Theodor* Kap. 1.

151 Vgl. *hom.* 1,13.

152 Vgl. dazu DEVREESSE, *Essai* 94. Die Handbücher der Patrologie, wie etwa ALTANER/STUIBER, *Patrologie* 58–79. 145–163, fassen unter literarischem Gesichtspunkt die Schriftsteller, die eine „Apologie“ verfaßt haben, unter dem Sammelbegriff „Apologeten“ zusammen. Mit diesem an sich berechtigten literarhistorischen Gesichtspunkt wird allerdings nicht erfaßt, daß Apologetik auch noch nachkonstantinisch von christlichen Theologen betrieben worden ist.

153 Vgl. *hom.* 1,3. 14; 3,1 f. Als Häretiker werden im einzelnen benannt APOLINARIUS, ARIUS, MANI, MARKION, PAUL VON SAMOSATA. Die einzelnen Stellen können dem Register entnommen werden.

154 Vgl. *hom.* 1,10.

155 Vgl. THEODORS Ausführungen in *hom.* 1,3.

156 Vgl. *comm. in Io.* 17,3 (CSCO 116,220 f). TERTULLIAN spricht in *nat.* 1,8 (CCL 1,21) und *scorp.* 10 (CCL 2,1089) von den Christen als *tertium genus* nach den Juden und Römern.

nes-Kommentar, dann fällt auf, daß Theodor der Auseinandersetzung mit dem Judentum in den Homilien weit weniger Raum gibt als dort. Es finden sich hier nur einige Spuren[157].

Die *Verteidigung* der christlichen Religion gegen die Heiden war dem Bischof von Jugend an ein Anliegen. Als Schüler des Diodor von Tarsus hat er die Invektiven des Kaisers Julian gegen seinen Lehrer selbst miterlebt[158]. Ein zentraler Punkt seiner Apologetik ist daher die Klärung des Verhältnisses von Christentum und Philosophie. Theodors Bemühen, einen geläuterten christlichen Gottesbegriff vorzulegen, ist als Widerlegung des heidnischen Vorwurfs zu verstehen, das Christentum sei „eine irrige Vorstellung abartiger und unwissender Fischertheologen"[159]. Wenn Theodor immer wieder von φύσις und οὐσία Gottes spricht, dann soll dem Täufling ein geistiges, immaterielles Gottesbild vermittelt werden. Auch die starke Betonung des Opfercharakters der Eucharistie stellt eine christliche Antwort auf den vom Kaiser erhobenen Asebievorwurf dar[160]. Die heidnische Philosophie wird von Theodor für

---

[157] Der jüdische Tempelkult besitzt nur eine schattenhafte Präfiguration im Verhältnis zur kirchlichen Liturgie (*hom.* 12, 2.5), die beiden Zelte des Mose symbolisieren die beiden Testamente (*hom.* 12,3). Das Judentum leugnet die Heilsbedeutung der Eucharistie, des Fleisches Christi (*hom.* 15,11), seine Vorstellung von der Auferstehung des Fleisches trägt anthropomorphe Züge (*hom.* 12,5), die Haltung zum Gesetz ist weniger sublim als die christliche (*hom.* 9,9; 12,26).

[158] Vgl. JULIAN, *epist.* 30 (86 WEIS). Fragmente eines Briefes JULIANS an den häretischen Bischof PHOTIN VON SIRMIUM, der Schmähungen gegen DIODOR enthält, finden sich in der Schrift zur Verteidigung der Drei Kapitel (FACUNDUS, *defens.* 4,2,61f [CCL 90a,119]).

[159] JULIAN, *epist.* 30 (86 WEIS): *Degenerum et imperitorum eius (sc. Diodori) theologorum piscatorum errorem.* Offenkundig spielt JULIAN hier auf die Unterscheidung des bischöflichen Sprechens *piscatorie — aristotelice* an.

[160] *Ignorans paganorum mysteria et corruptor mysteriorum paganorum* nennt JULIAN, *epist.* 30 (86 WEIS), den DIODOR VON TARSUS.

manchen Irrtum in der Kirche verantwortlich gemacht[161]. Vernichtend fällt auch die Kritik an der heidnischen Mythologie (Dichtkunst) und ihrem unvollkommenen, anthropomorphen Gottesbild aus[162]. Das Heidentum gesellt Gott eine weibliche Sophia bei, es leugnet einen welt- und zeitüberlegenen Schöpfer und zeichnet sich durch einen mangelhaften Transzendenzbegriff aus[163]. Die Anerkennung der weltüberlegenen göttlichen Natur ist die Grundvoraussetzung für eine Konversion zum Christentum[164]. Dem immateriellen und geläuterten christlichen Gottesbild entspricht auch ein Ethos, das sich vom Heidentum nicht unwesentlich unterscheidet[165].

---

[161] THEODOR rechnet die heidnischen Philosophen allgemein unter die „Satansengel" (*hom.* 13,8). Diese Polemik schließt aber Anleihen bei einzelnen Philosophen nicht aus, wenn etwa auf die klassische ἀρχή-Lehre Bezug genommen wird, vgl. *comm. in Io.* 1,1 (CSCO 116,7f), oder in der Christologie auf anthropologische Muster zurückgegriffen wird, vgl. die Studie von NORRIS, *Manhood*, oder wenn bei der Sakramentenlehre die aristotelische Potenz-Akt-Theorie zugrunde gelegt wird (*hom.* 14,9f).

[162] Vgl. *hom.* 13,8. Der Dichter als Erfinder falscher Mythologie ist ein ständiger Topos in der altkirchlichen Literatur: ARISTIDES, *apol.* 13,5; JUSTIN, *apol.* 20,3; 44,9; ATHENAGORAS, *leg.* 24,1; THEOPHILUS VON ANTIOCHIEN, *Autol.* 3,7 sowie die markante Gegenüberstellung von Mose und Homer bei TATIAN, *orat.* 31.

[163] Vgl. *hom.* 1,10. Zur Schöpfertätigkeit Gottes siehe *hom.* 2,1f, sein Schöpfertum ist voraussetzungslos, während menschliches Schaffen der vorgegebenen Materie bedarf (*hom.* 2,14f), Gott ist souverän und braucht keinen Schöpfungsmittler (*hom.* 2,17f).

[164] Vgl. *hom.* 2,3. Die heidnischen Götter sind partikular für ihre Bereiche zuständig, sind einem zeitlichen Geschick unterworfen und daher wandelbar, vgl. *hom.* 1,16. Gott existiert immer, daher gibt es in ihm keinen Wandel und keine Neuheit, vgl. *hom.* 1,17.

[165] *Hom.* 13,10–12 enthält einen ganzen Lasterkatalog heidnischer Verhaltensweisen, die eines Getauften unwürdig sind: Chaldäerkunst und Wahrsagerei, Amulettzauber, aber auch die *spectacula* (Theater, Zirkus, Stadion und Wettkämpfe) und die weltlichen Vergnügungen (Gesang, hydraulische Orgeln, Tanzen). THEODORS Ausführungen sind von beträchtlichem kulturhistorischem Wert, was die Teilnahme des Christen am gesellschaftlichen Leben anbelangt. Die Homilien reflektieren die

In den ersten Kapiteln thematisieren die Homilien die Grundfrage nach der *religiösen Erkenntnis* und der Möglichkeit menschlicher Rede von Gott. Der Mensch ist bei Theodor — wie bei den griechischen Vätern überhaupt — nicht Hörer des Wortes, sondern Betrachter göttlicher Geheimnisse. In den spirituellen Schriften, von denen nur einige Spuren bei Isaak von Ninive überkommen sind, steht die Wahrheitsschau (θεωρία τῆς ἀληθείας) am Anfang aller Betrachtung[166]. Der Glaube erhält innerhalb der theologischen Erkenntnislehre den Primat eingeräumt, da er es ist, der die schauende Seele für die intelligible Welt hellsichtig macht. Ohne den Glauben ist keine sichere Erkenntnis hinsichtlich der Existenz Gottes und der Auferstehung von den Toten möglich[167]. Das Geheimnis der Dreifaltigkeit sowie der „Heilsökonomie, die sich an der Welt ereignet hat", kann nur im Raum der kirchlichen Überlieferung angemessen erfaßt werden, außerhalb der Kirche nimmt der Irrtum überhand[168]. Dabei weiß Theodor um einen Erkenntnisfortschritt vom Alten zum Neuen Testament in der Entwicklung vom Eingottglauben zur Trinität[169], aber auch innerhalb des Neuen Bundes gibt es bei den Jüngern, die sich gewissermaßen in einem katechu-

---

besondere Situation der Großstadt Antiochien mit ihrem mondänen Leben.

[166] Nach ISAAK VON NINIVE, *tract. myst.* 19 (Nr. 155–161: 105–109 WENSINCK), kennt THEODOR sechs Arten von Offenbarungen: die sinnenhafte Gotteserkenntnis (etwa im Dornbusch und in der Wolke), die seelische Schau (Jesajas Tempelvision, Ezechiels Thronwagenvision), die geistige Ekstase (2 Kor 12,2–4), die Prophetie, die intellektuelle Gotteserkenntnis (Kol 1,9), die Traumdeutungen. Zum exegetischen Hintergrund siehe auch VACCARI, *Θεωρία* 3–36.

[167] Vgl. *hom.* 1,8f. 12.

[168] Vgl. dazu *hom.* 1,12. Die Kirche ist nach THEODOR, *comm. in Ps.* 44,7a (288 DEVREESSE), „Frau Gottes" und „ihm durch Erkenntnis zugeeignete Versammlung" , sie ist nach Paulus (1 Tim 3,15) „Säule und Grundfeste der Wahrheit", vgl. *hom.* 1,10.

[169] Der Eingottglaube geht auf die Propheten zurück, die Trinität wird im Taufbefehl Jesu geoffenbart, vgl. *hom.* 2,2.

menalen Zustand befinden, einen Kenntniszuwachs hinsichtlich der Gottheit Christi[170]. Die gesamte Gotteslehre Theodors steht unter dem Grundaxiom antiochenischer Theologie *finitum non capax infiniti*[171]. Es fehlt zwar nicht an Ansätzen zu einer Analogielehre im Anschluß an Gen 1,26, doch dominiert auch dort der Unendlichkeitsgedanke[172]. Göttliches und kreatürliches Sein sind inkommensurabel, zwischen beiden klafft ein unüberwindlicher Abgrund, der verhindert, daß beides zueinander finden kann[173]. Die Frage einer möglichen Teilhabe (μετουσία) oder Gemeinschaft (κοινωνία) des Geschöpfes am göttlichen Sein wird somit zum Kernthema der Theodorschen Theologie, welches in den unterschiedlichen Bereichen der Christologie, Sakramentenlehre und Ekklesiologie abgewandelt wird. Der Grundgedanke, der immer wieder angesprochen wird, ist der, daß es keine wie auch immer geartete „natürliche" oder „seinshafte" Einheit zwischen Gott und Geschöpf geben kann. Dies läuft auf die strenge Unterscheidung zwischen „Natur" und „Gnade" hinaus, Theodors Theologie ist von ihrem Ansatz „Gnadenlehre"[174]. Auch die Christologie, die von einer gnadenhaften (κατ' εὐδοκίαν), nicht aber physischen (κατὰ φύσιν) Einheit von Gott und Mensch spricht, bildet hiervon keine Ausnahme. Die Betonung der Offenbarung und der Glaubenstradition noch vor der natürlichen Vernunfterkenntnis stellt lediglich eine Folge dieses gnadentheologischen An-

---

[170] Der jüdischen Religion war die Kenntnis des wesensgleichen Gottessohnes verschlossen, auch die Apostel begriffen Sein und Sendung Christi erst nach Kreuz und Auferstehung, vgl. *hom.* 8,3.

[171] Vgl. ELERT, *Ausgang* 33–70. 260–282.

[172] Vgl. *hom.* 2,16. Noch stärker wird die Unähnlichkeit zwischen Schöpfer und Geschöpf in der *contr. Mac.* 20 herausgestellt.

[173] Vgl. *hom.* 4,6. THEODOR spricht von einer großen „Fremdheit" (ἀλλοτρίωσις) zwischen dem Ewigseienden und dem Gewordenen.

[174] Dies ist erst relativ spät in der Forschungsgeschichte zur Kenntnis genommen worden, vgl. die Studie von MCWILLIAM DEWART, *Grace* 1f.

satzes dar[175]. Es bleibt allerdings unverständlich, warum gegen Theodor immer wieder der Vorwurf des „Rationalismus“ erhoben werden konnte[176].

Die *Einheit Gottes* im Sinne ihrer Einzigartigkeit gegenüber den polytheistischen Vorstellungen des Heidentums herauszustellen ist das Grundgebot aller christlichen Apologetik. Das Bekenntnis zur Einheit Gottes ist den Katechesen nachdrücklich vorangestellt; es bildet das „Prinzip“ des christlichen Glaubens[177]. Theodors Glaubenssymbol weist zwar unverkennbar trinitarische Strukturen auf, hat aber in seinen εἷς-Formeln[178] einen monotheistischen Grundakkord, der auch in den einzelnen Glaubenssätzen immer wieder anklingt. In den Homilien beschränkt sich Theodor darauf, die Täuflinge auf die Autorität der Propheten zu verweisen[179]; im Johannes-Kommentar greift er auf die philosophische Prinzipienlehre zurück, indem er Gott als das Urprinzip (ἀρχή) schlechthin bezeichnet und so den christlichen Monotheismus auch denkerisch zu begründen sucht[180]. Das anfangs- und ursprungslose Sein der göttlichen Natur, das Existieren durch sich selbst bildet das ontische Fundament für alle Tätigkeiten der göttlichen

---

175 THEODORS Ansatz wurde von den Nestorianern aufgegriffen und weitergeführt, vgl. dazu JUGIE, *Theologia dogmatica* 227–229. ISAAK VON NINIVE, *tract. myst.* 44 (Nr. 318–321: 212–214 WENSINCK), entwickelt mit Berufung auf den „Kommentator“ seine Lehre von der doppelten Erkenntnis: „Es gibt eine Erkenntnis, welche dem Glauben vorausgeht, und es gibt eine Erkenntnis, welche aus dem Glauben geboren wird. Die Erkenntnis, die dem Glauben vorausgeht, ist natürliche Erkenntnis; jene, welche aus dem Glauben geboren ist, ist geistliche Erkenntnis.“ In demselben Kapitel findet sich auch ein Hinweis auf die θεωρία, wonach der Glaube, der in die Schau hinübergeht, dem bloßen Hören überlegen sei.

176 Vgl. HARNACK, *Dogmengeschichte* 2,153.

177 Vgl. *hom.* 1,8.

178 Vgl. *hom.* 1,8; 3,1; 9,16.

179 Vgl. *hom.* 1,17; 2,2.

180 Vgl. *comm. in Io.* 1,1 (CSCO 116,8–12).

Personen nach außen. Nicht nur das Wesen (οὐσία) beziehungsweise die Natur (φύσις) ist den göttlichen Personen (ὑποστάσεις) gemein, sondern auch ihre Ehre und Herrlichkeit (δόξα) und Macht (δύναμις), die sich aus der Homousie des Sohnes mit dem Vater folgerichtig ergibt: Der Sohn ist dem Vater gleich an Herrlichkeit und Macht[181]. Hinsichtlich der göttlichen Personen kann man von einer „natürlichen Gleichheit" sprechen, die ein gegenseitiges Erkennen ermöglicht[182]. Diese seinshafte, natürliche Einheit findet nach außen ihren Ausdruck in der Einheit des göttlichen Willens[183]: Wenn die Ursache und der Ursprung der Welt nur der einen göttlichen Natur zugesprochen werden können, dann darf es auch hinsichtlich der Erlösung keine verschiedenen Wirkursachen geben. Kommt den drei göttlichen Hypostasen eine οὐσία beziehungsweise φύσις zu[184], dann kommen auch alle Eigenschaften und Attribute dieser göttlichen Natur jeder der drei Hypostasen in der gleichen Weise zu. Gerade an der starken Betonung der *inseparabilis operatio Trinitatis ad extra* kann abgelesen werden, wie weit der Subordinatianismus bei Theodor bereits überwunden ist[185].

Die *Dreifaltigkeit* bildet eine unteilbare, unstoffliche Einheit, so daß weder der Sohn vom Vater noch der Geist vom Vater zu trennen ist[186]. Im Gegensatz zum göttlichen Sein schließt Kreatürlichkeit immer auch Vielheit und Ver-

---

[181] Vgl. THEODORS Ausführungen in *hom.* 4,14f; 9,18.

[182] Vgl. *hom.* 4,16.

[183] Vgl. *hom.* 2,10–12; 9,7. Auch die Vereinigung der beiden Naturen in Christus kommt durch den göttlichen Willen zustande, vgl. *hom.* 3,10. Die Offenbarung ereignet sich ebenfalls durch Gottes Willen, vgl. *hom.* 10,6 und bes. *hom.* 9,18.

[184] Vgl. *hom.* 9,6.12–14.16.18; 10,22; 14,14–16.20f.

[185] Vgl. *hom.* 8,17f; 9,18; 10,8.

[186] *Hom.* 8,18: „Denn die Dreifaltigkeit teilt sich nicht, da sie eine einzige, unkörperliche, unendliche Natur ist." Vgl. auch *hom.* 10,8–10.

schiedenheit ein[187]. Die theologische Begrifflichkeit ist bei Theodor hoch entwickelt. So spricht er von Wesen und Natur (οὐσία, φύσις), wenn er auf die ontische beziehungsweise natürliche Einheit in Gott zu sprechen kommt, ὑπόστασις beziehungsweise πρόσωπον verwendet er, wenn er auf die unterschiedlichen Personen in der Gottheit eingeht. Letztere Begriffe sind bei Theodor weitgehend synonym. Darin zeigt sich die Angleichung in der Terminologie zwischen dem altnizänischen und jungnizänischen Flügel in Antiochien[188]. Doch lassen sich an einigen Stellen in den katechetischen Homilien verschiedene Nuancen erkennen. So verweist πρόσωπον eher, wobei hier die ursprüngliche Bedeutung „Antlitz" noch durchschimmert, auf die offenbarungstheologische Seite der einzelnen göttlichen Person[189], während ὑπόστασις mehr die immanente Subsistenzweise meint, obgleich sich eine Grenzziehung nicht in allen Fällen sauber durchführen läßt[190]. Als solche ist die Hypostase nämlich Trägerin gewisser Eigentümlichkeiten (τὰ ἴδια) und Subjekt von Tätigkeiten, etwa in der Schöpfung und in der Offenbarung. Die stärkere Betonung der Hypostasenunterschiede in der Dreifaltigkeitslehre teilt Theodor mit verschiedenen Theologen des Ostens; sie hat ihre Wurzeln in der antisabellianistischen Frontstellung der Orientalen[191]. Für die Christologie ist jedenfalls entscheidend, daß Theodor in der Trinitätslehre das Allgemei-

---

[187] *Hom.* 9,16: „Die Geschöpfe sind nämlich zahlreich und von Natur aus verschiedenartig. Einzig ist aber die unwandelbare Natur und Ursache von allem."

[188] Vgl. dazu die Studie von HALLEUX, „*Hypostase*".

[189] So etwa in der Deutung der Jesaja-Vision in *hom.* 16,6.

[190] Nach *comm. in Mt.* 1,18 (97 REUSS) ist der Geist eine eigene Hypostase neben Vater und Sohn, die Taufe im Jordan offenbart die Hypostasen und ihre Rollen im heilsgeschichtlichen Drama. Vgl. die Auslegung des Taufbefehls in *comm. in Agg.* 2,5 (311,8–18 SPRENGER) sowie die *Epistula ad Artemium* (FACUNDUS, *defens.* 3,5,8f [CCL 90a,92]).

[191] Vgl. dazu die Studie von COURTH, *Trinität* 138–189.

ne der Gottheit mit οὐσία beziehungsweise φύσις angibt und ὑπόστασις beziehungsweise πρόσωπον für das Individuelle reserviert.

2. *Schöpfung, Sündenfall und Erlösung*[192]

Es gehört zu den immer wieder gegen Theodor erhobenen Vorwürfen, daß er ein Leugner der Erbsündenlehre sei[193]. Halten manche Forscher ihm vor, er habe den Ernst menschlicher Schuldverstrickung nicht erkannt[194], so sprechen andere ihn uneingeschränkt vom Pelagianismusvorwurf frei[195]. Die schwierige Quellenlage — von den Hauptwerken, die diese Frage behandeln, liegen nur Fragmente vor — erlaubt keine systematische und erschöpfende Darstellung des Problems[196]. Es sind nur grobe Skizzierungen möglich[197]. Innerhalb der Homilien kommt Theodor an

---

[192] Zur Anthropologie THEODORS vgl. ZIEGENAUS, *Menschenbild;* BULTMANN, *Exegese* 88–92; MCWILLIAM DEWART, *Grace* 18–73; NORRIS, *Manhood* 173–189, sowie BRUNS, *Theodor* Kap. 3.3.1.

[193] So GROSS, *Erbsündenlehre* 1–15; wesentlich differenzierter ZISI, *Urzustand* 250–258.

[194] Vgl. SWETE, *Commentarii* 1, LXXXVII; VÖÖBUS, *Anthropology* 122.

[195] JUGIE, *Theologia dogmatica* 5,246–259; VRIES, *Sakramententheologie bei den Nestorianern* 154–167. JUGIE, ebd. 256, spricht THEODOR völlig frei: *Quidquid contra dixerint aliqui, tum antiqui, tum recentiores, Theodorus Mopsuestenus et Nestorius haeresi pelagianae, ad gratiam quod attinet, nullatenus suffragantur.*

[196] Eine Schrift, deren Titel PHOTIUS angibt mit „Wider die, die da sagen, von Natur aus, nicht durch Willensentscheid kommen die Menschen zu Fall“, ist verschollen, vgl. DEVREESSE, *Essai* 50f. Ähnlich auch das Zeugnis des BARḤADBEŠABBA, *hist.* 19 (PO 9,512,5–9)

[197] Es gehört gewiß zu den methodologischen Schwächen in den Ausführungen VÖÖBUS', *Anthropology* 116, die diachrone Betrachtungsweise völlig zu verwerfen. Dadurch gelingt es ihm auch nicht, der Verschiedenheit der theologischen Ansätze THEODORS Rechnung zu tragen, die durch ihren jeweiligen situativen Kontext bedingt sind. In den katechetischen Homilien dominiert der Erbtodgedanke, in den Spätwerken die Polemik gegen eine pauschale Dämonisierung der menschlichen Natur.

mehreren Stellen auf Adam zu sprechen, wenn es ihm um die Darlegung der *conditio humana* zu tun ist. Dabei erscheint der Urvater als Antitypus zum neuen Adam Christus beziehungsweise dem erlösten Gläubigen. Die Vertreibung aus dem Paradies trägt Strafcharakter, daher ist jeder Mensch als natürlicher Erbe Adams ebenfalls dieser Bestrafung unterworfen. Die Erblast des Urvaters zeigt sich vor allem in der moralischen Wandelbarkeit des Menschen und seiner Möglichkeit, das endgültige Heil zu verspielen[198]. Anders als etwa Apolinarius[199] sucht Theodor den Ursprung der Sünde nicht in der Konkupiszenz des menschlichen Fleisches, sondern in der vernunftbegabten Seele, welche die Sünde hervorgebracht hat und daher vorzügliches Objekt göttlicher Heilssorge wird. So ist die gesamte Soteriologie, das läßt sich schon an dieser Stelle sagen, auf die Seele Christi hin konzipiert, da der ewige Logos einen vollkommenen Menschen mit Leib und Seele annehmen mußte, um den Menschen zu erlösen und die Seele gegen die Sünde zu immunisieren[200]. Durch die Sünde besitzt Satan einen Rechtstitel auf Adam und seine Nachkommenschaft, der ihm erst bei der Taufe durch Christus streitig gemacht wird.

Ganz allgemein enthält Theodors Anthropologie einen stark voluntaristischen Zug, insofern Adams Seele willentlich aufgrund sittlicher Wahl (προαίρεσις) sündigt. Diese bereits in den Homilien vertretene Ansicht hat Theodor auch in seinen Spätschriften beibehalten, als es darum ging, die Willensfreiheit gegen die „westlichen Neuerer" (Augustin, Hieronymus) zu verteidigen. Die Sünde ist ein Akt freier Willensentscheidung der menschlichen Vernunftsee-

---

198 Vgl. dazu THEODORS Ausführungen in *hom.* 1,5f.

199 Vgl. dazu MÜHLENBERG, *Apollinarius* 159–180.

200 Vgl. *hom.* 5,11. *Hom.* 5,12 führt aus, daß es der Stolz ist, der die Seele immer wieder zu Fall bringt und sie der Macht Satans ausliefert.

le, sie ist γνώμῃ, nicht aber φύσει verursacht[201]. Es gehört zu den großen Streitfragen der Theodor-Forschung, worin eigentlich die Folge der adamitischen Sünde besteht[202]. Ist, um es auf eine knappe Formel zu bringen, die Sterblichkeit eine Folge der Sünde, oder bringt die schwache, sterbliche Natur die Sünde immer wieder neu hervor? Es gibt namentlich in dem Pauluskommentar zahlreiche Hinweise für die letztere Ansicht, daß Adam von Anfang an sterblich konzipiert sei, daß mithin der Tod nicht als unmittelbare Folge der Sünde anzusehen ist, sondern als ein ganz natürliches Faktum im Sinne der göttlichen Pädagogik, die dem sterblichen Menschen ein zeitlich befristetes Leben zur sittlichen Bewährung überläßt[203]. Andererseits betont Theodor gerade in den Homilien (5,11), daß der Tod durch die Sünde ein Einfallstor in den Menschen habe. Adam hat durch die Sünde Güter verspielt, die er vormals besaß. Tod und Sünde sind in Theodors Anthropologie und Hamartiologie so eng miteinander verknüpft, daß es schwerfällt, anzugeben, was im einzelnen als Ursache und was als Folge zu gelten hat. In Homilie 12,8 geht Theodor von einer

---

201 Vgl. JUGIE, *Theologia dogmatica* 5,248 Anm. 2. THEODORS These hat in der nestorianischen Kirche eine lehramtliche Bestätigung auf der Synode unter SABRIŠOʻ erfahren: „Wir nehmen uns in acht und künden die Gemeinschaft mit all jenen auf, die folgendes überliefern: ‚In der Natur ist die Sünde angelegt, und ohne ihren Willen sündigen die Menschen.' Auch mit allen, die da sagen: ‚Unsterblich ist Adams Natur erschaffen worden von Anbeginn'" (*Synodicon Orientale* [198,32 bis 199,2 CHABOT]). Man macht es sich hier zu einfach, wenn man mit JUGIE, ebd. 254 Anm. 2, diesen Satz nur auf die aktuelle Sünde des Menschen beziehen will. Es gilt nach THEODOR ja auch für die Ursünde, daß Adam sie willentlich tat.

202 Vgl. WICKERT, *Studien* 101–120.

203 *Comm. in Rom.* 11,15 (156,26–29 STAAB): „Deswegen hat er uns für dieses Leben sterblich gemacht, hinreichende Gesetze gegeben, daß wir im Gedenken an die Rechtschaffenheit handeln und so die vollkommene Tugend erlangen." Dagegen die Aussagen ebd. 5,13 f (Röm 5,12 ist leider nicht erhalten) und *comm. in Gal.* 1,3 f, die darin übereinstimmen, daß Adam erst durch die Sünde sterblich geworden sei.

Erbtodvorstellung aus, wonach der Tod als Folge der Adamssünde auf alle Menschen übergegangen ist[204]. Mit der Sterblichkeit ist nun eine Situation gegeben, in der auch die Sünde derart gedeihen kann, daß nicht einmal das göttliche Gesetz dem unseligen Treiben Einhalt gebieten kann. So wirkt Adams Sünde zwar nicht unmittelbar auf die folgenden Generationen fort, wohl aber mittelbar durch die Herrschaft des Todes. Diese Todesverfallenheit schließt einen Hang zum Bösen ein, der vom Menschen allein nicht mehr zu überwinden ist, ihn vielmehr auf einen Erlöser angewiesen sein läßt. Daher ist Theodor vom Moralismusvorwurf freizusprechen[205], zumal da, wie oben im Zusammenhang mit der Erkenntnislehre nachgewiesen werden konnte, Theodor an keiner Stelle „Natur" und „Gnade" identifiziert, sie aber auch nicht schroff gegenüberstellt[206].

Fragt man nach direkten Vorläufern für die anthropologischen Anschauungen Theodors innerhalb der syrisch-antiochenischen Tradition, wird man dazu auf den Apologeten Theophil von Antiochien verweisen können[207]. Der eigenartige Schwebezustand des Urmenschen zwischen Sterblichkeit und Unsterblichkeit, das irdische Dasein als Ort sittlicher Bewährung, der Tod einerseits als natürliches Faktum, andererseits als Strafe für die Sünde, all das sind Anschauungen Theophils, die sich auch bei Theodor wie-

[204] Dies ist auch die Vorstellung in *comm. in Io.* 12,17 (CSCO 116, 170,15f): *Quia per Adamum ingressa est mors, quae omnes sibi subiecit* ..., ebd. 17,11 (CSCO 116, 224,12f): *Postquam creatus est primus homo a Deo, reus factus est mortis propter peccatum cum omnibus qui ex eo nati sunt.*

[205] So auch WICKERT, *Studien* 115.

[206] WICKERT, *Studien* 61–89, steht der ganzen anthropologischen Konzeption THEODORS mit einigem Vorbehalt gegenüber und wittert hier falsche Synthesen zwischen „Israel" und „Hellas" und ein unevangelisches, gesetzliches Denken, das den „genuinen Paulinismus" zurückgedrängt habe; vgl. ebd., 68.

[207] Vgl. dazu die Ausführungen von ZISI, *Urzustand* 250–258.

derfinden. Theophils Rede von der Kindschaft Adams ist bei Theodor allerdings ohne direkte Parallele, sie hat wohl einen schwachen Nachhall in der παιδεία-Vorstellung des Mopsuesteners gefunden[208]. Auch Theodors akademischer Lehrer Diodor von Tarsus kommt als Vorläufer für Theodor in Betracht. Er hat mit Hilfe des μίμησις-Begriffs die menschliche Neigung zur Sünde hinreichend erklärt, zugleich aber die freie Tat des einzelnen handelnden Subjektes gebührend unterstrichen[209]. Die meisten nestorianischen Theologen sind den beiden Schriftdeutern in ihren Anschauungen gefolgt. Hier ist vor allem Narsai[210] zu nennen, der die Gedanken des Mopsuesteners aufgreift und in eine poetische Form kleidet. Auch im Hinblick auf die Kindertaufe wird dargelegt, daß die Sünde nicht in der menschlichen Natur (φύσις) liege, sondern im freien Willensentscheid (γνώμη)[211]. Aber auch dezidiert monophysitische Autoren wie Isaak von Antiochien[212] bringen allen theologischen „Neuerern", die die menschliche Natur grundlos verdächtigen, großes Mißtrauen entgegen. Jakob

---

[208] Vgl. auch GREER, *Theodore* 22–26.

[209] Vgl. *comm. in Rom.* 5,16f (84,19–22 STAAB). Die Nachahmung des bösen Typus hat bei THEODOR ihre Entsprechung in dem Gedanken, daß der Mensch durch die Sünde die εἰκών des Teufels erhält (*hom.* 12,8).

[210] Hier sind vor allem die Weihnachts- und Epiphaniehymnen zu nennen (*nat.* 5,11–52), der Gedanke „Maria ..." wird in den Zeilen 187–210.449–476) entfaltet; *epiph.* 1–70; zur THEODOR-Rezeption in den Hymnen auf die Schöpfung vgl. GIGNOUX, *Homélies de Narsaï* 52–86.

[211] Vgl. *comm. in Ps.* 50,7 (337,5–10 DEVREESSE): „Nicht die Natur der Neugeborenen wird beschädigt, das sei ferne — es ist hier überhaupt nicht von der Natur die Rede —, sondern auf den Willensentscheid (γνώμη) der Gebärenden kommt er zu sprechen; ihren Willensentscheid unterscheidet er, nicht aber die Natur der Neugeborenen, wie es einige Toren meinen." Vgl. auch VRIES, *Sakramententheologie bei den Nestorianern* 154–167.

[212] Vgl. ISAAK VON ANTIOCHIEN, *carm.* 37,1220–1278 (2,307–311 BICKELL).

von Sarug[213] spricht über den Schwebezustand Adams zwischen Sterblichkeit und Unsterblichkeit in ähnlicher Weise wie die in der Lehrtradition Theodors stehenden Theologen. Ein soteriologisches Argument macht Theodor weniger in den Homilien als vielmehr in seinem Spätwerk geltend: Wenn die Sünde notwendig der menschlichen Natur inhärent wäre, dann wäre der Erlöser, „der die Sünde nicht kannte“ (2 Kor 5,21), unmöglich wahrer Mensch gewesen[214].

3. *Die christologische Mitte: Theodors Zweinaturenlehre*[215]

Sowohl vom Umfang als auch vom Inhalt her bilden die Homilien 5–8 mit ihren Ausführungen zur Christologie das Zentrum der Katechese. Fragt man einmal, abgesehen von den inkriminierten Stellen, nach dem besonderen Verdienst Theodors innerhalb der dogmengeschichtlichen Entwicklung, so wird man sagen müssen, daß er mit bemerkenswerter Hellsicht die Gefahren des *Apolinarismus*[216] und des *Arianismus* für die Christologie erkannt und bekämpft hat. Er scheint einer der wenigen Theologen des vierten Jahrhunderts zu sein, der die Tragweite einer Psy-

---

[213] ALWAN, *Homme* 5–31.

[214] Vgl. die Fragmente aus THEODORS verlorengegangenem Werk „Über die Ursünde“ bei SWETE 2,335,35 – 336,3.

[215] Zur Christologie THEODORS sei auf die einschlägigen Monographien verwiesen: LERA, *Hombre;* NORRIS, *Manhood;* SULLIVAN, *Christology;* zur Verknüpfung von Theologie und Christologie siehe KOCH, *Heilsverwirklichung* 27–57; PATTERSON, *Theodore* 23–46; GREER, *Theodore* 48–65; zu weiteren Detailfragen siehe auch BRUNS, *Theodor* Kap. 3.

[216] Vgl. die Monographien VOISIN, *Apollinarisme;* RAVEN, *Apollinarism;* MÜHLENBERG, *Apollinarius,* dazu: HÜBNER, *Gotteserkenntnis* 131–161; HÜBNER, *Schrift;* LIETZMANN, *Apollinarius;* FLEMMING/LIETZMANN, *Apollinaristische Schriften*; NORRIS, *Manhood* 81–122; GRILLMEIER, *Jesus der Christus* 1,480–497; DE RIEDMATTEN, *Apollinarist Christology* 239–260.

chologie Christi richtig eingeschätzt hat[217]. Da der Apolinarismus von seinem Ansatz her selbst antiarianisch ausgerichtet ist, ist die Verbindung beider Anschauungen in bezug auf die menschliche Seele Christi zunächst nicht entdeckt worden. Auch Diodor von Tarsus, Theodors Lehrer, der zu den energischsten Widersachern des Apolinarius zu rechnen ist, hat zwar der Theodorschen Lehre vom „angenommenen Menschen" (λημφθεὶς ἄνθρωπος) vorgegriffen, aber dem durch Apolinarius aufgeworfenen Problem der Seele Christi keine Beachtung geschenkt[218]. Erst Theodor hat den doppelten Irrtum von Arianismus und Apolinarismus entdeckt und auf den Begriff gebracht. Während im arianischen Subordinatianismus der in seiner Seinsfülle geminderte Logos an die Stelle der Vernunftseele Christi tritt und ihre Funktion im Fleische übernimmt, versucht Apolinarius durchaus an der nizänischen Homousie festzuhalten, die er allerdings umdeuten muß, doch degradiert er damit den Logos zu einem immanenten Führungsprinzip im Menschen, wodurch er sowohl die Gottheit des Erlösers schmälert als auch die Integrität der menschlichen Natur beschädigt[219]. Im Interesse der göttlichen Transzendenz des Logos und der Integrität der menschlichen Natur braucht Theodor die Seele gleichsam als Pufferzone zwischen den beiden Seinsweisen. So erhält

---

[217] Vgl. LORENZ, *Christusseele* 1–51.

[218] Zur Christologie des DIODOR vgl. GRILLMEIER, *Jesus der Christus* 1,506–516, der DIODOR als Antiochener dem Logos-Sarx-Schema zuordnet; R. ABRAMOWSKI, *Untersuchung* 234–262; ders., *Nachlaß Diodors* 19–49; BRIÈRE, *Fragments de Diodore* 231–283; RICHARD, *Traités de Cyrille* 99–116; JUGIE, *Doctrine* 171–191; SULLIVAN, *Christology* 172–196.

[219] GRILLMEIER, *Jesus der Christus* 1,480–482, hat darauf aufmerksam gemacht, daß der Apolinarismus in logischer Konsequenz einen Arianismus impliziert, daß er aber in zeitlicher Hinsicht später entstanden ist. APOLINARIUS war zeit seines Lebens Antiarianer, weshalb seine problematische Seelenlehre Christi erst sehr spät Gegenstand der Kritik wurde.

er die Möglichkeit, der Seele die niederen Affekte zuschreiben zu können, die der Arianismus unmittelbar auf den Logos bezog, und zugleich stellt er das soteriologische Prinzip auf, daß Gleiches nur durch Gleiches erlöst werden könne, daß also die sündige Seele Adams nur durch die Seele Christi gerettet werden könne[220].

Der *Arianismus*[221] wird bei Theodor vor allem mit Hilfe einer theologischen Ontologie bekämpft. Ausgehend von Ex 3,14 zeigt er die Einheit von Gottheit und absoluter Seinsfülle auf — ein Argument, das ihm auch zur Widerlegung des Heidentums dienlich ist — und erweist die Wesensgleichheit (Homousie) von Vater und Sohn im strengen Sinne[222]. Der Logos ist wie der Vater pures Sein, ohne Anfang und Ende und über jeglichen Wandel unendlich erhaben. Der Sohn ist wesensgleich mit dem Vater (ὁμοούσιος τῷ πατρί), das heißt, ihm eignet keine andere οὐσία als die des Vaters. In Homilie 3,14 verwirft Theodor die dichotomistische Logoslehre vom inneseienden und hervorgebrachten Wort (λόγος ἐνδιαθετὸς — προφορικός) wegen

---

220 Vgl. dazu *hom.* 5,17. THEODOR steht damit in einer langen antidoketistischen Tradition; überhaupt hat der Apolinarismus für ihn ein stark doketisches Gepräge (*hom.* 13,9), daher auch seine Betonung der „Vollkommenheit" des Menschen Christus (τέλειος ἄνθρωπος). Bereits IRENÄUS hatte sich mit der gnostischen These auseinanderzusetzen, daß der Leib heilsunfähig sei (*haer.* 1,6,1f), und wandte das Prinzip des *simile a simili* auf den Leib an und begründete damit die volle Menschwerdung (*haer.* 5,14,1f). Hiermit hat er die physische Erlösungslehre grundgelegt, wonach die Erlösung aufgrund physischer Verwandtschaft erfolgt. GREGOR VON NAZIANZ, *epist.* 101 (PG 37,181C–184A), betont im antiarianischen Sinne, daß nur der wahre Gottessohn erlösen kann: „Was nicht angenommen ist, ist nicht geheilt; was mit Gott geeint ist, das wird auch gerettet."

221 Vgl. die Monographien von KOPECEK, *Neo-Arianism*, und HANSON, *Christian Doctrine;* WILLIAMS, *Arius* 35–52; zum Forschungsüberblick siehe auch STEAD, *Arius* 24–36.

222 Vgl. *hom.* 8,4. THEODOR kennt eine doppelte Homousie des Sohnes, zum einen ist er wesensgleich dem Vater, zum anderen wesensgleich uns Menschen.

ihres krassen Subordinatianismus, ohne jedoch das dahinterliegende psychologische Schema im Rahmen seiner Trinitätslehre völlig preiszugeben. In Analogie zur menschlichen Seele darf auch das göttliche Wort nicht von seinem natürlichen Seinsgrund abgetrennt werden, zugleich — und darin besteht die Unähnlichkeit der Analogie — bildet es eine eigene Hypostase. Eine gewisse Schwäche besteht bei Theodor in der Zuordnung von Christologie und Trinitätslehre. Während φύσις in der Trinitätslehre das Gemeinsame der göttlichen Personen bezeichnet und dem οὐσία-Begriff gleichgesetzt werden kann, ist der christologische Naturbegriff insofern ambivalent, als er sowohl die abstrakte als auch die konkrete, individuelle Natur der Gottheit beziehungsweise der Menschheit einschließt[223]. Damit ist die Zwei-Naturen-Lehre Theodors gegen das Mißverständnis einer Zwei-Personen- oder Zwei-Söhne-Lehre nicht immer ganz gefeit. Als Paulusexeget entwickelt Theodor den biblischen Sprachgebrauch vom Christus dem Geiste und dem Fleische nach (Χριστὸς κατὰ σάρκα — κατὰ πνεῦμα) zur Zweinaturenlehre weiter[224].

Da nach Theodor die göttliche Natur einfach und unzusammengesetzt ist, kann sie auch mit der menschlichen Natur keine organisch-natürliche Verbindung eingehen. Der eine Christus existiert demnach *in* zwei Naturen, nicht *aus* zweien[225], welche dann nach der Einigung eine einzige

---

223 Vgl. dazu die Ausführungen von NORRIS, *Manhood* 107–110. 197 bis 207. Φύσις kann einmal die abstrakte Natur Gottes bzw. des Menschen bezeichnen. Ein anderes Mal meint es auch die konkrete, individuelle Natur und kommt dann näher an den Hypostasebegriff heran.

224 Vgl. *hom.* 6,5. Die Knechtsgestalt ist die konkrete Menschennatur, wie aus *comm. in Phil.* 2,7 (1,217,5–7 SWETE) hervorgeht: „Denn die göttliche Natur war allen verborgen. Die Knechtsgestalt aber, sozusagen die Knechtsnatur — so nennt er die menschliche Natur, da die menschliche Natur nämlich knechtisch ist ...“

225 Vgl. *hom.* 8,1. Diese Formel erscheint wie eine Vorwegnahme des Konzils von Chalcedon (DS 302). In der Tat ist sich THEODOR der Problematik der Formel *in duabus et ex duabus* vollauf bewußt. Allein

wären. Damit ist dieser christologische Entwurf dem des Apolinarius diametral entgegengesetzt, der die Formel von der einen Natur (μία φύσις)[226] kennt und auf diese Weise Cyrill sowie den späteren Monophysiten vorgreift. Apolinarius geht streng von der Einheit des Erlösers aus und erblickt in der Rede von den „zwei Naturen“, etwa bei Diodor von Tarsus[227] und anderen, den Anfang einer ungebührlichen Zerteilung Christi. So spricht er auch von einer „natürlichen Einigung“ (ἕνωσις φυσική) von Logos und Fleisch, die er in Analogie zur menschlichen Leib-Seele-Einheit auffaßt[228]. Apolinarius lehrt damit eine Mensch*werdung* des Logos im strengen Sinne, das heißt, die Vereinigung der beiden Größen ist so zu denken, daß mit ihr der Gottmensch Christus, bestehend aus Logos und Fleisch, erst konstituiert wird. Dann spielt es auch keine weitere Rolle mehr, ob man in Christus noch eine sinnenhafte Seele annimmt oder nicht[229]. Das Fleisch Christi ist so sehr vom Logos durchdrungen, daß nur noch eine einzige

---

die Rede „in zwei Naturen“ sichert die Eigenständigkeit und Integrität, während die andere eine apolinaristische Vermischung zu suggerieren scheint (zwei Naturen vor der Vereinigung, eine einzige danach).

[226] Vgl. hierzu die Ausführungen bei GRILLMEIER, *Jesus der Christus* 1,486–490; Belege für den „Monophysitismus“ des APOLINARIUS in den Fragmenten bei LIETZMANN, *Apollinaris* 207.236.247.251.257.

[227] So spricht er in einem gegen DIODOR gerichteten christologischen Traktat, der nur fragmentarisch überkommen ist, in bezug auf Christus von einem gemäß lebendiger Einheit geeinten Wesen (*frg.* 144 [242 FLEMMING/LIETZMANN]: καθ' ἑνότητα ζωτικὴν ἑνωθέν).

[228] Diese Verschränkung von Anthropologie und Christologie findet sich bei NORRIS, *Manhood* 81–122, herausgearbeitet.

[229] Nach den ersten Verurteilungen und Widerständen (DS 146.148f) wurde APOLINARIUS etwas zurückhaltender und gab zu, daß der Leib Christi nicht unbeseelt sei (σῶμα ἄψυχον), daß es sich aber bei der ψυχή nur um die sinnenhafte Seele handele, während die Geistseele (νοῦς) gänzlich im Logos aufgehe.

Seinsweise (οὐσία)[230] und Wirkeinheit (ἐνέργεια)[231] gegeben ist. In dieser stoisch-neuplatonisch[232] geprägten Anthropologie und Erlösungslehre bildet der Logos das Führungs- (ἡγεμονικόν) und Bewegungsprinzip (κινοῦν) in Christus. Man muß auf diese vital-dynamische Dimension im apolinaristischen Naturbegriff achten. Apolinarius hat immer diese organische, naturhafte Synthese im Blick, wenn er auf die Einheit in Christus zu sprechen kommt. Somit erhält die Naturenlehre einen eher monergistischen[233] Charakter, den man leicht übersieht, wenn man nur die ontologische Ebene der φύσις betrachtet.

Theodors Christologie ist nicht nur im Hinblick auf die Terminologie, sondern auch auf die bezeichnete Sache vom apolinaristischen Ansatz grundverschieden. Beide christologische Modelle gehen auf längere Tradition zurück, und rein äußerlich betrachtet, erscheint der Gegensatz zwi-

---

230 Mit dieser Sicht ist auch eine gewichtige Uminterpretation des Homousios verbunden. Während THEODOR die doppelte Homousie betont, Christus ist Gott und Mensch wesensgleich, geht APOLINARIUS davon aus, daß die gottmenschliche „Synthese" ein einziges Wesen hervorbringt, vgl. *frg.* 119 (236 LIETZMANN): „Gott und Mensch aber nicht als eine jeweils andere Wesenheit (οὐσία), sondern als eine einzige gemäß der Zusammensetzung Gottes mit dem menschlichen Leib (μία κατὰ σύνθεσιν θεοῦ πρὸς σῶμα ἀνθρώπινον)."

231 Der Leib, das Fleisch, wird derart an den Logos gebunden, daß dieser jenen zu seinem Werkzeug (ὄργανον) macht und seine Wirkkraft (ἐνέργεια) einströmen läßt und in Bewegung (κίνησις) versetzt. Daher gilt auch die Formel: ein Wesen (οὐσία) und eine Wirkkraft (ἐνέργεια), vgl. *frg.* 117 (235f LIETZMANN).

232 NORRIS, *Manhood* 106–111, zeigt auf, wie in dem apolinaristischen Verständnis der Einheit in Christus eine stoische Mischungslehre — μῖξις/κρᾶσις ist ein Lieblingswort bei APOLINARIUS — mit einer neuplatonischen Sicht von der Transzendenz des Geistigen gegenüber dem Materiellen verknüpft ist.

233 Darauf hat GRILLMEIER, *Jesus der Christus* 1,489f, aufmerksam gemacht. Allerdings muß man bedenken, daß auch Nestorianer entschiedene Verfechter des Monergismus waren, vgl. dazu JUGIE, *Theologia dogmatica* 5,215–218, und daß die μία-ἐνέργεια-Formel nicht auf den Monophysitismus beschränkt war.

schen Theodor und Apolinarius als ein Aufflackern jenes alten Streites, der von Paul von Samosata[234] und Malchion um zwei unterschiedliche Inkarnationsmodelle[235] geführt wurde. Apolinarius bevorzugt die Redeweise von einer natürlichen Einheit zwischen Gott und Mensch im Sinne einer organischen Zusammensetzung (σύνθεσις) und lehnt die Vorstellung einer bloßen Einwohnung (ἐνοίκησις) des Logos im Menschen, wie es Diodor von Tarsus und Theodor vorschwebt, ab. Der Logos wird Mensch, wohnt aber nicht wie in anderen Menschen ein. Doch ist die Ausgangslage der christologischen Diskussion des vierten Jahrhunderts eine gänzlich andere als im dritten, weil die trinitätstheologischen Voraussetzungen sich zwischenzeitlich geändert haben. Monarchianismus und Adoptianismus in

---

[234] Im Rahmen dieser Einführung kann die komplexe Quellenlage zu PAUL VON SAMOSATA nicht erörtert werden, vgl. dazu im einzelnen BARDY, *Paul de Samosate*, RIEDMATTEN, *Actes du procès*, sowie BRUNS, *Theodor* Kap. 3 § 4, das sich mit der Herkunft der Theodorschen Konzeption vom angenommenen Menschen (ληφθεὶς ἄνθρωπος) befaßt. Viele Kritiker THEODORS haben seine Christologie mit dem Adoptianismus des 3. Jahrhunderts in Verbindung gebracht. Doch hat THEODOR klar den Bann über PAUL ausgesprochen, vgl. *hom.* 13, 8.

[235] Zur Christologie des PAUL VON SAMOSATA vgl. BARDY, *Paul de Samosate* 455–470. Einzelne Gedanken, wie Einwohnung des Logos im Tempel Christi, Salbung des Menschen Christus, Transzendenz des Logos gegenüber dem Menschen Christus, sind Bausteine einer „antiochenischen" Christologie, wie sie später auch bei THEODOR wiederkehren. Doch fehlt bei THEODOR etwa die für PAUL so charakteristische Weisheitsspekulation, vgl. BARDY, *Paul de Samosate* 461. MALCHION hingegen, der als Vertreter der origenistisch eingestellten Bischöfe die Verhandlung gegen PAUL leitete, spricht von einer Analogie, die zwischen der Inkarnation und der Leib-Seele-Einheit des Menschen bestehe, vgl. BARDY, ebd. Dies erscheint als Vorgriff auf die Position des APOLINARIUS. Man muß allerdings bei der ganzen Diskussion berücksichtigen, daß die Quellen für den Streitfall PAUL VON SAMOSATA vielfach von monophysitischen Autoren benutzt wurden, um NESTORIUS und die „antiochenische" Christologie zu diskreditieren. Manches wird dann durch die Brille der christologischen Kontroversen des 5. und 6. Jahrhunderts gesehen.

bezug auf die Logoslehre sind nachnizänisch nicht mehr möglich. Anders als Paul von Samosata weiß Theodor sehr wohl um die Hypostase des Logos und lehnt eine bloß gedachte Präexistenz ab. Wenn er die Einigung der Naturen als „genaue Verbindung“ (συνάφεια ἀκριβής) bezeichnet, dann greift er mit dem συνάφεια-Begriff[236] einen klassischen Terminus aus der „antiochenischen Schule“ auf, hat jedoch die damit bei Paul von Samosata verbundene Vorstellung vom „bloßen Menschen“ (ψιλὸς ἄνθρωπος) in den Homilien (13, 8) ausdrücklich anathematisiert.

Die Zurückdrängung von Arianismus und Apolinarismus zeigt sich auch in dem Umstand, daß Theodor nirgends von einer Mensch*werdung* in dem Sinne spricht, daß der unveränderliche Logos etwas geworden sei, was er vorher nicht war. Daher spricht er lieber von der *Annahme* (ἀνάληψις)[237] der menschlichen Natur beziehungsweise eines vollkommenen Menschen. Daß der Logos im apolinaristischen Sinne Mensch wird in Analogie zu einer menschlichen Leib-Seele-Verbindung, dies hieße seine Veränderlichkeit behaupten und wäre der Ruin der Theodorschen Soteriologie, da nur der unveränderliche Logos dem Menschen das ersehnte Heilsgut der Unwandelbarkeit verleihen kann[238]. In antiarianischer Frontstellung ge-

---

236 Vgl. dazu BARDY, *Paul de Samosate* 464–470, zum Verhältnis PAUL — THEODOR ebd. 468 f. Zum Begriff vgl. auch GRILLMEIER, *Jesus der Christus* 1,490 f. 609. 616. 654 f. 659. 666. 679. 701. 709.

237 Belege aus der Vätertheologie bei GRILLMEIER, *Jesus der Christus* 1,793 (Index).

238 Man vergleiche dazu THEODORS Ausführungen in *comm. in Io.* 1,14 (CSCO 116,23). Dabei läßt er eine doppelte antiapolinaristische Spitze erkennen. Zum einen interpretiert er das johanneische „Fleisch“ als „Mensch“, einschließlich Leib und Seele also, und zum anderen „wird“ der ewige Logos nicht, da er unveränderlich ist. Alle Aussagen der Schrift, die Gott eine Veränderlichkeit zulegen, sind im uneigentlichen Sinne (κατὰ τὸ δοκεῖν) zu deuten. Kritiker halten ihrerseits Theodor einen Doketismus vor, daß Gott nicht wirklich, sondern nur zum Schein Mensch geworden sei.

schieht auch die Zurückdrängung des Theopaschitismus, da der Logos wesensmäßig nichts erleiden oder gar sterben kann. Auch vom Theotokostitel läßt sich Vergleichbares sagen. Theodor lehnt ihn zwar nicht vollständig ab, läßt ihn aber nur *per relationem* gelten[239]. Geburt und Leiden sind gleichermaßen Attribute einer vergänglichen, wandelbaren Welt und können daher von dem unwandelbaren Logos nur uneigentlich ausgesagt werden.

Man hat Theodors Christologie nicht zu Unrecht als *symmetrische Christologie*[240] bezeichnet. Die verschiedenen Seinsweisen (οὐσίαι), die göttliche und die menschliche Natur (φύσις), befinden sich in perfekter Korrelation. Dem annehmenden Logos entspricht der angenommene Mensch, dem Gnadenwirken (εὐδοκία) des Gottessohnes der sittliche Fortschritt (προκοπή) des Menschen Christus, die sich in perfekter Synergie zueinander verhalten. Der Einheitspunkt ist im πρόσωπον des Erlösers gegeben[241]. Freilich besteht auch bei Theodor die Gefahr, daß der Dyophysitismus in einen Monophysitismus umschlägt, und zwar dort, wo er die ersten zaghaften Ansätze zu einer „Idiomenkommunikation" entwickelt. So verläuft nämlich

---

239 Vgl. dazu die Fragmente aus *De incarnatione* bei SWETE 2, 309–312.

240 Die Bezeichnung „symmetrische Christologie" drängt sich geradezu auf, wenn man mit FELMY, *Orthodoxe Theologie* 59–65, die chalzedonische Christologie besonders in ihrer neuchalzedonischen Interpretation als asymmetrische Christologie bezeichnen muß, asymmetrisch deshalb, weil die menschliche Natur Christi sich nicht unabhängig vom Logos konkretisiert bzw. personifiziert hat, weil es keine zwei Subjekte in Christus gibt, sondern nur die eine Hypostase des fleischgewordenen Logos, in der auch die menschliche Natur des Erlösers subsistiert, vgl. dazu GRILLMEIER, *Jesus der Christus* 2/2, 297–302. Das Problem steckt für THEODOR und auch bei den Nestorianern (BABAI) im Hypostasebegriff. Da die menschliche Seele im Unterschied zum Tier hypostatisch verfaßt ist, impliziert die Annahme eines vollkommenen Menschen auch die Hinzunahme einer seelischen Hypostase.

241 Belege im einzelnen bei MCWILLIAM DEWART, *Person* 199–207.

die innere Dynamik der Inkarnation einseitig vom annehmenden Logos zum angenommenen Menschen — er ist es, der der angenommenen Menschennatur ihre Privilegien zuteilt (Ehre, Herrlichkeit, Sündelosigkeit und nach der Auferstehung Unsterblichkeit), während er in keiner Weise von ihren Schwächen (Leiden, Sterblichkeit, Veränderlichkeit) affiziert wird, so daß das Aktzentrum der Gottheit ein gewisses Übergewicht erhält. Unterschwellig ist damit schon jene asymmetrische Verschiebung eingeleitet, welche die apolinaristisch-monophysitische Konzeption kennzeichnet und in der neuchalzedonischen Interpretation des christlichen Dogmas Heimat gefunden hat.

Theodor ist sich der Problematik seiner *Zweinaturenlehre* vollauf bewußt. Mit größerer Entschiedenheit als sein akademischer Lehrer Diodor lehnt er die Zwei-Söhne-Christologie ab, die ihm von unterschiedlicher Seite unterstellt wird[242]. Doch tut sich der Mopsuestener schwer, die „unaussprechliche Verbindung“[243] der beiden Naturen auf einen konkreten Begriff zu bringen: πρόσωπον meint auch mehr das Resultat der Einung, weniger eine ontologisch definierbare Realität, mal scheint es den einzelnen Naturen zugeordnet zu sein, ein andermal steht es als Bindeglied dazwischen[244]. Die von Theodor favorisierte „Einung auf-

---

[242] *Hom.* 3,10: „Einer ist der Sohn wegen der genauen Verbindung der Naturen, die durch göttlichen Willen zustande gekommen.“ Vgl. auch *hom.* 8,14 und die Parallelüberlieferung bei FACUNDUS, *defens.* 9,3,9 (CCL 90a,273).

[243] So spricht THEODOR mal von Einwohnung (*hom.* 3,5; 8,11f), ein anderes Mal von Einkleidung (*hom.* 3,5.10; 5,5.17f; 6,3.7; 6,1.10).

[244] L. ABRAMOWSKI, *Theologie* 265, bringt das Dilemma in der Christologie auf folgenden Punkt: „Die Schwierigkeit in der Interpretation der Christologie Theodors, die sich an den unaufhörlichen neuen Versuchen zu diesem Thema zeigt, liegt darin, daß die Christologie selber auf zwei Ebenen abgehandelt wird: Von den zwei Naturen Christi und ihren Unterschieden wird ontologisch gesprochen, die Einheit der Person Christi wird dagegen wohl ontisch vorausgesetzt, während eine ontologische Beschreibung oder gar Definition mit den Theodor zur Verfügung stehenden Begriffen nicht möglich ist.“

grund göttlichen Wohlgefallens" (ἕνωσις κατ' εὐδοκίαν) ist gegen die apolinaristische Vermischungslehre gerichtet mit ihrer Vorstellung von einer „natürlichen" Einheit von Gott und Mensch[245] in Christus und sichert die souveräne Freiheit des göttlichen Gnadenhandelns gegenüber der Schöpfung. Doch ist die Verbindung (συνάφεια) zwischen dem annehmenden Logos und dem angenommenen Menschen dauerhaft und unauflöslich, die Einung der zwei Naturen daher mehr als nur akzidentiell und moralisch.

4. Der Abschluß des trinitarischen Dogmas: Theodors Lehre über den Heiligen Geist[246]

Weitgehend unbeachtet von der Forschungsgeschichte[247], leistet Theodors Pneumatologie einen wesentlichen Beitrag zum Abschluß des trinitarischen Dogmas. In logischer Reihenfolge vereinigt sie die trinitarische Ontologie mit einer soteriologischen Perspektive. Ausgehend vom Taufbefehl Jesu und der kontinuierlichen Taufpraxis der Kirche als der unumstößlichen *lex orandi,* definiert Theodor die *lex credendi* bezüglich des Heiligen Geistes dahin, daß auch seinsmäßig zusammengehöre, was in der Tauformel nebeneinander genannt werde[248]. Auch wenn die konziliare Überlieferung das Homousios nicht ausdrücklich dem

---

245 THEODOR kennt auch den Ausdruck „natürliche Verbindung"; er bezieht ihn in *hom.* 15,40 auf die fundamentale Verwandtschaft aller Gläubigen im Taufsakrament. Eine „natürliche Verbindung" besteht eben nicht zwischen Gott und Mensch, sondern nur zwischen Gott Vater und Gott Logos, vgl. *hom.* 3,8; 8,4.

246 Vgl. ORTIZ DE URBINA, *Nizäa* 157–273; RITTER, *Konstantinopel;* COURTH, *Trinität* 119–137; DÖRRIES, *De Spiritu Sancto;* LUISLAMPE, *Spiritus vivificans;* SIEBEN, *Basilius von Cäsarea;* sowie die Untersuchungen von SCHULTZE, *Pneumatologie* 5–54; HALLEUX, *Profession* 5–39, sowie die Ausführungen zur Pneumatologie THEODORS bei BRUNS, *Theodor* Kap. 4.

247 Eine Ausnahme bildet LERA, *Hombre* 247–280.

248 Vgl. *hom.* 9,4–6; BASILIUS, *Spir.* 27,68 (FC 12,282–285).

Geist zuspricht, ist ihm doch kein anderes Sein zu eigen als das des Vaters und des Sohnes[249].

Die Verknüpfung von Pneumatologie und Ontologie wird bei Theodor dadurch erleichtert, daß er in seiner Gotteslehre (Homilie 9,7–9) Gott als „Sein“ und „Geist“ denkt und ihn damit sowohl vom einzelnen „Seienden“ als auch von den kreatürlichen „Geistern“ abgrenzt. Der Geist ist in Theodors Pneumatologie vollkommen der arianisch-pneumatomachischen Grauzone zwischen Sein und Nichtsein, Gott und Geschöpf enthoben und eindeutig dem göttlichen Seinsbereich zugeordnet[250]. Der wesentliche Unterschied zwischen kreatürlichem und göttlichem Geist besteht in der Unendlichkeit, die ein vorzügliches Attribut der göttlichen Wesenheit darstellt[251].

In antipneumatomachischer Frontstellung geht es Theodor darum, den ewigen Hervorgang des Geistes aus Gott von der zeitlichen Sendung durch den Sohn zu trennen. Er unterscheidet streng zwischen der göttlichen Natur des Geistes einerseits, die der Raumzeit enthoben ist, und der zeitlichen Sendung, dem Tröstersein, andererseits[252]. Von der heilsökonomischen Sendung durch den Sohn ist daher nicht unbedingt auf den ewigen Hervorgang aus dem Vater und dem Sohn zu schließen. Die Rede von der Hypostase des Geistes mit ihrer strikten Unterscheidung von Sein und Wirken dient dazu, seine göttliche Transzendenz gegenüber der kreatürlichen Welt zu sichern[253]. Die Hypostase

---

[249] Vgl. *hom.* 9,2.

[250] Vgl. *hom.* 9,3–5. Sinngemäß ist das Homousios auch auf den Heiligen Geist auszudehnen.

[251] Vgl. *hom.* 9,9.12; *contr. Mac.* 23 (PO 9,662–664).

[252] Vgl. *hom.* 10,8f mit der Deutung der *crux interpretum* Joh 7,39. Diese Stelle darf nicht herangezogen werden, um die Seinsfülle des Geistes zu schmälern, sondern ist auf sein Wirken als Tröster beschränkt.

[253] Vgl. *hom.* 10,9f. THEODOR benützt verschiedene organische Bilder zur Illustration, wie der Hervorgang des Geistes und seiner Gaben zu denken ist.

des Vaters ist der alleinige Quellgrund des innergöttlichen Lebens sowohl des Sohnes als auch des Heiligen Geistes[254].

Die soteriologische Ebene ist mit der ontologischen unlöslich verknüpft. Der Geist kann seiner heilsmittlerischen Funktion der Befreiung und Erneuerung der Kreatur nur deshalb nachkommen, weil er selbst wahrhaft Gott ist, das heißt, nicht Knecht und Kreatur[255], und das Leben in sich selber hat. In analoger Weise kann Theodor auch von der Heiligkeit des Geistes handeln, die ihm wesenhaft eignet. Heiligkeit wird dabei doppelt definiert: ontologisch als Beharren im Sein und moralisch als permanente Ausrichtung des Willens auf das Gute. Der Geist ist heilig, weil er, durch seine unwandelbare Natur dem Bereich des Wandelbaren entzogen, nichts anderes als das Gute wollen kann[256]. Aufgrund dieser seinshaften Heiligkeit und Unwandelbarkeit ist er imstande, der Kreatur Anteil an seiner Heiligkeit zu verleihen. Physische Heiligkeit und Unwandelbarkeit des Geistes bilden somit die ontische Voraussetzung für sein Erlöserwirken.

Der soteriologische Aspekt der Pneumatologie spiegelt indirekt die christologische Frage wider[257]. Theodor weist die apolinaristische Konzeption des πνεῦμα ἔνσαρκον energisch zurück, was zur Folge hat, daß der göttliche Logos nicht die Aufgabe des menschlichen Geistes (νοῦς) übernehmen muß. Zugleich wird dadurch Raum geschaffen,

---

[254] Vgl. *contr. Mac.* 27 (PO 9,666f). Der Geist geht vom Vater aus und verströmt göttliches Leben.

[255] Vgl. *hom.* 9,14f. Die Zwischenposition, die den Geist zwar nicht direkt „Knecht und Geschöpf" zu nennen wagt, ihn aber auch nicht Gott im strengen Sinne nennen mag, wird von EUSTATHIUS VON ANTIOCHIEN vertreten, vgl. DÖRRIES, *De Spiritu Sancto* 82.

[256] Vgl. *hom.* 9,12. Durch die Auseinandersetzung mit den Arianern hat sich THEODORS Blick für die Unwandelbarkeit (ἀτρεπτότης) Gottes, d.h. auch des Sohnes und des Geistes, verstärkt. Vgl. auch *hom.* 10,3: Als Unwandelbarer gibt der Heilige Geist die Güter der Unwandelbarkeit und Unvergänglichkeit.

[257] Ein schönes Beispiel ist *contr. Mac.* 25 (PO 9,665f).

den Heiligen Geist aktiv am Handeln der menschlichen Natur des Erlösers zu beteiligen. Die Pneumatologie wird so zu einer treibenden Kraft innerhalb der christologischen Konzeption Theodors. Freilich treten nun Logos- und Geistchristologie in eine offenkundige Konkurrenz[258]. Theodors Schweigen hinsichtlich der Beziehung zwischen dem präexistenten Logos und dem aus Gott Vater hervorgehenden Geist muß als Symptom für die ungelöste Spannung zwischen beiden gewertet werden[259]. Es erhält jedoch eine gewisse Plausibilität dadurch, daß Theodor den pneumatomachischen Subordinatianismus abwehren will, der in hierarchischer Abstufung den Geist unmittelbar dem Sohn entspringen läßt[260].

Bei Apolinarius ergibt sich der Geistbesitz Christi unmittelbar aus der Inkarnation des göttlichen Geistes ins menschliche Fleisch. Bei Theodor hingegen wird die Begnadung durch den Geist zum Konstitutivum für die Einung der Naturen selber. Der Geist ist es, der die Teilhabe des angenommenen Menschen am annehmenden Logos sichert und begründet[261]. Die Verbindung zwischen Gott

---

[258] L. ABRAMOWSKI, *Theologie* 288–290, bietet einige Beispiele für die Rivalität von Logos- und Geistchristologie.

[259] THEODOR legt in *hom.* 10,10 großes Gewicht auf den Hervorgang des Geistes aus dem Vater im Gegensatz zum Arianismus, wo der Geist als dritte Kraft aus dem zweiten Gott hervorgeht. Zum geistesgeschichtlichen Hintergrund des *Filioque*-Streites siehe KELLY, *Glaubensbekenntnisse* 333–339.352–361; HARNACK, *Dogmengeschichte* 2,302–314.

[260] Vgl. dazu COURTH, *Trinität* 126–137; KELLY, *Glaubensbekenntnisse* 352–361.

[261] Vgl. CAMELOT, *Nestorius* 218f: „Der Heilige Geist ist also das Prinzip, das die Union des ‚Menschen‘ mit dem ‚Wort‘ realisiert und die Wiederherstellung des Menschen und seine Teilhabe an der Allherrschaft ermöglicht. Damit bewirkte Theodor ohne Zweifel einen wirklichen Fortschritt in der Theologie, indem er die Wichtigkeit der geschaffenen Gnade Christi hervorhebt, einer Gnade, die in einer Christologie des Typs ‚Wort-Fleisch‘ im Hintergrund steht. Aber er bringt Ursache und Wirkung durcheinander. Die Gnade des Heiligen Geistes ist für ihn

und Mensch in Christus ist nach Theodor keine ontisch-organische, sondern eine gnadenhaft-pneumatisch vermittelte Einheit. Dieser Aporie des Inkarnationsschemas liegt das ganze ungelöste Verhältnis von Geist und präexistentem Logos in der immanenten Trinität zugrunde.

5. *Eschatologischer Ausblick: Die neue Katastase und das Leben der kommenden Welt*[262]

Obwohl der hohe Stellenwert, den die Eschatologie im Gesamt des Theodorschen Denkens einnimmt, immer wieder betont wird, fehlt es doch an zusammenfassenden Darlegungen zu diesem Themenkreis. Dabei ist die Eschatologie selber mit dem theologischen Grundanliegen Theodors zutiefst verknüpft. Ist es nun Theodors erklärte Absicht, die Transzendenz Gottes herauszustellen und eine klare, nicht reduzierbare Unterscheidung zwischen Gott und seiner Schöpfung zu bewahren, so zeigt sich dieser Ansatz auch eschatologisch gewendet in der Dualität der „beiden Welten oder Katastasen[263]. Nicht die Dreiteilung der Heilsgeschichte (Urzustand, gegenwärtige Katastase, künftiger Äon) ist das zugrundeliegende Schema, sondern die Zweiteilung. Alle Versuche in der Forschung, einen „dritten Zustand“[264] zwischen den Äonen anzusetzen, sind ebenso gescheitert wie die Spekulation über einen dem gegenwär-

---

das konstitutive ‚Medium‘ der Union und nicht, um die Sprache der katholischen Theologie zu sprechen, eine Konsequenz der Einung.“

262 Vgl. zur Eschatologie THEODORS DALEY, *Eschatologie* 175 (engl. *Hope* 111–115); HELLEMO, *Adventus Domini* 208–231; JUGIE, *Theologia dogmatica* 5,335–340; VRIES, *Heil* 309–338, sowie BRUNS, *Theodor* Kap. 6.

263 Zum paulinischen Hintergrund siehe WICKERT, *Studien* 157–171 (Heilsgeschichte). 171–195 (Zeit).

264 So etwa bei VRIES, *Heil* 309.

tigen Unheilszustand vorausliegenden Urzustand[265]. Wie nun in der Christologie der Dyophysitismus vorherrscht mit der Betonung der Zweiheit vor der Einheit, so ist die heilsgeschichtliche Konzeption des Mopsuesteners durch die Spannung der beiden Welten oder Katastasen charakterisiert. Zwischen der gegenwärtigen Welt der Sünde, Sterblichkeit sowie der Wandelbarkeit und der zukünftigen gottgegebenen Freiheit, Unsterblichkeit und Unwandelbarkeit klafft ein tiefer Abgrund, der von der Schöpfung her nicht zu überwinden ist. Innerhalb der Homilien begegnet der Begriff κατάστασις *expressis verbis* nur einmal (Homilie 3,9), und zwar an der Stelle, wo Theodor auf die Neuschöpfung durch die angenommene Natur des Erlösers zu sprechen kommt. Ansonsten (Homilie 1,4) beschreibt Theodor die Seinsweise des kommenden Äons vorwiegend mit negativen Attributen. Der gegenwärtige Äon ist derart durch Sterblichkeit und Wandelbarkeit gekennzeichnet, daß für einen innergeschichtlichen Heilsoptimismus kein Raum bleibt, die Heilsgüter sind allesamt eschatologischer Natur. Während die menschliche Natur Christi bereits in der Auferstehungswirklichkeit lebt, steht sie für den Gläubigen noch aus, kann aber im Sakrament anfanghaft vorweggenommen werden. Dabei gilt der Grundsatz: Die Gnade verändert die Natur nicht[266], das heißt, die im Sakrament empfangene Gnade ist passive

---

[265] Mit dieser Frage hängt das oben diskutierte Problem zusammen, ob Adam sterblich oder unsterblich erschaffen sei, ob der Tod eine Folge der Sünde sei oder ob das Kausalverhältnis umgekehrt werden müsse, vgl. dazu ZISI, *Urzustand* 250–258. Die Denkschwierigkeit löst sich nach ZISI dadurch auf, daß man den Urzustand des Stammvaters als reine Potentialität denkt, d.h., er umfaßt die noch nicht verwirklichte Möglichkeit für Tod und Unsterblichkeit. De facto ist jedoch der gegenwärtige Äon durch Tod und Sündhaftigkeit gekennzeichnet.
[266] Vgl. MCWILLIAM DEWART, *Grace* 147 Anm. 50.

Potenz, die erst im kommenden Äon voll aktualisiert wird[267].

Die Auferstehung[268] selber gehört, wie andere Grunddaten des christlichen Glaubens auch, zu den Mysterien[269] im strikten Sinne. Die „natürliche" Theologie vermag nur die äußeren Glaubwürdigkeitsbeweise für die Tatsächlichkeit der Auferstehung zu erbringen, sie versagt aber vor der Bestimmung des „Wie"[270]. Das Judentum wußte nur schattenhaft von ihr zu sprechen, volle Gewißheit ist erst mit der Offenbarung Jesu Christi gegeben. Theodor kritisiert daher auch allzu anthropomorphe und chiliastische Vorstellungen von der Auferstehungswirklichkeit[271]. Große Bedeutung erhält die Auferstehung im christologischen System, dort besonders für den angenommenen Menschen,

---

[267] Dies gilt besonders für die Tauflehre (*hom.* 15,2.4f). Der Täufling hat zwar sakramental Anteil am kommenden Äon, er ist aber noch nicht tatsächlich auferstanden. Die gesamte Sakramentenlehre THEODORS steht, wie noch in der Einleitung zum zweiten Teilband zu zeigen sein wird, in der Spannung der beiden Katastasen, der gegenwärtigen und der zukünftigen Welt. Allerdings versucht der Typos, der keiner der beiden Katastasen ganz angehört, zwischen diesen zu vermitteln. Das Paradoxon läßt sich in diesem Äon nicht auflösen, es ist aber kraft der sakramentalen und ekklesialen Vermittlung erträglich.

[268] Lediglich an zwei Stellen der Homilien kommt THEODOR auf die Auferstehung von den Toten zu sprechen. *Hom.* 7,11–15 befaßt sich mit der Rolle des „angenommenen Menschen" im eschatologischen Drama, *hom.* 10,20f bietet einen recht knappen eschatologischen Ausblick im Rahmen des dritten Credoartikels. Doch scheint THEODOR, ans Ende seiner katechetischen Ausführungen gelangt, die Lust an weiterer theologischer Explikation vergangen zu sein.

[269] Vgl. THEODORS Ausführungen in *contr. Mac.* 4–16.

[270] Vgl. *contr. Mac.* 14 (PO 9,652f).

[271] Vgl. *hom.* 12,5. Eine gewisse Schwierigkeit entsteht für THEODOR dort, wo er auf das Herrenwort vom Trinken der Frucht des Weinstockes im Reich Gottes (Mt 26,29) zu sprechen kommt, vgl. *hom.* 15,13. Es gilt hier, ein physizistisches Verständnis von Auferstehung abzuwehren und zugleich die Tatsächlichkeit des Geschehens gegenüber Unglaube und Doketismus zu betonen.

der als Urbild der Erlösung schlechthin erscheint[272]. Aufgrund dieser in Christus eröffneten heilsgeschichtlichen Perspektive, die den Blick des Gläubigen auf die Eschata lenkt, erhält der gesamte Glaube vornehmlich Hoffnungsstruktur[273]. Die Hoffnung ist durch eine gewisse Heilsunsicherheit gekennzeichnet; sie unterscheidet sich nämlich von dem sicheren Besitz dadurch, daß sie aufgrund der Wandelbarkeit das ewige Heilsgut in dieser Welt verspielen kann. Sie ist primär nicht auf Gegenwärtiges, sondern auf Künftiges bezogen, vor allem auf die Güter der Unsterblichkeit und Unwandelbarkeit, die von der Auferstehung im kommenden Äon erwartet werden.

Zu den Eigenarten nestorianischer Theologie bezüglich der Zwischenzeit zwischen Tod und Auferstehung gehört die Idee des „Seelenschlafes"[274], die auch bei anderen Orientalen[275] vertreten wird. Es stellt sich nun die Frage, inwieweit Theodor, der ja gemeinhin als der Kirchenlehrer der Nestorianer gilt, erste Ansätze zur Entwicklung einer solchen Lehre bietet. Der Gedanke eines „Zwischenzustandes" drängt sich mit einer gewissen Folgerichtigkeit dann auf, wenn man wie Theodor davon ausgeht, daß Auferstehung nicht schon „im Tod" geschieht, sondern

---

[272] Die Rede vom Annehmenden und dem Angenommenen wird durch ein „der Auferweckende" und „der Auferweckte" variiert, so in *incarn.* 11 (51 SACHAU).

[273] In *hom.* 1,7; 14,28 werden Glaube und Hoffnung miteinander identifiziert. Vgl. auch *hom.* 1,6; 6,12. Da die Hoffnung sich auf Christus richtet, ist sie christologisch vermittelt, vgl. *hom.* 7,9 (Teilnahme am „angenommenen Menschen"). Christus schenkt Hoffnung (*hom.* 14,11; 12,6). Die Taufe ist Unterpfand der Auferstehung (*hom.* 15,3), die Eucharistie Speise der Unsterblichkeit (*hom.* 15,9; 16,10).

[274] Standardwerk noch immer BRAUN, *Moses*, vgl. auch JUGIE, *Theologia dogmatica* 5,336–347; BRAUN, *Beiträge;* GAVIN, *Sleep;* REFOULÉ, *Immortalité;* TIBILETTI, *Anime*.

[275] Hier sind APHRAHAT, EPHRÄM, NARSAI und andere Autoren zu nennen, neben der syrischen Überlieferung kommt noch die armen. Literatur in Betracht. Einen knappen Überblick bietet JUGIE, *Theologia dogmatica* 5,335–347.758–787.

erst am Ende der Zeiten bei der Wiederkunft Christi[276]. Dadurch entsteht eine Spannung zwischen individueller und kollektiver Eschatologie, die nicht zugunsten letzterer aufgegeben werden darf in dem Sinne, daß das Eschaton nicht mehr sei als die Summe der Einzeleschata. Dies geht bei Theodor schon allein aus christologischen Gründen nicht, da die menschliche Natur Christi als einzige das Privileg hat, bereits die volle Herrlichkeit des kommenden Äons zu besitzen, während die „in Christus Entschlafenen" noch auf ihre Vollendung warten[277]. Hier hakt auch Theodors Seelenlehre ein. Man darf allerdings nicht, wie dies gelegentlich geschieht[278], den wesentlichen Unterschied zwischen den Hypnopsychisten und den Thnetopsychisten verwischen. Erstere halten als Anhänger der Seelenschlaftheorie an der physischen Unsterblichkeit der Seele fest, gehen aber davon aus, daß wesentliche Funktionen der Seele, wie Selbstbewußtsein, Tätigkeiten, Empfindungsvermögen und so weiter, im Tode eingeschränkt sind und ruhen, während letztere den Ganztod des Menschen und seiner Seele behaupten. Die Ganztodtheorie, die zur Zeit des Origenes von einigen Arabern vertreten worden war, lebte im sechsten Jahrhundert in der nestorianischen Kirche noch einmal auf, wurde allerdings auf einer Provinzsynode verurteilt[279]. Etwas vereinfachend lassen sich für die Seelenschlaftheorie der Syrer drei Ströme feststellen, aus denen die Überlieferung schöpft, die einander

---

276 Dies setzt THEODOR in *hom.* 7,11 fraglos voraus.

277 Vgl. *hom.* 15,43: „Denn die Lebenden halten Ausschau nach der künftigen Hoffnung, und die Verstorbenen sind nicht im Tod, sondern in Schlaf gesunken und harren auf jene Hoffnung, um derentwillen unser Herr Christus den Tod auf sich nahm." Vgl. auch *hom.* 16,16, wo THEODOR vom Nutzen des eucharistischen Opfers für die Verstorbenen handelt.

278 So etwa GAVIN, *Sleep* 114.

279 Vgl. die *Chronik von Seert* 35 (PO 7,191), die offenkundig auf EUSEBIUS, *h. e.* 6,37 (SCh 41,139), Bezug nimmt.

bisweilen überschneiden, aber keineswegs völlig identisch sind:

- die großen syrischen Asketen des vierten Jahrhunderts (Aphrahat, Ephräm), die eine recht volkstümlich-traditionelle Sicht bieten[280];
- die wissenschaftliche Begründung unter Zuhilfenahme der aristotelischen Seelenlehre[281];
- die liturgische Überlieferung, die den Nutzen des eucharistischen Opfers für die Seelen der Verstorbenen bezeugt[282].

Für Theodor ergibt sich der Fortbestand der menschlichen Seele, welche den Tod des Leibes überdauert, aus der Hypostasie, aus dem Selbstand, der wesenhaft von der Tierseele unterschieden ist[283]. Neben dem Herrenwort[284] führt Theodor noch als Grund für die Unsterblichkeit der Seele ihre Einfachheit[285] an, die kein *compositum* mit dem Leib eingeht wie etwa die Tierseele, die deshalb auch mit dem Körper zugrunde geht. Daher bringt die Auferstehung den Seelen nicht die Unsterblichkeit, die sie bereits wesenhaft besitzen, sondern vielmehr die Unwandelbarkeit, die

---

280 Vgl. dazu BRUNS, *Theodor* Kap. 6. 3.

281 So etwa bei BABAI DEM GROSSEN, *un.* 8 (235–247 VASCHALDE).

282 Die syrischen Anaphoren, vor allem die Jakobusliturgie, weisen zahlreiche Parallelen zu THEODOR auf; vgl. *Anaphorae Syriacae* (167 f. 205. 227 HEIMING/RAES).

283 Vgl. hier *hom.* 5, 16. THEODOR gewinnt die Einheit seines Seelenbegriffs in steter Auseinandersetzung mit APOLINARIUS, vgl. dazu NORRIS, *Manhood* 57–66. 81–122. 134–136, welcher zwischen ψυχή und νοῦς, dem sinnenhaften und dem geistigen Teil der Seele, unterschied.

284 Siehe Mt 10, 28, zitiert in *hom.* 5, 15.

285 Nach NORRIS, *Manhood* 127. 132–134. 136, lassen sich THEODORS Gedanken zur Seelenlehre schwerlich mit dem platonischen Denken in Einklang bringen. Andererseits kommt auch eine direkte Herleitung von der aristotelischen Entelechie nicht in Betracht, da THEODOR den hypostatischen Charakter der Individualseele viel deutlicher herausstellt.

die bösen Neigungen der Sünde vertreibt, welche die Herrschaft des Todes über den Menschen festschrieb[286]. In einem Punkt scheint er jedoch die Überlegungen der späteren nestorianischen Systematik vorwegzunehmen, nämlich, daß die Seelen der Entschlafenen kein Empfindungsvermögen haben[287]. Damit ist eine wesentliche Bedingung für den Hypnopsychismus erfüllt.

VII. Bemerkungen zur Übersetzung

Die *editio princeps* der Homilien verdankt die Forschung dem Syrologen Mingana, der die Ausgabe anhand eines einzigen Manuskriptes seiner persönlichen Sammlung erstellte. Da dem Herausgeber jedoch einige nicht unbedeutende Fehler unterlaufen sind[288] und sich seine englische Übertragung manchmal allzuweit vom Original entfernt, war die Notwendigkeit einer Neuausgabe gegeben. R. Tonneau hat unter Mitarbeit von R. Devreesse eine photomechanische Reproduktion von Minganas Manuskript Manuscriptum syriacum 561 (Abk. Ms.) angefertigt, außerdem noch die wenigen, im Codex Berolinensis simul. Orient. 5 (Abk. B) verstreuten Fragmente berücksichtigt und dem Ganzen eine zuverlässige französische Übersetzung beigegeben. Das ausführliche syrische Wortverzeichnis mit den griechischen Äquivalenten stellt ein unerläßliches Hilfsmittel für die exakte Bestimmung der

---

[286] Vgl. THEODORS Ausführungen in *hom.* 5,11; 8,9; 14,7.

[287] Vgl. *hom.* 7,11; 14,9.

[288] Kleinere Abschreibefehler und das Auslassen einzelner Wörter bleiben hier unerwähnt. Gravierender sind die Auslassungen ganzer Zeilen in WoodSt 5,124 zwischen Z. 9 und Z. 10, in 128, Z. 7, in 130 zwischen Z. 23 und 24, und in 180, Z. 22. Drei Zeilen fehlen in WoodSt 6,182, Z. 18, und zwei in 200, Z. 2.

ausgeprägten Begrifflichkeit Theodors dar. Für die deutsche Übersetzung wird daher die Ausgabe von Tonneau/Devreesse verwandt, deren Kapiteleinteilung ebenfalls übernommen wird.

Im Text sind in Klammern einzelne griechische Wörter eingefügt. Sie verweisen entweder auf ein in den syrischen Text eingedrungenes griechisches Fremdwort oder sind als Rückübersetzung eines syrischen Terminus ins Griechische gedacht, wie zum Beispiel φύσις, οὐσία, ὑπόστασις[289]. Dies erleichtert die Bestimmung der komplexen theologischen Begrifflichkeit Theodors, die sich gerade auf dem Gebiet der Christologie und Trinitätslehre durch eine hohe Distinktion auszeichnet. Im übrigen bemüht sich die deutsche Übersetzung um eine getreue Wiedergabe des syrischen Textes, will aber das verlorengegangene griechische Original zumindest wortweise anklingen lassen und zugleich im Deutschen lesbar bleiben. Auf jeden Fall ist an dieser Stelle das Wort des Syrologen R. Abramowski in Erinnerung zu rufen, daß die vermutlich edessenischen Übersetzer des fünften Jahrhunderts aus dem griechischen Werk ein syrisches gemacht haben[290].

Wo es nötig erscheint, syrische Wörter anzuführen, werden sie in folgender Umschrift geboten (in der Reihenfolge des syrischen Alphabets):

' b g d h w (o/u) z ḥ ṭ y (i)

k l m n s ' p ṣ q r š t

---

[289] Die Liste der griechischen Wörter bei TONNEAU/DEVREESSE ist fast vollständig. In der Übersetzung sind daher nur einige wenige Ergänzungen vorgenommen worden.

[290] R. ABRAMOWSKI, *Neue Schriften* 68: „Die syrische Übersetzung, die nur durch wenige lateinische Parallelen, nicht durch den griechischen Urtext kontrolliert werden kann, ist ausgezeichnet. Aus dem griechischen ist ein syrisches Werk geworden; die lateinische Übersetzung der Konzilsakten muß nun am Syrischen geprüft werden."

Die Spirantisierung von *b, g, d, k, p, t* wird nicht eigens kenntlich gemacht. Um die Umschrift leserlich zu halten, werden die Quantitäten der Vokale nur dort angezeigt, wo sie von Bedeutung sind (ostsyr.: *ā* = westsyr.: *ō*; ostsyr.: *ē* = westsyr.: *ī*).

In den Anmerkungen zu den Homilien finden sich Textzitate aus der *defensio* des Facundus, aus den Akten des Zweiten Konzils von Konstantinopel sowie aus den Kommentaren des Theodor bar Konai. Diese sind im Text durch * und die Numerierung der Anmerkung eingerahmt. Sie dienen der leichteren Auffindung der Parallelüberlieferung.

KATECHETISCHE HOMILIEN

In der Kraft unseres Herrn Jesus Christus beginnen wir, die Erklärung des Glaubens der 318[1] zu schreiben, angefertigt von Mar Theodor, dem Schriftdeuter[2].

Erste Homilie (1)

1. Welches Wort wäre denn angemessen (ἱκανός/αὐτάρκης), oder welcher Gedanke vermöchte der Majestät jener Geheimnisse zu genügen, die wir uns vorgenommen haben? Oder welche Zunge könnte der Lehre dieser Geheimnisse (μυστήρια) genügen? Denn es ist ja schon für unsere Zunge schwierig, die Tatsachen der geschaffenen Naturen[3] genau zu erläutern, da auch diese mit großer Weisheit vom Schöpfer eingerichtet sind. Wieso sollten nun die Dinge, die so sehr erhaben sind über unsere Natur (φύσις), wie jene es nämlich sind, über die wir sprechen wollen, nicht auch erhaben sein über alle menschlichen Gedanken und notwendigerweise auch unsere Worte übertreffen? Der selige Paulus nun hat davon Zeugnis abgelegt, indem er sagte: „Kein Auge hat je geschaut, kein Ohr je gehört, und in keines Menschen Herz ist je aufgestiegen, was Gott denen bereitet hat, die ihn lieben" (1 Kor 2,9).

2. Von diesen wunderbaren Dingen also will unsere Rede handeln, und zur Freude dieser Geheimnisse sind wir geladen; denn die Zeit des großen Festes des heiligen Pascha

---

[1] Gemeint sind die 318 Väter von Nizäa. Es handelt sich hierbei jedoch um eine idealisierte Zahl, die den 318 Knechten Abrahams (Gen 14,14) nachempfunden worden ist; vgl. ORTIZ DE URBINA, *Nizäa* 61–68.

[2] Syr. *mᵉpaššqānā* ist zum ständigen Beinamen THEODORS in der persisch-nestorianischen Kirche geworden; vgl. PAYNE-SMITH, *Thesaurus* 3327. *Mar(y)* (mein Herr) ist ein Ehrentitel in der syrischen Kirche, der einen besonderen Grad von Heiligkeit bzw. einen hohen kirchlichen Rang bezeichnet; vgl. ebd. 2207.

[3] Syr. *ṣebyātā da-kyāne* meint die geschaffenen Dinge in ihrem faktischen Vorhandensein.

verlangt von uns die Lehre dieser Dinge. Wenn Gott nämlich gewollt hätte, daß diese himmlischen Güter uns unbekannt geblieben wären, dann wäre es offensichtlich für uns unmöglich, davon zu reden. Wie sollte man denn auch über unbekannte Dinge reden können? Da er (*sc.* Gott) vom ersten Augenblick an und vor „Gründung der Welt" (Joh 17,24) durch das Heilswalten[4] unseres Herrn Jesus Christus die in ihm verborgene Weisheit aufscheinen lassen wollte, offenbarte er uns die verborgenen Geheimnisse und die Majestät dieser Güter und gab ihre Kenntnis an die Menschen durch den Heiligen Geist: „Gott offenbarte uns durch seinen Geist" (1 Kor 2,10) und zeigte uns preiswürdige Geheimnisse, unaussprechlich und vollkommen durch die Kraft des Heiligen Geistes, mit deren Hilfe wir durch den Glauben zu den kommenden Gütern aufsteigen können. Deshalb also wollen wir über diese unaussprechlichen und hoch über uns erhabenen Dinge entsprechend der uns verliehenen Gnade Gottes vertrauensvoll reden, da die Festzeit von uns verlangt, mit jenen zu reden, die nach den schaudererregenden Geheimnissen trachten.

3. Jetzt ist die Zeit an mir, zu sprechen: „Preiset den Herrn mit neuem Lobpreis, denn Wundertaten hat er vollbracht" (Ps 98,1: LXX Ps 97,1). Ein neuer Lobpreis gebührt nämlich neuen Dingen. Von dem Neuen Bund (διαθήκη) nämlich handelt diese unsere Rede, den Gott mit dem Menschengeschlecht (γένος) durch das Heilswirken unseres Herrn Jesus Christus geschlossen hat. Dabei hob er alles Alte auf und zeigt an seiner Statt das Neue. „Alles, was nämlich in Christus ist, ist neue Schöpfung. Das Alte ist vergangen, und alles ist von Grund auf erneuert" (2 Kor 5,17). Er hat Tod und Verderben abgeschafft, Leiden und Wandelbarkeit gewendet, erschienen ist das Leben der neuen Schöpfung. Dahin zu gelangen, das erwarten wir alle von der Auferstehung von den Toten. Neues nämlich anstelle

---

[4] Syr. *m^edabbrānūtā* meint die *dispensatio salutis* (οἰκονομία).

des Alten, Unverwesliches und Unsterbliches anstelle des Sterblichen und Verweslichen hat er uns durch die Auferstehung von den Toten erwirkt. Diesen Neuen Bund (διαθήκη), der sich für die Erneuerten geziemt, hat er uns gegeben. Und über diesen Bund (διαθήκη) erhalten wir Kenntnis von diesen Geheimnissen, „daß wir den alten Menschen von uns ablegen und den neuen anlegen, der erneuert wird in der Gestalt seines Schöpfers, so daß weder Jude noch Heide, weder Knecht noch Freigeborener, sondern in allem und jedem Christus ist“ (Kol 3,9–11)[5]. Dies ist in der Tat so in der kommenden Welt, wenn wir weder sterblich noch verweslich sind und allein Christus schauen, an dessen Herrschaft wir Anteil haben, wenn der Unterschied zwischen Judentum und Heidentum, Knechtschaft und Freiheit von uns genommen und der Wandel der Gestalt (σχῆμα) dieser Welt vollständig aufgelöst sein wird. Denn welcher Unterschied zwischen Judentum und Heidentum oder Knechtschaft und Freiheit ist bei denen zu finden, die in der unsterblichen und unverweslichen Natur im Gleichnis des Bildes Christi sind, entsprechend dem Zeugnis des seligen Paulus[6]?

4. Da es aber nun billig ist, daß der wahre Glaube an die kommenden Güter in uns sei, daß wir bezüglich ihrer Majestät an ihnen keinen Zweifel hegen, nachdem wir sie als viel fremder und über unsere Natur erhaben erkannt haben, sind diese schaudererregenden Geheimnisse uns

---

[5] THEODOR zitiert diese Verse in etwas gekürzter Form. In seinem Kolosserbriefkommentar kommt der Zusammenhang von Taufe und christusförmigem Leben deutlicher zum Ausdruck: „Ihr müßt in Übereinstimmung zu dem Neuen (*sc.* Christus) handeln, den ihr angezogen habt, nach dessen Bild (εἰκών) ihr erneuert und geschaffen worden seid, dessen, der euch zum Urheber der Neuschöpfung *(recreationis auctor)* geworden ist, sprich ‚Christus‘. Daher müßt ihr nämlich in jederlei Hinsicht unwandelbar bleiben im Guten — dies wird euch im kommenden Leben zuteil, nach Möglichkeit schon im gegenwärtigen“ (1,301f SWETE).

[6] Vgl. Röm 8,29; 1Kor 15,49; 2Kor 3,18.

überliefert worden, daß wir wie durch Symbole und Gleichnisse[7] Zugang haben zur kommenden Hoffnung und daß kein Zweifel vom Glauben an diese künftigen Güter Besitz ergreife, da wir feststehen in einem Verhalten, das der neuen Welt entspricht, und, soweit möglich, unser Leben in dieser Welt geordnet ist, wie es heißt: „Unser Dienst ist im Himmel (vgl. Phil 3,20), und unser Bauwerk stammt von Gott, und ein Haus haben wir im Himmel, das nicht von Hand errichtet“ (2 Kor 5,1) ist. Wir sind also von nun an durch diese unaussprechlichen Geheimnisse eingeschrieben in jene schaudererregende Herrlichkeit der kommenden Welt. Auch wenn wir noch auf Erden sind, haben wir dennoch im himmlischen Wandel Ruhe gefunden, indem wir diese sichtbaren Dinge verachten und uns nach jenen künftigen sehnen. Jene also, die sich diesen schaudererregenden Geheimnissen nahen wollen, denen hat jetzt die Gnade Gottes zugerufen, daß sie sich nicht geringen und unbedeutenden Gütern nahen, sondern vollkommen anders werden und sich eine große Vielfalt an hervorragenden Tugenden erwerben durch das Geschenk der Gnade Gottes, das sie empfangen sollen. Unsterblich werden sie nämlich sein statt sterblich, unverweslich statt verweslich, leidensunfähig statt leidensfähig, unveränderlich statt veränderlich, statt Knechte Freie, statt Feinde Freunde, statt Fremde Söhne. Sie werden also gar nicht als Beute Adams angesehen, sondern Christi. Auch nennen sie nicht mehr Adam (ihr) Haupt, sondern Christus, der sie von Grund auf erneuert hat. Sie beackern nicht mehr die Erde, die Dornen und Gestrüpp sprießen läßt (vgl. Gen 3,18), sondern sie wohnen im Himmel, der weit entfernt und ganz abseits von Kummer und Seufzen ist. Und der Tod hat keine Macht über sie, vielmehr haben sie Macht über das neue Leben, da sie nicht mehr Knechte der Sünde sind,

[7] Offensichtlich liegt hier im syr. Text ein Abschreibefehler des Kopisten vor. Statt *ṭaksā* (τάξις) lies *ṭupse* (τύποι).

sondern Diener der Gerechtigkeit, nicht mehr Dienstboten Satans, sondern allezeit verweilen sie bei Christus.

5. Adam, der gemeinsame Vater, nahm Wohnung im Paradies, doch wegen seiner Ungerechtigkeit und Sünde wurde er aus dem Paradies hinausgeworfen. Wir aber, die wir Erben seiner Natur und seiner Strafe sind, steigen im Glauben an Christus durch die Teilhabe an diesen Geheimnissen zum Himmel empor, wie er gesagt hat: „Wenn jemand nicht aus dem Wasser und dem Geist geboren wird, kann er nicht ins Himmelreich gelangen“ (Joh 3,5). Derjenige also, der diese (geistliche) Geburt erhalten hat, wird sogleich im Himmel eingeschrieben und ist Erbe und Teilhaber dieser künftigen Güter, wie auch der selige Paulus[8] gesagt hat. Weil also alle, die an Christus geglaubt haben, hoffen, nach der Auferstehung von den Toten im Himmel zu wohnen — im Himmel haben wir nämlich diese unsere Hoffnung, dort, wo Christus schon für uns und vor uns eingetreten ist —, sind sie also wirklich durch diese Geheimnisse in dieser Wohnstatt verzeichnet.

6. Wir brauchen also großen Eifer und viel Sorge, daß wir nicht von dieser großen Verheißung abfallen und es uns genauso ergeht wie Adam, der aus dem Paradies hinausgeworfen wurde. Und deswegen empfangen wir im festen Bekenntnis ohne Zweifel diese wunderbare Teilhabe an diesen schaudererregenden Geheimnissen. Und es ziemt sich für uns, daß wir dieses Bekenntnis im Gedächtnis behalten und mit großer Sorgfalt hüten, was wir empfangen. Sobald wir nämlich diese himmlischen Güter, an denen wir uns erfreuen sollen, vollkommen empfangen haben und im eigentlichen Sinne und tatsächlich geerbt haben, können wir unmöglich wieder davon abfallen. In dieser Welt jedoch, weil wir die Hoffnung durch Teilhabe an diesen Geheimnissen empfangen, ist es möglich, daß wir wieder davon abfallen, da wir eine veränderliche Natur

---

[8] Vgl. Röm 8,17; Gal 3,29; 4,7.

besitzen. Es ziemt sich also, daß wir in großer Furcht Sorge tragen und uns vorsehen, daß wir in unseren Seelen wahrhaft die künftige Hoffnung erwerben.

7. Was ist also das Bekenntnis des Glaubens, und welches sind die Bundesverpflichtungen, durch die wir Teilhabe an den Geheimnissen erlangen in der Hoffnung auf diese himmlischen Güter, deren wir uns erfreuen werden, wenn nicht jene, die wir gläubig zum Zeitpunkt der Taufe vor Christus, unserem Herrn, bekennen? Wenn wir vom bloßen Hören ihren Sinn verstehen könnten, wären unsere Worte nicht erforderlich. Ihre bloße Erwähnung würde ausreichen, daß ihre Hörer sie verstünden. Weil nämlich viel Sinn in ihnen verborgen ist, da unsere seligen Väter aus Gottes Gabe einen unaussprechlichen Schatz an kurzen Worten uns überliefert haben, die leicht zu erkennen und einfach zu behalten sind, ist notwendigerweise Unterweisung für jene erforderlich, die bereit sind, an diesen Geheimnissen teilzunehmen, damit die in ihnen verborgene Erkenntnis und Bedeutung offenbar würde. Sobald sie nun die Größe der Gabe, der sie sich zu nähern bereit sind, erfahren und die Kenntnis des Glaubensbekenntnisses und ihre Verpflichtungen[9], aufgrund deren sie die ganze Gabe empfangen, begriffen haben, werden sie in ihren Seelen den ihnen anvertrauten Glauben behutsam ergreifen.

8. Das Hauptstück[10] also eures Bekenntnisses eures Bundes, der sorgsam geheim (μυστικῶς) gehalten werden soll, ist folgendes: „Ich glaube an den einen Gott, den Vater, den Allmächtigen, den Schöpfer aller Dinge, der sichtbaren und der unsichtbaren." Wir werden also mit der Gnade unseres Herrn alle diese Dinge eines nach dem anderen erklären, denn es ist schön, wenn ihr den Sinn von allen kennt. Wir beginnen nun, notwendigerweise dort, wo auch ihr mit

---

[9] *Qyāmā* meint die aus dem Taufbund sich ergebenden Verpflichtungen.

[10] Syr. *rīšā (principium)* meint das Grundprinzip des Glaubens, auf dem die anderen Glaubenssätze aufbauen.

eurem Bekenntnis begonnen habt: „Ich glaube an den einen Gott, den Vater, den Allmächtigen.“ Denn dies ist das Fundament des religiösen Bekenntnisses: „Im Herzen nämlich wird geglaubt zur Gerechtigkeit, und mit dem Mund wird bekannt zum Heil“ (Röm 10,10). Dies ist der Anfang[11] der Lehre des wahren Glaubens. Da nämlich der Begriff der Religion (λόγος θεοσεβείας) aus dem Bekenntnis unsichtbarer und unaussprechlicher Dinge besteht, ist der Glaube notwendig, da er den Verstand sehen läßt, was unsichtbar ist. Die sichtbaren Dinge schauen wir mit unseren Augen, die unsichtbaren hingegen sind im Glauben zu sehen. „Denn der Glaube ist die Grundlage[12] jener künftigen Dinge und die Offenlegung jener unsichtbaren“ (Hebr 11,1).

9. Dieser Glaube führt wesentlich das, was strenggenommen noch nicht ist, zu Bewußtsein: die Auferstehung nämlich und das Himmelreich und die gesamte kommende Ordnung (κατάστασις), die noch nicht vorhanden ist, nehmen wir im Glauben als tatsächlich vorhanden an. Der Glaube läßt die Seele unsichtbare und unaussprechliche Dinge schauen und verstehen. Die „göttliche Natur nämlich, die allein unsichtbar und unverweslich ist und in einem strahlenden, unvergleichlichen Licht wohnt, das kein Mensch je geschaut hat noch je zu schauen vermag“ (1Tim 6,16), zu schauen, werden wir im Glauben gewürdigt. Ebenso können wir ja die sichtbaren Dinge mit den leiblichen Augen schauen, sofern diese gesund sind und hinreichend sehen können und sich kein Mangel an ihnen findet, alles genau zu sehen. Sollte sie jedoch irgendein Schaden treffen, dann werden für sie alle sichtbaren Dinge unsichtbar, obgleich sie doch in Wahrheit sichtbar sind. Ebenso verhält es sich auch mit jenen unsichtbaren und

---

[11] Wohl ein Abschreibefehler im Ms. Statt *šrārā (veritas)* lies *šuryāyā (initium)*.

[12] Syr. *qnōmā* (ὑπόστασις, *substantia*).

unaussprechlichen Dingen, die uns die religiöse Rede[13] vermittelt hat: Wir alle sehen sie ganz genau, sofern unser Glaube gesund ist, nicht sichtbar aber sind sie für diejenigen, die im Glauben nicht gesund sind. Und da in diesen beiden Dingen die religiöse Rede besteht — im Bekenntnis zu Gott und jenen Dingen, die von ihm her geworden sind und noch werden, so zahlreich und verschieden sie sein mögen —, zeigt der selige Paulus, daß diese beiden Dinge Glauben erforderlich machen: „Glauben muß der, der sich der Religion naht, daß Gott existiert (Hebr 11,6) und daß ferner durch sein Wort die Welten wurden, daß das Sichtbare vom Unsichtbaren herrührt" (vgl. Hebr 11,3). Im ersten Satz tat er kund, daß auch das Bekenntnis zu Gott nicht anders existieren kann als im Gedanken[14] der Religion, allein im Glauben. In jenem folgenden Satz (zeigt er), daß auch jene Dinge, die von ihm (*sc.* Gott) stammen, nicht anders verstanden und begriffen werden können, als daß wir uns im Glauben ihre Kenntnis aneignen. Der Glaube macht jene, die von der Wahrheit der Religion fest überzeugt sind, vollkommen; diejenigen jedoch, die sich von ihm entfernt haben, versinken vollständig im Irrtum.

10. Es ist nämlich die Kirche Gottes, die Paulus „Säule und Grundfeste" (1 Tim 3,15) genannt hat, da sie gesund ist im Glauben und gefestigt in der Lehre der Gottesfurcht[15]. Alle diejenigen nämlich, die außerhalb des Glaubens stehen, Heiden und Juden mitsamt dem Rest der

---

[13] Syr. *melltā dᵉdeḥlat allāhā* entspricht griech. λόγος θεοσεβείας.

[14] Syr. *ḥūšābā (cogitatio, ratio).*

[15] In den Homilien deutet THEODOR diese Paulus-Stelle auf das Wesen der Kirche, in der Auslegung des Kommentars hingegen dominiert ein eher moralischer Aspekt, wenn es heißt: „Daher nennt er sie ‚Säule und Grundfeste der Wahrheit', daß in ihr die Festigkeit der Wahrheit erhalten bleibe. Eben weil die Kirche die Versammlung der Gläubigen ist, muß notwendigerweise in ihr das fromme Dogma bewahrt werden" (2,131 SWETE). Hier zeigt sich die Furcht, die *dogmatis scrupulositas* könnte in den theologischen Auseinandersetzungen Schaden nehmen, vgl. ebd.

Häretiker (αἱρεσιώτης), sind, da sie den Glauben entbehren, weit von der Wahrheit abgeirrt. Die Heiden sind nämlich, da sie keinen Glauben haben, außerstande zu begreifen, daß Gott alles aus dem Nichts schaffen und machen und wirklich (ὑποστατικῶς) ins Sein treten lassen kann[16], vielmehr haben sie in ihrem Irrtum wie in Halluzinationen bei Gott eine Genossin[17] eingeführt, die er von Ewigkeit bei sich wohnen ließ; und noch in anderen verschiedenen Fabeleien sind sie von der Wahrheit irrtümlich abgewichen.

11. Die Juden nun, im Namen des Sohnes unterwiesen, haben wegen ihres Unglaubens nicht verstanden, wer der wahre Sohn ist. So haben sich auch alle Häresien (αἵρεσις), die der Kirche fremd sind, den Namen Christi in eitler, betrügerischer Gesinnung zugelegt. Und da sie den Glauben entbehren, sind sie irrtümlich von der Wahrheit abgewichen. Und ohne daß ich eurem Ohr alle Häresien aufzähle — Arius und Eunomius etwa und alle jene, die mit ihnen Gesinnungsverwandtschaft aufweisen, sind am Übel des Judentums[18] erkrankt. Und aufgrund ihres Unglaubens haben sie nicht begriffen und nicht angenommen, daß der Sohn von göttlicher Natur ist, Gott von Gott, der von Ewigkeit bei ihm ist, und alles, was über die Natur des Vaters gesagt wird, auch von der des Sohnes gilt, wobei die

---

[16] Die *creatio ex nihilo* gehört zu den am heftigsten diskutierten Kontroverspunkten zwischen biblischem Schöpfungsglauben und heidnischer Kosmologie; vgl. dazu die Studie von SCHEFFCZYK, *Schöpfung*.

[17] THEODOR spielt hier wohl auf heidnische σοφία-Spekulationen an, wonach ein weibliches Prinzip dem Schöpfer bei der Schöpfung behilflich gewesen sein soll. Innerhalb der syrischen Kirche wird vor allem BARDAISAN mit der Syzygienlehre, wonach die Vielheit der Schöpfung auf eine Vielzahl mitschöpferischer Äonen und Elemente zurückgeführt wird, in Verbindung gebracht; vgl. DRIJVERS, *Bardaisan* 7f. 15. 22. 168. 183, zuletzt auch TEIXIDOR, *Bardesane* 74–85.

[18] Zum Arianismus als „Judaisierung" des Christentums vgl. LORENZ, *Arius judaizans* 141–179.

Natur des Vaters keinen Schaden erleidet, daß er der wahre Sohn ist, der durch sich selber hinreichend den Vater zeigt.

12. Diese Kleinigkeiten sind unter anderem zur Ermahnung derjenigen gesagt, die von der Wahrheit abirrten, die deshalb, weil sie den Glauben entbehren, abgeirrt sind. Gewaltig und mannigfach ist nämlich der Irrtum, in den die Menschen aus Unglauben gerieten. Und wie nun, sobald der Glaube abwesend ist, der Irrtum gewaltig ist, so ist auch, sobald der wahre Glaube anwesend ist, Erkenntnis erworben. Im Glauben nämlich wissen wir, daß Gott existiert und daß er der Schöpfer aller Dinge ist, alles aus dem Nichts erschaffen hat, und in ihm verstehen wir, daß auch die Verstorbenen und Verwesten wieder zu Leben und Sein gelangen, sobald der Schöpfer es will. Im Glauben haben wir nämlich erkannt, daß der Vater einen Sohn hat, geboren aus seiner Natur, und daß dieser Gott wie er ist. Im Glauben haben wir bezüglich des Heiligen Geistes angenommen, daß er aus der Natur Gottes, des Vaters, ist und allezeit beim Vater und Sohn ist. Im Glauben sind wir fest überzeugt und zweifeln nicht hinsichtlich der Verkündigung des Heilswaltens (οἰκονομία) Christi, das sich in der Welt ereignet hat. Zu Recht haben also die seligen Väter zu Beginn unserer Lehre und im Geheimnis unseres Bundes, gleichsam als Fundament für uns den Glauben grundgelegt; und dort, wo sie es uns überliefert haben, laßt uns nun billigerweise beginnen.

13. „Ich glaube an den einen Gott, den Vater, den Allmächtigen." Es gibt daran nichts, was uns bei den heiligen Vätern verwundern müßte, daß sie die ganze Lehre von der Religion in knappen Worten eingeschlossen und uns überliefert haben. Sie haben sich nämlich gedacht, daß lange Reden zu anderen Gelegenheiten und Personen (πρόσωπα) passen. Ihr aber, die ihr schon seit geraumer Zeit der Welt entsagt und euch guten Willens der Religion genaht und euch mit viel Eifer und gutem Gewissen auf den Empfang der göttlichen Geheimnisse vorbereitet habt — zu einer

Zeit freilich voller Furcht —, ihr braucht gedrängte Worte, die sich wegen ihrer Kürze dem Gedächtnis leicht einprägen, so daß ihr das Bekenntnis, das ihr abgelegt habt, und den Bund, den ihr für diese Geheimnisse eingegangen seid, fest im Gedächtnis behaltet. Notwendigerweise wird die Lehre dargeboten, daß ihr sie genau begreift und euch vor den Reden der Feinde der Religion in acht nehmt, indem ihr in dieser göttlichen Lehre, die euch anvertraut wurde, feststeht.

14. „Ich glaube an den einen Gott, den allmächtigen Vater." Erkennt also, wie unsere seligen Väter im ersten Satz im wahren Glaubensbekenntnis an den einen Gott, den Vater, uns vom Irrtum der Vielgötterei und dem Frevel des heutigen Judentums fernhalten, wobei er mit der ganzen Lehre des Alten Testamentes (διαθήκη) vollkommen in Einklang steht. Denn diese Worte des Neuen Testamentes über Christus sind im Alten in der Prophetie vorhanden. Die Prophetie nun existierte sozusagen im Gleichnis[19] und im Symbol, so daß die Juden den Messias als einen ihnen erscheinenden Menschensohn erwarteten; jedoch von der Gottheit des eingeborenen Sohnes, der Gott Wort (θεὸς λόγος) ist, war keiner von ihnen überzeugt. Denn eine vollkommene Lehre ist es, die uns vom Heidentum trennt, uns, die wir in der Religion unterrichtet wurden, die ihre Hörer weit vom Irrtum der Vielgötterei entfernt, da sie lehrt, daß es nicht viele und unterschiedliche Naturen (φύσεις) der Gottheit gibt, sondern daß eine einzige Natur (φύσις) Gott ist, die von Ewigkeit her existiert und Ursache aller Dinge ist. Und diese ist Gott, und außer dieser gibt es nichts anderes, was Gott wäre; vielmehr ist das, was von Ewigkeit her und Ursache aller Dinge ist, Gott. Und jeder, der nicht so ist, ist nicht Gott von Natur aus; und wer von Ewigkeit her ist, ist die Ursache aller Dinge. Wer aber nicht

[19] Syr. *pel'etā (simile, symbolum).*

von Ewigkeit her ist und nicht Ursache aller Dinge ist, der ist auch nicht Gott, sondern ein Geschöpf, da es allein Gott zusteht, aus dem Nichts etwas zu erschaffen.

15. Deshalb heißt es: „Der Herr, dein Gott, ist ein einziger Herr" (Dtn 6,4), damit wir erkennen, daß nur eine Natur der Gottheit existiert, der der Name Herr und Gott gebührt. Ferner heißt es: „Die Götter, die Himmel und Erde nicht erschaffen haben, sollen von der Erde und unter dem Himmel verschwinden" (Jer 10,11), damit wir einsehen, daß, wer nicht Ursache aller Dinge ist, auch nicht Gott ist. Gott allein ist vielmehr die Ursache aller Dinge. Deshalb sagte er zu Mose: „Ich bin die Ursache aller Dinge"[20], damit wir erkennen, daß jener in Wahrheit der ist, der von Ewigkeit existiert und allzeit existiert und Gott ist. Und wer davon verschieden ist und nicht von Ewigkeit existiert, existiert nicht in Wahrheit, da er geschaffen ist, und etwas Geschaffenes existiert nicht, wenn der es nicht erschaffen will, der von Ewigkeit existiert, der Gott ist. Deshalb hat er gesagt: „Ich bin Gott, der Erste und der Letzte, und vor mir wurde kein Gott geschaffen und nach mir wird keiner sein" (Jes 44,6), damit wir erkennen, daß dieser Gott ist, der der Erste ist und von Ewigkeit existiert. Es ist unmöglich, daß ein anderer, ein Geschaffener, Gott ist, denn die göttliche Natur ist über die Geschöpflichkeit erhaben.

16. All diese Worte lehren die Lehre der Gottesfurcht und vernichten den Irrtum des Heidentums. Denn bei den Heiden gibt es viele und verschiedene Götter, die einen sind jung, die anderen wiederum alt, die einen verfügen über jene Macht, die andere über eine andere, die einen

---

[20] Syr. *'elltā d-kull (causa omnium)*, als Gottesprädikat in der syr. Literatur vgl. PAYNE-SMITH, *Thesaurus* 2877. THEODOR greift hier ein bekanntes Argumentationsmuster altkirchlicher Apologetik, wonach Gott als die alleinige Seinsursache aller übrigen Seienden zu gelten habe, auf; vgl. JUSTIN, *dial.* 3,5: τὸ ... τοῦ εἶναι πᾶσιν τοῖς ἄλλας αἴτιον ... ὁ θεός (94 GOODSPEED).

schwinden dahin, die anderen wachsen heran, da sie viele Naturen (φύσεις) sind. Dies alles aufzugeben, das hat uns das Alte Testament (διαθήκη) gelehrt durch die Propheten, die im Heiligen Geist sagten: „Alle Götter der Völker sind Irrtum“ (Ps 96,5: LXX Ps 95,5). Und es gibt keine Götter, denn einer ist Gott, der von Ewigkeit her existiert und der Ursache aller Dinge ist, wie es heißt: „Du sollst keinen fremden Gott haben“, das heißt einen neuen Götzen, „und du sollst keinen fremden Gott anbeten“ (Ps 81,10: LXX Ps 80,10), denn alles, was neu ist, ist nicht Gott. „Sie sind neu“, heißt es (Dtn 32,17), das heißt also, daß sie erschaffen wurden. Die göttliche Natur nämlich existiert einzig und existiert von Ewigkeit und bedarf zur Existenz keines anderen, vielmehr ist sie selbst Ursache aller Dinge. Und deshalb existiert allein Gott, und das Geschaffene kann nicht von Natur aus Gott sein, da es von einem anderen her existiert. Vielmehr geben alle Geschöpfe ihrem Schöpfer, der in Wahrheit Gott ist, gebührende Ehre, da sie von ihm die Existenz haben. Deshalb sind sie allesamt verpflichtet, Dank zu sagen, denn aus dem Nichts gab er ihnen durch seinen guten Willen in übergroßer Macht das Sein.

17. Diese ganze große Lehre haben unsere seligen Väter in aller Kürze in dem einen Satz zusammengefaßt: „Ich glaube an den einen Gott.“ Folglich laßt uns nun den Glauben an den einen Gott gemäß der Verkündigung der Propheten und der Lehre unserer Väter weitergeben! Denn wahrlich, die göttliche Natur ist eine einzige, die von Ewigkeit her existiert und die Ursache aller Dinge ist, und keinesfalls sind nach dem Irrtum der Heiden viele und verschiedene Götter. Da es vielmehr nötig ist, euch die ganze Lehre Stück für Stück nahezubringen, damit ihr euch an das erinnern könnt, was mit euch besprochen wurde — denn dies ist ja auch erforderlich für alle, die sich auf die Teilnahme an diesen Geheimnissen vorbereiten, diejenigen nun, die sich dem Gesagten anschließen —, laßt uns nun für die nächsten Tage mit Hilfe der Gnade Gottes die

Ausführungen unseres Vorhabens aufsparen. Für den Augenblick wollen wir uns mit dem Gesagten bescheiden und den Lobpreis emporsenden zum Vater, zum Sohn und zum Heiligen Geist, jetzt und allezeit und in Ewigkeit. Amen.

Ende der ersten Homilie.

Zweite Homilie über den Glauben (2)

1. Über den Glauben, der die wesentliche Grundlage[1] des religiösen Bekenntnisses bildet, haben wir zu euch, ihr Lieben, wie es uns die Gnade gewährt hat, recht ausführlich gesprochen. Und wir haben uns den Worten der Lehre unseres Glaubens zugewandt und gezeigt, wie durch den Glauben an den einen Gott jeder Irrtum der Vielgötterei vernichtet wird. Dies haben wir aus den heiligen Büchern der Propheten gelernt, die Vorstellung der Heiden von ihren vielen und verschiedenen Göttern weit von uns zu stoßen und zu glauben, daß die göttliche Natur, der der Name Gott und Herr gebührt, einzig ist, da sie von Ewigkeit her existiert und Ursache aller Dinge ist. Und weit entfernt von dieser Natur sind alle Geschöpfe. Denn das Geschaffene kann unmöglich als ewigseiend bezeichnet werden, und die Geschöpfe können nicht hinnehmen, von Natur aus Gott und Herr im eigentlichen Sinne genannt zu werden. Was nämlich von einem anderen geschaffen wird, kann unmöglich aus dem Nichts etwas schaffen. Es wird zu Unrecht Gott genannt, vielmehr ist anzunehmen, daß der, der es erschuf, Gott ist. Deshalb sagen wir, daß Gott einer ist, wie uns auch die seligen Propheten gelehrt haben, die in der Gnade des Heiligen Geistes gesprochen und bestimmt haben, welche Natur Gott ist, und etwas anderes haben sie uns nicht offen mitgeteilt.

2. Aber die Lehre über den Vater und den Sohn blieb Christus, unserem Herrn, vorbehalten, der das, was von Anfang an unbekannt und zur Unterweisung der Menschen noch nicht offenbart worden war, seine Jünger gelehrt und ihnen aufgetragen hat, es auch andere zu lehren, indem er ihnen deutlich sagte: „Geht, lehrt alle Völker und tauft sie im Namen des Vaters und des Sohnes und des Heiligen Geistes“ (Mt 28,19). Ebenso sagte nämlich auch

---

[1] Syr. *štestā d-rīšā (fundamentum principale).*

der selige Mose, als er die Lehre weitergab: „Der Herr, dein Gott, ist ein einziger Herr“ (Dtn 6,4). Und folglich stimmten auch alle Propheten darin überein und lehrten ebenso. In der gleichen Weise übergab auch Christus, unser Herr, seine Lehre im Namen des Vaters und des Sohnes und des Heiligen Geistes, ohne zu sagen, was bezüglich Gottes, des Herrn, zu verstehen und zu lehren sei, da dies offen von den Propheten verkündet worden war. Vielmehr das, was der vollkommenen Lehre noch fehlte, hat er seinen Aposteln aufgetragen, alle Völker zu lehren, als er sagte: „Geht und lehrt alle Völker und tauft sie im Namen des Vaters und des Sohnes und des Heiligen Geistes“ (Mt 28,19). Dies geschah nämlich nicht, damit wir meinten, einer von ihnen sei nicht Gott oder außer ihnen sei noch ein weiterer Gott, sondern damit wir glauben, daß nur sie eine göttliche Natur sind, die von Anfang an als einzige existiert, wie wir von den Propheten gelernt haben.

3. Weil die Völker in der Lehre der Vielgötterei Fortschritte gemacht haben, wonach es viele und verschiedene sind nach Jugend und Alter, nach Schwäche und Stärke, wobei die einen diese Fähigkeit haben, die anderen jene, hat Christus seinen Jüngern befohlen, alle Völker das Gegenteil zu lehren, nämlich, daß sie sich von allem Irrtum des Heidentums abwenden und glauben, daß die göttliche Natur (φύσις) eine ist gemäß jener Lehre, die den Menschen von Anfang an[2] erteilt wurde und von der sie die Erkenntnis über die Religion bekommen haben, und erkennen, daß

---

[2] Offensichtlich geht es THEODOR um eine natürliche Theologie, um die Erkenntnis der Einheit Gottes aus den Ursprüngen der Schöpfung heraus. Leider ist der Römerbrief-Kommentar zu Röm 1,19 nicht erhalten, vgl. STAAB, *Pauluskatenen* 115. THEODORS Ausführungen greifen den „Altersbeweis“ *(antiquior omnibus veritas)* der frühchristlichen Apologetik auf, vgl. etwa ELZE, *Tatian* 58–62. Nach TATIAN, *orat.* 31,1 (295 GOODSPEED), gilt Mose als „Begründer aller barbarischen Weisheit“, die Griechen haben ihre Lehren von Mose gestohlen (*orat.* 40,1 [303 GOODSPEED]) und bei der Übernahme verfälscht. Heidnische

sie (*sc.* die göttliche Natur) von Ewigkeit existiert und Ursache aller Dinge ist. Eine ist die göttliche Natur, die in den drei Personen (ὑποστάσεις) des Vaters und des Sohnes und des Heiligen Geistes erkannt wird[3]. Denn es ging nicht an, die Völker von den trügerischen Namen der Götzen wegzuführen und sie zur Erkenntnis des Vaters hinzuführen, wenn er nicht wirklich davon überzeugt gewesen wäre, daß die göttliche Natur existiert. Er hätte sie ferner nicht die Erkenntnis des Heiligen Geistes lehren können, wenn er dieser Natur fremd wäre. Denn dies hätte bedeutet, daß er sie von einer Lüge zur Erkenntnis einer anderen Lüge geführt hätte. Vielmehr ist jedoch bekannt, daß er seinen Jüngern den Befehl gab, die Völker von den trügerischen Götzen, die zu Unrecht den Namen „Götter" tragen, durch Belehrung fernzuhalten, damit sie sich der Erkenntnis des wahren Gottes nahen, die im Bekenntnis zum Vater, zum Sohn und zum Heiligen Geist besteht. Eine jede der drei Personen (ὑποστάσεις) ist wahrhaft Gott; und eine ist die göttliche Natur (φύσις) des Vaters und des Sohnes und

---

Vielgötterei und die gesamte Mythologie stellen somit eine Depravation des ursprünglich reinen Monotheismus dar; vgl. dazu PILHOFER, *Presbyteron kreitton* 253–260.

[3] Die hier verwandte theologische Terminologie erweist THEODOR als „Jungnizäner" im Gegensatz zu den sog. „Altnizänern", die nach ihrem Hauptvertreter EUSTATHIUS auch „Eustathianer" genannt werden. Die nizänisch-antiarianische Partei in Antiochien hat sich nach der Absetzung des EUSTATHIUS 330 in verschiedene Flügel gespalten, von denen die „sabellianische" Richtung (Eustathianer) die Ausdrücke οὐσία und ὑπόστασις synonym verwandte und sich für die Sonderheit der Personen des Begriffs πρόσωπον bediente. Die Richtung um MELETIUS, dessen Nachfolger auf dem Bischofsthron FLAVIAN wurde, welchem wiederum THEODOR als Presbyter zur Seite stand, geht von der Einheit der οὐσία bzw. φύσις aus, bekennt aber zugleich die drei Hypostasen (ὑποστάσεις). Auch THEODOR sieht in der οὐσία/φύσις die Allgemeinheit des göttlichen Wesens ausgedrückt, während ὑπόστασις das individuell-konkrete Sein (ὑφεστάναι) der einzelnen göttlichen Personen meint. Vgl. zum Ganzen die Studie von HALLEUX, „*Hypostase*" 625-642.

des Heiligen Geistes, von der wir glauben, daß sie von Ewigkeit her existiert und Ursache aller Dinge ist[4].

4. So stimmt die Lehre des Alten Testamentes (διαθήκη) mit dem Neuen Testament überein[5]. Und die Worte der Propheten, über Gott gesprochen, sind denen weder fremd noch entgegengesetzt, welche Christus, unser Herr, den Völkern durch die Apostel übermittelt hat. Vielmehr stimmen sie mit der wahren Erkenntnis der Religion gemäß der Lehre der Propheten überein, insofern sie in jedem Punkt dem Irrtum der Vielgötterei entgegengesetzt sind. Sie sind jedoch der Lehre der Propheten in der Vollkommenheit der Erkenntnis überlegen. Denn durch die Propheten haben wir nur Gott erkannt und das, was die ungeschaffene Natur (φύσις ἀγένητος) ist; die Lehre unseres Herrn Jesus Christus aber hat uns auch genau die Personen (ὑποστάσεις)

---

[4] Vgl. zu diesen trinitarischen Aussagen THEODORS auch seinen Brief an ARTEMIUS, der auszugsweise bei FACUNDUS, *defens.* 3,5,8f (CCL 90a,92), überliefert ist: „Sie müssen wissen, daß wir den Vater und den Sohn und den Heiligen Geist verehren, von denen wir behaupten, daß die göttliche, ewige, ungeschaffene Dreifaltigkeit in ihnen vollkommen sei. Denn ein jeder von ihnen ist von derselben Wesenheit *(essentia)*, d.h. ewige Ursache aller geschaffenen Dinge, und wirklich göttlichen (Wesens) ... So sagen wir auch drei Personen *(personae)*, eine jede, wie wir glauben, vollkommen und von derselben ewigen und göttlichen Wesenheit *(essentia)* und Ursache alles Geschaffenen. Drei Personen beten wir an und glauben, daß sie wirklich eines göttlichen Wesens sind."

[5] Die Betonung der Kontinuität zwischen Altem und Neuem Testament ist im Rahmen der Katechesen als Widerlegung des heidnischen Vorwurfs gedacht, die christliche Botschaft sei aus der Rebellion gegen den jüdischen Glauben entstanden. Damit steht THEODOR in einer längeren Tradition christlicher Apologetik, die auf Alter und Weissagung als Elemente innerer und äußerer Kontinuität aufbaut; vgl. dazu GEERLINGS, *Apologetik* 317–333. Konkreter Anlaß zu dieser Verteidigung mag wohl eine Äußerung des Kaisers JULIAN APOSTATA gewesen sein, der in seinem an den arianischen Bischof PHOTIN gerichteten Brief THEODORS Lehrer DIODOR VON TARSUS als *corruptor legum et rationum*, der einen „neuen galiläischen Gott" predige, beschimpft; vgl. FACUNDUS, *defens.* 4,2,62 (CCL 90a,119).

überliefert, in denen die göttliche Natur (φύσις) existiert[6]. Deshalb haben unsere seligen Väter das Bekenntnis des Glaubens an den einen Gott vorgelegt, wie es im Alten Testament (διαθήκη) geschrieben steht, um den Irrtum der Vielgötterei zu vernichten. Anschließend erst haben sie uns die Kenntnis der Personen (ὑποστάσεις) überliefert entsprechend der Lehre Christi. Sie hätten, und es wäre für sie ein leichtes gewesen, in aller Kürze das Wort unseres Herrn sagen können: „Im Namen des Vaters und des Sohnes und des Heiligen Geistes" (Mt 28,19), aber gegen häretische Lehre (αἱρεσιώτης) haben sie den Glauben schriftlich niedergelegt, soweit es in aller Kürze möglich war, in umfangreicheren Worten, als die Überlieferung unseres Herrn es tat, zur Vernichtung des Irrtums und zur Unterweisung der Kirche haben sie diesen Glauben gelehrt, um mit ihrem Verständnis jene zu widerlegen, die dem wahren Glauben entgegenstehen. Nachdem sie also „Ich glaube an den einen Gott" gesagt haben, haben sie zunächst den Namen „Vater" hinzugefügt.

5. Nach den Worten über Gott gingen sie zur Lehre der Personen (ὑποστάσεις) über, die das wahre Glaubensbekenntnis der Christen (χριστιανοί) und die wahre Erkenntnis derjenigen ist, die Jünger Christi werden. Da nämlich das Wort, das von der göttlichen Natur gesagt wird, auf ihre drei Personen übertragen wird, die Lehre von den Personen aber nicht auf einmal (καθ' ἕν?) gesagt werden kann, haben sie zu Recht von den Personen, wie es ihnen gebührt, einzeln zu uns gesprochen. Und an den Anfang

[6] THEODOR kennt auch in seinen exegetischen Werken ein gestuftes Offenbarungsverständnis, wonach die Neuheit des Neuen Testaments gegenüber dem Alten Testament gerade in der Lehre der Trinität besteht; vgl. dazu SPRENGER, *Commentarius* 111–151. Typisch sind Stellen wie der Kommentar zu Ps 33,6b (32,6 LXX), die nicht nach Allegoristenmanier vorschnell trinitarisch zu deuten sind (146–149 DEVREESSE).

ihrer Rede haben sie den Vater gesetzt, aus dem der Sohn und der Heilige Geist (stammen). Denn der Vater ist in Wahrheit jener, der allein Vater ist. Von jeder einzelnen Person erkennen wir, daß sie wirklich Gott ist, denn diese wahre Lehre besteht in dem Bekenntnis, das Christus über jene Personen überliefert hat. Wenn wir nun gehört haben „Vater“, dann haben wir es nicht in einem gewöhnlichen (κοινός) Sinne verstanden, sondern wir verstehen darunter, daß Gott Vater ist, und zwar in Wahrheit Vater, da er auf einzigartige Weise Vater ist. Und wie es sich für die göttliche Natur gebührt, denken wir, daß Gott Vater ist.

6. Denn alle Geschöpfe können, wenn sie ins Sein[7] getreten sind, das auch, nämlich Vater werden. Denn es gibt unter den Menschen keinen, der zugleich bei Beginn seiner Existenz Vater wäre. Auch Adam, der erste Mensch, der von keinem Menschen geboren war, konnte nämlich nicht gleich zu Beginn seiner Existenz Vater werden, sondern erst durch den Willen Gottes, seines Schöpfers; danach wurde es ihm gegeben, Vater zu werden: „Adam erkannte seine Frau, und sie empfing und gebar einen Sohn“ (Gen 4,1). Und nach seiner Vereinigung (συνάφεια) mit Eva und der Schwangerschaft, den Wehen und der Geburt wurde er Vater genannt; auch nur eines von diesen Dingen bezüglich der göttlichen Natur zu denken ist Frevel. Jener nämlich, der der Zeit nicht bedarf, um zu sein, braucht auch keine Zeit, um Vater zu sein, sondern da er von Ewigkeit existierte, war er auch von Ewigkeit Vater.

---

[7] Syr. *h^ewāyā* entspricht griech. γενέσθαι. THEODOR spielt hier auf den Unterschied zwischen „Sein“ und „Werden“ an. Das göttliche Sein ist immer und kennt daher kein Werden. Deshalb kann auch Gott Vater nicht Vater werden, sondern er ist es immer schon in bezug auf den Sohn. Die arianische Deutung, daß der Vater erst durch die Zeugung des Sohnes zum Vater wird, stellt somit eine Verkennung des göttlichen Seinsbegriffs dar.

7. Der Vater ist also in Wahrheit Gott und hat (die Vaterschaft) nicht erst in der Zeit empfangen. Denn nicht nach der Zeit hat er einen Sohn, sondern von Ewigkeit ist dieser bei ihm und von Ewigkeit her aus ihm und mit ihm als Sohn. Deshalb hat auch unser Herr, als er seinen Jüngern diese wunderbare Lehre überlieferte, gesagt: „Lehrt im Namen des Vaters!" (Mt 28, 19). Und er brauchte kein Wort hinzuzufügen, um kundzutun, wen er Vater nennt. Es genügte nämlich zu sagen „macht zu Jüngern und tauft", um kundzutun, wen er Vater nennt. Gott nämlich nannte er Vater, denn an ihn sollten sie glauben und auf ihn sich taufen lassen, Gott nämlich, der von Ewigkeit existiert gemäß der Lehre der Propheten.

8. Es ist also unmöglich, daß jener, der von Ewigkeit existiert, nach einer Zeit Vater wird; und der Name „Vater" gibt ohne jeglichen Zusatz das zu erkennen. Wäre er anschließend Vater geworden so wie wir, wäre er uns in der Benennung und in der Bedeutung des Namens gleich. Es wäre also notwendig, da er in dieser Namensnennung mit vielen gleich wäre, unbedingt zu fragen, wen er Vater nennt. Weil er aber auf diese Weise in Wahrheit Vater ist, ist er allein Vater. Ebenso ist nämlich der, der von Natur (φυσικῶς) aus von Ewigkeit existiert[8], auch von Ewigkeit Vater, einzig also im Namen und in der Bedeutung des Namens, und wir brauchen nicht zu fragen, wer der ist, der Vater genannt wird, denn der Name führt uns zum wahren Vater.

9. Und ebenso, wenn er sagt: „Ich bin der Seiende, und dies ist mein Name auf ewig und mein Gedächtnis für alle Geschlechter" (Ex 3, 14 f), verstehen wir dahingehend, daß Gott mit diesem Namen benannt wird, da er in Wahrheit existiert, während Geschöpfe nicht wirklich existieren, da

[8] Sein bzw. Existenz (εἶναι) im Gegensatz zum Werden (γενέσθαι).

sie aus dem Nichts gemäß dem Willen ihres Schöpfers entstanden wird. Da er wahrhaft existiert, wird er deswegen „der Seiende" genannt, da er aus keinem anderen entstanden (ἐγένετο) ist. Ebenso gilt es auch für den Vater(namen), da er uns nicht gleich und auch nicht wie wir Vater ist. Er hat nämlich nicht in der Zeit (die Möglichkeit) bekommen, Vater zu werden. Sobald wir das Wort „Vater" hören, denken wir notwendig an jenen wahren Vater, jenen, der sich nicht in der Zeit die Möglichkeit erwarb, Vater zu werden, und auch nicht der Vereinigung bedurfte, sondern vielmehr in Wahrheit Vater ist und von Ewigkeit Vater ist, eine vollkommene Natur, mit der der Gezeugte von Ewigkeit zusammen ist.

10. All dies hat uns jenes Wort gelehrt, das da heißt: „Ich glaube an den einen Gott", woran passend folgendermaßen anzuschließen ist: „den Schöpfer aller Dinge, der sichtbaren und der unsichtbaren", damit wir begreifen, daß er nicht nur Vater des Sohnes, sondern auch der Schöpfer aller Geschöpfe ist, wobei wir darüber nachdenken, welcher Unterschied zwischen dem Namen des Vaters und dem des Schöpfers, zwischen dem Sohn und den Geschöpfen besteht. Vom Sohn nämlich ist er der Vater, und von den Geschöpfen ist er der Schöpfer (ποιητής). Und die Geschöpfe sind im nachhinein entstanden; der Sohn aber existiert von Anfang an aus und mit ihm (dem Vater). Dies ist der Unterschied im Namen des Vaters und des Schöpfers: Vater wird jener genannt, aus dem er geboren wurde, Schöpfer aller Kreaturen[9], ohne den nichts geschaffen wurde, durch seinen Willen. Deshalb haben sie (*sc.* die Konzilsväter) dem Bekenntnis zum Vater nichts hinzugefügt. Denn diese Bezeichnung „Vater" reicht aus, um den Sohn bekanntzumachen. Denn er ist nicht Vater ohne den Sohn,

---

[9] Ms. *'aine (oculi)* ist wohl ein Schreibfehler für *kyāne (naturae creatae)*.

und jeder Vater, der existiert, ist Vater eines Sohnes; doch bezüglich des Sohnes werden sie uns, soweit möglich, noch an späterer Stelle unterrichten.

11. Diesem Wort „Schöpfer" nun haben sie hinzugefügt „aller sichtbaren und unsichtbaren Dinge", um auch darin den Unterschied zwischen dem Sohn und den Geschöpfen zum Ausdruck zu bringen, daß er für den Sohn allein der Vater ist, Schöpfer hingegen aller Dinge, seien sie sichtbar oder unsichtbar, da sie allesamt aus dem Nichts erschaffen wurden. Er wäre nämlich nicht Vater des Sohnes und Schöpfer der Geschöpfe genannt worden, bestünde nicht ein großer Unterschied zwischen den beiden, nämlich der, der zu Recht zwischen Sohn und Geschöpfen besteht. Während er nun Vater des Sohnes genannt wird und auch ist, da der von derselben Natur ist, der sein eigener Sohn genannt wird, wird er Schöpfer aller Dinge genannt, da alles aus dem Nichts erschaffen wurde. Auch wenn sich die sichtbaren Naturen von den unsichtbaren unterscheiden, sind sie doch allesamt erschaffen, sichtbar oder unsichtbar. Mag nämlich auch nach unserem Verständnis ein Unterschied zwischen ihnen bestehen, so existieren sie allesamt durch den Willen ihres Schöpfers. Und ein jedes von ihnen entstand (ἐγένετο), wie es sein Schöpfer gewollt hat. Diese Erschaffung aus dem Nichts kommt ihnen in gleicher Weise zu, da sie allesamt aus dem Nichts durch den Willen ihres Schöpfers erschaffen worden sind. Deshalb hat der selige David gesagt: „Preist den Herrn vom Himmel her, preiset ihn, alle Engel, preiset ihn, all ihr seine Gewalten, preiset ihn, Sonne und Mond!" (Ps 148,1–3). Und alles, was geworden ist, im Himmel und auf Erden, zählt er nacheinander auf, Sichtbares und Unsichtbares, Sterbliches und Unsterbliches, Vernunftbegabtes (λογικός) und Unvernünftiges (ἄλογος), Geistiges und Sinnenhaftes, Belebtes und Unbelebtes. Und während er sie zum Lobpreis Gottes einlädt, bietet er allen nur einen Grund: „Denn er ist es, der sprach, und sie sind geworden, er befahl, und sie wurden

erschaffen. Er ließ sie existieren für alle Ewigkeit. Er gab ein Gesetz, und es vergeht nicht" (Ps 148,5f)[10].

12. Da nämlich alles von ihm geschaffen wurde und gemäß seinem Willen existiert, alles, sei es nun sichtbar oder unsichtbar, ist es zum Lob des Schöpfers verpflichtet. Diese beiden Dinge also müssen wir bezüglich Gott Vater bekennen: daß er Vater ist und auch Schöpfer, wobei wir auch den Unterschied dieser beiden Dinge begreifen. Denn im Vatersein liegt nicht schon das Schöpfersein, und auch im Schöpfersein liegt nicht schon das Vatersein. Denn er ist nicht Schöpfer dessen, dem er Vater ist; auch ist er nicht Vater derer, deren Schöpfer er ist. Vielmehr ist er allein Vater des wahren Sohnes, des Eingeborenen, der im Schoße seines Vaters ist, von dem er gezeugt wurde und bei dem er von Ewigkeit ist. Hingegen ist er Schöpfer aller Dinge, die entstanden sind und erschaffen wurden, die weit von seiner Wesenheit (οὐσία) entfernt und durch seinen Willen erschaffen sind, als es ihm gefiel. Vater des Sohnes wird er genannt und ist es, da dieser von ihm und seiner Natur (φύσις) ist. Urheber und Schöpfer der Geschöpfe hingegen ist er, da er sie aus dem Nichtsein ins Sein gebracht hat.

13. Wenn er nun Vater der Menschen genannt wird, nennt man ihn nicht deswegen so, weil er sie schuf, sondern wegen ihrer Nähe und Vertrautheit (πλησιότης καὶ οἰκείωσις) mit ihm. Deshalb wird er auch nicht Vater eines jeden genannt, sondern derer, die ihm in familiärer Vertrautheit angehören, gemäß jenem Wort: „Söhne habe ich aufgezogen und großgezogen" (Jes 1,2). Denn jenen, die ihm gnadenhalber nahestehen, gestattete er diese Bezeichnung zu.

---

[10] Vom Kommentar zu Ps 148 ist im Syrischen nur der Anfang erhalten geblieben (CSCO 436,100). Die lat. Überlieferung hat: „Der Grund für die Notwendigkeit des Gotteslobes ist folgender: Alles hat, da es ist, die Existenz auf Geheiß seines Willens erlangt ... Nicht nur die Existenz teilte er allen mit, sondern den einen gab er Dauer, den anderen Ewigkeit" (CCL 88a,395).

Ferner noch jenes Wort: „Mein Sohn, mein Erstgeborener, Israel“ (Ex 4,22), denn die restlichen anderen sind keine Söhne.

14. Da wir also um diesen Unterschied wissen, die wir Gott Vater des eingeborenen Sohnes nennen, der allein wahrer Sohn ist, da er von seiner Natur (φύσις) ist, Schöpfer aller Dinge hingegen, die aus dem Nichts erschaffen wurden und ins Sein kamen. Es ziemt sich für uns, daß wir auch in unserem Bekenntnis dieses Verständnis aufrechterhalten, daß wir nun nicht in der gleichen Weise von Gott denken, wenn wir ihn als Vater und Schöpfer bekennen, wie wir von den Menschen denken, wenn wir sie Vater und Urheber nennen. Vielmehr den Unterschied zwischen Vater und Schöpfer laßt uns, wie es nötig ist, als einen uns eigentümlichen begreifen. Wie nun bei uns Schöpfer und Vater etwas anderes ist, so ist es auch bei Gott. Denn auch wir nennen uns Vater derer, die von uns stammen und aus unserer Natur geboren sind, Schöpfer (ποιητής) hingegen nicht derer, die unserer Natur entstammen, sondern derer, die außerhalb unser selbst geschaffen wurden und existieren, eines Hauses etwa, eines Schiffes und dergleichen Dinge mehr, die alle außerhalb unserer Natur als von uns geschaffen existieren.

15. Da nun diese Dinge bei uns derart sind, ist es nötig, daß wir in klugem Gedankengang prüfen, welcher Unterschied bei Gott in der Bezeichnung des Vaters und Schöpfers besteht. Laßt uns also einsehen, daß er der Vater jenes eingeborenen Sohnes, der aus seiner Natur geboren wurde, hingegen Schöpfer jener Geschöpfe ist, die aus dem Nichts erschaffen sind und existieren. Und er braucht dazu nicht die Materie (ὕλη), sondern er erschuf die Geschöpfe, die dadurch sichtbar und existent wurden.

16. Da wir im Bild Gottes entstanden sind (vgl. Gen 1,26), stellen wir uns in Gedanken dem Bild gemäß mit Hilfe dessen, was uns eigentümlich ist, etwas vor, was erhabener ist, was über Gott ausgesagt wird. Auf diese

Weise ist es möglich, den Unterschied im Bekenntnis zwischen Vater und Schöpfer, von welcher Art und Größe er sei, ausgehend von dem uns Eigentümlichen, bezüglich Gott zu denken, wenngleich hinreichend bekannt ist, daß ein großer Unterschied zwischen Gott und uns besteht[11]. So kann man sich bezüglich der göttlichen Natur und der Geschöpfe, die aus ihr geworden sind, die rechte Vorstellung machen. All diese Dinge nämlich, die sich aus Schwäche bei uns ereignen, müssen wir vollkommen aus unserem Verstand entfernen, da wir über die göttliche Natur sprechen. Wir brauchen nun, wenn wir etwas machen, Arbeit, Stoff und Zeit, Gott hingegen, über all diese Dinge erhaben, hat die Geschöpfe, im gleichen Moment, in dem er es will, vollkommen aus dem Nichts erschaffen. Ferner, so werden wir unter Mühen geboren (vgl. Gen 3,16) und nach einem bestimmten Vorgang zu Vätern, da wir auf die weibliche Natur als Stoff angewiesen sind und auf viel Zeit; ohne dem können wir unmöglich Väter werden. Gott hingegen, außerhalb all dieser Dinge stehend, existiert als Vater. Denn weder erfuhr er Anstrengung, noch wandte er eine bestimmte Vorgehensweise[12] an, noch bedurfte er der Vereinigung (συνάφεια), noch mußte er eine Zeitspanne warten, vielmehr ist er von Ewigkeit Vater.

17. All diese unschönen Gedanken nun, auf die wir aus Schwäche kommen, laßt uns in bezug auf Gott unbedingt

---

[11] THEODOR entwickelt hier erste, zaghafte Ansätze in Richtung einer Analogielehre. Die Ähnlichkeit mit einer jeweils größeren Unähnlichkeit wird gebührend herausgestellt. Vgl. etwa *comm. in Io.* 1,1 (CSCO 116,11f): „Daher nannte er ihn nicht Sohn, sondern Wort, um ihn gleichsam analog *(tamquam per analogiam)* mit diesem Namen zu bezeichnen. Dies ist nämlich ein Brauch des göttlichen Buches: Wann immer es etwas bezüglich der göttlichen Natur offenbaren will, legt es ihm einen Namen, welcher unseren Dingen entnommen und geeignet ist, sie genau zu beschreiben, bei." Die je größere Unähnlichkeit des Bildes zum Urbild behandelt *contr. Mac.* 20 (PO 9,659f).

[12] Syr. *mardītā* meint *modus procedendi* (wörtl. *cursus, iter*) und entspricht wohl dem griech. προκοπή.

fernhalten, ob wir nun über den Gezeugten oder den Geschaffenen sprechen. Denn wir tun alles unter Mühen — die Natur selbst nutzt ab in Mühe und schwindet dahin —, Gott aber ist über all das erhaben. Denn auch daß wir herrschen und vorstehen, daß wir richten und sorgen, daß wir sprechen und reden und all diese Dinge, die wir machen, all dies tun wir nicht ohne Mühen. Und zieht sich die Anstrengung hin, dann kommt anschließend die Ermattung. Weil unsere Natur sterblich und verweslich ist, löst sie sich durch Mühsal auf. All diese Dinge aber, die über Gott ausgesagt werden, tut er ohne Mühe und ohne Umstand. Schadlos lenkt und versorgt er (πρόνοος), richtet und herrscht er und vollführt alles.

18. Dies ist die rechte Vorstellung, die wir uns von Gott machen sollen, und dies ist der Glaube an Gott Vater, den wir uns erwerben müssen: Wenn wir ihn Vater nennen, laßt ihn uns Vater des Sohnes nennen, der wahrhaft, von Natur aus, Vater ist, wie wir auch. Denn anders können wir es nicht verstehen, daß er in Wahrheit Vater ist, außer daß er naturgemäß (φυσικῶς) Vater ist. Von Ewigkeit ist er Vater, da seine Natur von Ewigkeit existiert, in der er Vater ist. Und wenn wir ihn Schöpfer nennen, der in Weisheit alles erschaffen hat, verstehen wir es so, wie es heißt: „Alles hast du in Weisheit erschaffen“ (Ps 104,24: LXX Ps 103,24), wie auch wir in der Weisheit der Kunstfertigkeit, die uns eigen ist, Schöpfer werden. Sobald aber Gott als Schöpfer wollte, waren die Geschöpfe vollkommen da, weil er nicht der Zeit bedurfte noch einer Vermittlung zwischen seinem Willen und der Entstehung (γενέσθαι) des Geschöpfes, sondern in demselben Augenblick, da er erschaffen wollte, ist das Gewollte aus dem Nichts ins Sein getreten.

19. In diesem Bekenntnis und in dieser Vorstellung haben uns die seligen Väter den Glauben an den einen Gott, den Vater und Schöpfer, hinterlassen, den wir in einer langen Erklärung euch, ihr Lieben, kundgetan haben, damit ihr ihn unabänderlich bewahrt. Wenn euer Bekenntnis

unversehrt ist, werdet ihr die üblichen Ansichten der Häresien (αἱρεσιώτης) vermeiden können, in der Gnade unseres Herrn Jesus Christus. Ihm und seinem Vater sei zusammen mit dem Heiligen Geist Lobpreis und Ehre in alle Ewigkeit. Amen.

Ende der zweiten Homilie.

Dritte Homilie über den Glauben (3)

1. Was für diejenigen, denen die Religion ein Anliegen ist, über Gott Vater zu verstehen und zu reden notwendig ist, das habt ihr, wie ich hoffe, aus dem bisher Gesagten gelernt. Laßt uns nun hingehen und auch das prüfen, was unsere seligen Väter im Glauben(sbekenntnis) über den Sohn gesagt haben: „Und an den einen Herrn Jesus Christus, Gottes eingeborenen Sohn, den Erstgeborenen aller Geschöpfe." Es war nun erforderlich, daß sie unmittelbar nach der Lehre über den Vater uns auch über den Sohn gemäß der Überlieferung unseres Herrn unterrichteten, um die Ordnung und den Zusammenhang ihrer Worte zu bewahren. Wie sie nun über den Vater entsprechend der Lehre unseres Herrn nicht einfach „Vater" sagten, sondern „einer ist Gott, der Vater, der Schöpfer aller Dinge" hinzufügten — und vor den Namen Gottes im Glaubensbekenntnis setzten sie die Aussage, daß er einzig sei, um den Irrtum der Vielgötterei zu widerlegen, dann erst sagten sie, daß er Vater und Schöpfer aller Dinge sei —, so machten sie es auch mit dem Sohn: „An den einen Herrn Jesus Christus, Gottes eingeborenen Sohn, den Erstgeborenen aller Geschöpfe", wobei sie offenbar mit der Verkündigung (κήρυγμα) des seligen Paulus übereinstimmen, der gegen die Götzen und Religionen zur Widerlegung (ἐλέγχω) der Vielgötterei sagte: „Es gibt nur einen Gott" (1 Kor 8,4).

2. Da er nun wußte, daß bei uns gelehrt wurde, Vater, Sohn und Heiligen Geist zu bekennen, hat er Sorge getragen, daß wir die Bekenntnisformel der Personen (ὑποστάσεις) klar erkennen, ohne uns in der Religion irgendeinen Schaden zuzufügen oder uns in den Irrtum der Vielgötterei zu stoßen. Da wir wissen, daß die göttliche Natur (φύσις) des Vaters und des Sohnes und des Heiligen Geistes einzig ist, hat er (*sc.* Paulus), weil er uns diesen Glauben in aller Kürze lehren wollte, gesagt: „Für uns nun ist Gott, der Vater, aus dem alles ist, einzig" (1 Kor 8,6). Und indem er

sagte, daß Gott, der Vater, einzig ist, hat er jeden Irrtum der Vielgötterei abgeschafft und kundgetan, daß unter uns eine göttliche Natur verkündet wird. In der Hinzufügung der Person[1] des Vaters hat er uns zugleich den Sohn offenbart. Denn gleich darauf hat er gesagt: „Einer ist unser Herr Jesus Christus, durch den alles ist", um zugleich Vater, Sohn und Heiligen Geist kundzutun, wobei er in seinem Wort auch die Menschwerdung[2] unseres Herrn, die um unserer Errettung willen geschah, einschloß: Darin ist uns die göttliche Natur zum Erlöser geworden. „Einer ist also der Herr, durch den alles ist." Gott Wort, das wahrer Sohn ist, eines Wesens mit dem Vater (ὁμοούσιος τῷ πατρί), gibt er damit zu erkennen. Ihn hat er zu Recht „Herrn" genannt, damit wir begreifen, daß er von der göttlichen Natur des Vaters ist. Denn der Vater wird nicht einziger Gott genannt, als ob der Sohn nicht Gott wäre, noch wird der Sohn einziger Herr genannt, als ob der Vater nicht Herr wäre. Denn es ist bekannt und offenkundig, daß, wer in Wahrheit Gott ist, auch in Wahrheit Herr ist. Und wer nicht in Wahrheit Herr ist, ist auch nicht in Wahrheit Gott. Und wer nicht in Wahrheit Gott ist, ist auch nicht in Wahrheit Herr. „Der Herr, dein Gott, ist nämlich ein einziger Herr" (Dtn 6,4), denn er allein existiert (ἔστιν) in Wahrheit. Auf wen aber diese beiden Dinge in Wahrheit zutreffen, der wird in Wahrheit Herr und Gott genannt.

---

[1] Hier steht im syr. Text *parṣopā*, was griech. πρόσωπον entspricht. THEODOR verwendet in seiner trinitarischen Terminologie sowohl ὑπόστασις als auch πρόσωπον, wenn er auf die göttlichen Personen zu sprechen kommt. Offensichtlich ist THEODOR darum bemüht, eine Brücke zu den „Altnizänern" zu schlagen, die ὑπόστασις mit οὐσία gleichsetzten und deshalb πρόσωπον bevorzugten. Die doppelte Terminologie THEODORS läßt erkennen, daß der Ausgleich zwischen den beiden großen Parteien innerhalb des nizänischen Lagers durchaus Fortschritte gemacht hatte.

[2] Syr. *pagrānutā* entspricht griech. ἐνανθρώπησις.

Und es gibt nichts anderes außerhalb dieser Natur, die in Wahrheit Herr und Gott genannt werden soll.

3. Wer also sagt, es ist nur ein Gott, tut zugleich kund, daß es nur einen Herrn gibt. Und wer sagt, es gibt nur einen Herrn, der bekennt den einen Gott. Deshalb sagte er oben, daß es nur einen Gott gebe, und anschließend, daß nur ein Herr sei, zur Unterscheidung der Personen (ὑποστάσεις), wobei er von jedem einzelnen feststellt, daß dieser einzig sei, damit die beiden Personen als eine göttliche Natur (φύσις) und als wahrhaft ein Herr und Gott erkannt würden.

4. Um ferner in ihrer Rede die menschliche Natur, die um unseres Heiles willen angenommen wurde, zu bedenken[3], haben sie gesagt: „Ein Herr Jesus Christus", da dies der Name jenes Menschen ist, den Gott angezogen hat gemäß dem Wort des Engels: „Sie wird einen Sohn gebären, und sein Name soll heißen: Jesus" (Lk 1,31). Sie haben außerdem auch „Christus" hinzugefügt, um den Heiligen Geist kundzutun. „Jesus der Nazarener, den Gott mit Heiligem Geist und Kraft gesalbt hat" (Apg 10,38). Und er ist Gott wegen der genauen Verbindung[4] mit jener göttlichen Natur, die in Wahrheit Gott ist. Und auf diese Weise (σχῆμα) haben unsere seligen Väter, die auf jener wunderbaren Synode (σύνοδος) der katholischen (καθολικός) Kirche versammelt waren, wie Paulus zuerst über die göttliche Natur gesprochen, wobei sie damit ein Wort verbanden, das die Menschengestalt (μορφή), die er anzog, kundtat: „Und an den einen Herrn Jesus Christus, Gottes eingeborenen

[3] Ich folge Ms. *ḥšab (cogitare)* und verzichte auf die von DEVREESSE vorgeschlagene Konjektur *ḥbaš (concludere)*.

[4] Syr. *neqpā ḥatitā* meint griech. συνάφεια ἀκριβής *(coniunctio exacta)* und ist eines der Schlüsselwörter der Theodorschen Inkarnationslehre. Die „genaue Verbindung" stellt das Gegenstück zur physischen Einung von Gottheit und Menschheit im apolinaristischen System dar. Sie bildet die höchstmögliche Form der Einheit zweier ontologisch völlig disparater Wirklichkeiten.

Sohn, den Erstgeborenen aller Geschöpfe." So wollten sie nämlich die Menschen lehren, indem sie die göttliche Natur des Sohnes kundtaten. Auch wird seine Menschheit bekannt, in der die göttliche Natur erkannt und verkündet wird, wie es der selige Paulus gesagt hat: „Erschienen ist Gott im Fleisch" (1 Tim 3,16). Und ferner der Evangelist (εὐαγγελιστής) Johannes: „Das Wort ist Fleisch geworden und hat unter uns gewohnt, und wir schauten seine Herrlichkeit wie die Herrlichkeit des Eingeborenen vom Vater, voller Gnade und Wahrheit" (Joh 1,14). Zu Recht dachten also unsere Väter, daß sie die Lehre von der Menschheit unseres Herrn, die eine unaussprechliche Gemeinschaft[5] mit der göttlichen Natur besitzt, nicht vernachlässigen dürfen.

5. „Und an den einen Herrn Jesus Christus." Wir bekennen, so heißt es, daß der Herr einer ist, der von göttlicher Natur ist, dem in Wahrheit der Name „Gott und Herr" gebührt. Wenn sie Gott Wort (θεὸς λόγος) kundtun, sagen sie, daß durch ihn alles geworden sei, wie der Evangelist (εὐαγγελιστής) sagt: „Alles ist durch ihn geworden und ohne ihn ist nichts geworden" (Joh 1,3). Diesen, heißt es, begreifen wir als den einen Herrn, der aus jener göttlichen Natur Gottes, des Vaters, ist, die um unseres Heiles willen einen Menschen anzog und in ihm wohnte und durch ihn allen Menschen offenbar und erkennbar wurde: Dies ist der Mensch, der nach dem Wort des Engels Jesus genannt werden soll. Er wurde mit Heiligem Geist gesalbt und in ihm vollkommen und gerechtfertigt gemäß dem Zeugnis des seligen Paulus (vgl. Apg 10,38; 1 Tim 3,16; Hebr 2,9f).

6. Nachdem sie nun dies gesagt und die göttliche und die menschliche, von Gott angezogene Natur kundgetan hatten, fügten sie „den eingeborenen Sohn, den Erstgeborenen aller Geschöpfe" hinzu. Mit diesen beiden Worten haben

[5] Κοινωνία? Μετουσία?

sie beide Naturen (φύσεις) zum Ausdruck gebracht. Mit dem Unterschied der Namen gaben sie uns den Unterschied der Naturen zu verstehen. Diejenigen aber, die über die eine Person (πρόσωπον) des Sohnes diese beiden Dinge gesagt haben, haben uns die genaue Verbindung (συνάφεια ἀκριβής) beider Naturen bekanntgegeben. Es geschah aber nicht aus eigenem Antrieb, daß sie sich dieser Ausdrücke bedienten, sondern durch die Belehrung der heiligen Schriften. *Denn der selige Paulus hat gesagt: „Von ihnen (*sc.* den Juden) stammt Christus im Fleische, der Gott ist über alles“ (Röm 9,5). Dies heißt nicht, daß jener, der dem Fleische nach aus dem Hause David stammt, naturgemäß (φυσικῶς) Gott ist, sondern das „dem Fleische nach“ hat er gesagt, um die angenommene Menschennatur kundzutun; das „Gott über alles“, um die göttliche Natur anzuzeigen, die über alles erhaben ist, die der Herr ist[6].

7. Beide Dinge sind gleichzeitig mitgesagt: Bezüglich der einen Person (πρόσωπον), um die genaue Verbindung (συνάφεια ἀκριβής) beider Naturen (φύσεις) zu lehren und die Majestät und Würde kundzutun, die dem angenommenen Menschen, in den Gott sich gekleidet hat, erwachsen ist. In derselben Weise (σχῆμα) haben sie auch gesagt: „Eingeborener Sohn, Erstgeborener aller Geschöpfe.“ Da sie entschlossen waren, uns über diese beiden Naturen zu belehren, wie sie existieren und was die göttliche Natur ist, die sich erniedrigt hat, und was die menschliche Natur ist, die angenommen wurde, haben sie im voraus diese beiden Namen zusammen (καθ᾽ ἕν) genannt, um diese beiden Naturen (φύσεις) kundzutun. Denn es ist offensichtlich, daß sie nicht eine einzige Natur „Eingeborenen und Erst-

---

[6] Diese Stelle findet sich bei SEVERUS VON ANTIOCHIEN, *Phil.* fol. 76^{r}b zitiert (CSCO 133,158) sowie auf der 5. Sitzung des II. Constantinopolitanums (9,240 A 1–9 MANSI). Zur Diskussion siehe auch RICHARD, *Tradition* 71. Sie scheint von THEODOR auch in dem ansonsten verlorenen Buch *De incarnatione* kommentiert worden zu sein.

geborenen aller Geschöpfe“ nennen, da man nicht beide Dinge über eine Natur sagen kann[7]. Denn es ist ein großer Unterschied zwischen dem Eingeborenen und dem Erstgeborenen. Denn es kann nicht ein und derselbe Eingeborener und Erstgeborener sein[8]. Denn Erstgeborener wird er in Hinsicht auf viele Brüder genannt[9], Eingeborener hingegen, wer keine Brüder hat. Dies ist der ganze Unter-

---

[7] Man kann hier die ersten Anzeichen einer Auseinandersetzung THEODORS mit der sog. „Idiomenkommunikation“ erkennen. THEODOR behauptet, daß man von ein und derselben Natur nicht unterschiedliche oder gar gegensätzliche Dinge aussagen könne, wie dies bei APOLINARIUS geschieht. Sowohl Apolinaristen als auch Arianer haben, ausgehend von unterschiedlichen Voraussetzungen, von der Idiomenkommunikation recht exzessiv Gebrauch gemacht, weshalb DIODOR VON TARSUS, THEODORS Lehrer, größere Zurückhaltung geübt hat, vgl. dazu GRILLMEIER, *Jesus der Christus* 1,631f. Doch war die Zeit für eine grundlegende Klärung des damit verbundenen theologischen Problems noch nicht reif, solange die Unterscheidung von „Natur“ und „Person“ nicht hinreichend durchgeführt worden war.

[8] Die Zurückdrängung der traditionellen Idiomenkommunikation bringt THEODOR in erhebliche Schwierigkeiten bei der Bestimmung des Personenzentrums Christi. Äußerungen wie diese waren mißverständlich und wurden von bestimmter Seite auch dahingehend interpretiert, daß man ein *alium et alium* dort herauslas, wo eigentlich ein *aliud et aliud* zu erwarten gewesen wäre.

[9] Die sachgemäße Interpretation des paulinischen πρωτότοκος πάσης κτίσεως hatte eine lange arianische Vorgeschichte, von der sich THEODOR absetzen mußte. Man verstand diese Wendung subordinatianistisch, daß der Logos das vornehmste Geschöpf des Vaters sei, das somit die Spitze der kreatürlichen Seinspyramide bildete, aber als Spitze dennoch dem Bereich des Geschöpflichen zuzuordnen war. THEODOR versucht nun, den arianischen Einwand zu entkräften, indem er πρωτότοκος streng auf die menschliche Natur, μονογενής hingegen ganz auf die göttliche Natur bezieht. Πρωτότοκος πάσης κτίσεως findet sich in der syrisch-palästinischen Überlieferung des Credos, vgl. KELLY, *Glaubensbekenntnisse* 183–185. Die gedankliche Schwierigkeit bleibt jedoch bestehen, wie denn dann ein und derselbe „Erstgeborener“ und „Eingeborener“ zugleich sein kann, eine Grundschwierigkeit der klassischen „antiochenischen“ Christologie; vgl. dazu auch GRILLMEIER, *Jesus der Christus* 1, 97–101. 102–121. 238, sowie HOCKEL, *Christus der Erstgeborene*.

schied zwischen Eingeborenem und Erstgeborenem, wie die Natur zwischen dem unterscheidet, der alleinsteht, und jenem, der mit vielen zusammen ist. Eingeborener heißt er, der völlig ohne weitere Brüder ist, Erstgeborener hingegen jener, der offensichtlich weitere Brüder hat.

8. Dies genau lehrt uns die göttliche Schrift, wenn sie nämlich über den Eingeborenen sagen will: „Wir haben seine Herrlichkeit geschaut wie die Herrlichkeit des Eingeborenen vom Vater, voller Gnade und Wahrheit“ (Joh 1,14). Und ferner hat sie gesagt: „Der eingeborene Sohn, der im Schoße des Vater ist“ (Joh 1,18), damit der Eingeborene in seiner Verbindung mit seinem Vater genannt würde. „Wir schauten seine Herrlichkeit wie die Herrlichkeit des Eingeborenen vom Vater“, um kundzutun, daß er allein es ist, der geburtsmäßig aus der Natur des Vaters ist, und daß er allein der Sohn ist. Mit jenem Wort „Schoß“ lehrten sie die ewig untrennbare Verbindung. Denn darunter einen leiblichen Schoß verstehen zu wollen, zeugt von Dummheit. Vielmehr, wie (die Schrift) vom Schauen des Auges und vom Hören des Ohres spricht, so auch vom Schoß, um die ewig untrennbare Verbindung (anzudeuten), gemäß jenem Wort: „Vergilt unseren Nachbarn siebenfach auf ihren Schoß“ (Ps 78,12 LXX). Das bedeutet soviel wie: allezeit und ständig sollen sie Strafe empfangen. Dies ist also der Sinn des Ausspruches „Eingeborener“: Er allein ist geburtsmäßig aus dem Vater, und er allein ist der Sohn. Und allezeit ist er mit dem Vater und wird mit ihm erkannt, da er in Wahrheit der Sohn vom Vater ist.

9. Bezüglich des Ausdrucks „Erstgeborener aller Geschöpfe“ nun verstehen wir es gemäß dem Wort: „Diejenigen, die er im voraus erkannt hat, hat er erwählt und bezeichnet im Gleichnis des Bildes seines Sohnes, daß er der Erstgeborene würde unter vielen Brüdern“ (Röm 8,29). Er hat diesen Begriff „Erstgeborener“ nicht benutzt, um uns kundzutun, daß er allein der Sohn ist, sondern um uns zu unterrichten, daß er viele Brüder hat, daß er „unter

vielen" erkannt wird, die zusammen mit ihm teilhaben (μετέχειν?) an der Annahme an Sohnes Statt (υἱοθεσία); und ihretwegen wird er Erstgeborener genannt, weil sie seine Brüder sind.

Ebenso auch an anderer Stelle: „Erstgeborener aller Geschöpfe" (Kol 1,15). Dies ist über die Menschwerdung (ἐνανθρώπησις) Christi gesagt[10]. Denn er hat nicht einfach „Erstgeborener" gesagt, sondern „aller Geschöpfe". Er heißt nämlich nicht Erstgeborener, weil er nicht weitere Brüder hätte, um derentwillen er „Erstgeborener" heißt und ist. So ist er auch „Erstgeborener aller Geschöpfe", da er zuerst durch die Auferstehung von den Toten erneuert und zum neuen und vollkommenen Leben verwandelt worden ist. Auch erneuerte er alle Geschöpfe und führte sie zu einer anderen, erhabeneren Ordnung (κατάστασις). „Denn alles, was in Christus ist, ist neue Schöpfung; das Alte ist vergangen, und alles ist von Grund auf erneuert in

---

[10] Diese Kolosserbriefstelle ist von THEODOR auch in seinem Kommentar ausgiebig erläutert worden, vgl. *comm. in Col.* 1,15 (1,263–267 SWETE). Er setzt sich dort kritisch mit den Ansichten gewisser Arianer auseinander, die das πρωτότοκος πάσης κτίσεως ausschließlich auf die göttliche Natur beziehen wollen. Demgegenüber hält THEODOR an seiner Deutung fest, wonach hier nur der „angenommene Mensch" gemeint sei. Zusätzlich gegenüber den katechetischen Homilien verweist er auf den Ehrenrang Christi, den dieser nach seiner Auferstehung erhalten habe, *comm. in Col.* 1,15 (1,264–266 SWETE): „Sie (*sc.* die Arianer) aber fragen, wie denn der angenommene Mensch *(susceptus homo)* als ‚Erstgeborener der ganzen Schöpfung' *(primogenitus totius creaturae)* in Erscheinung treten könne, da er dies nicht vor aller Schöpfung war, sondern dieses Sein erst am Ende der Zeiten erlangt habe. Sie begreifen nicht, daß man ‚Erstgeborener' nicht in bezug auf die Zeit sagt, sondern häufig als Ehrenvorrang *(praehonoratione)* aufgrund dessen, daß man ihn wirklich den ‚Erstgeborenen' derjenigen, die nach ihm geboren wurden, nennt. Für denjenigen nun, der früher geboren wurde, folgt notwendigerweise, daß er einen Ehrenvorrang erhält ... ‚Erstgeborener der ganzen Schöpfung' heißt ‚über die ganze Schöpfung erhaben'. Hätte er ‚Erstgeborener' absolut gebraucht, hieße dies soviel wie ‚erhaben', da er aber ‚der ganzen Schöpfung' hinzugefügt hat, hat er ihn als den bezeichnet, der von der ganzen Schöpfung Ehre empfängt."

unserem Herrn Jesus Christus" (2 Kor 5,17). „Erstgeborener aller Geschöpfe" (ist er), weil die ganze Schöpfung erneuert und verwandelt wurde in jener Erneuerung, die er ihr gnadenhalber (κατὰ χάριν) gewährt hat: aus jener Erneuerung, in der er zuerst erneuert, zum neuen Leben verwandelt und über alle Geschöpfe erhöht wurde. Zu Recht wird er also Erstgeborener aller Geschöpfe genannt, da er zuerst erneuert wurde und dann die Geschöpfe erneuert hat, wobei er alle an Herrlichkeit überragt.

10. *Den Unterschied also zwischen den beiden Namen verstehen wir so: Diesen Unterschied bezogen unsere Väter, die ihre Weisheit aus den heiligen Schriften nahmen, gleichsam auf eine Person (πρόσωπον) und sagten: „An den einen Sohn, den Eingeborenen, den Erstgeborenen aller Geschöpfe", um uns, wie ich bereits gesagt habe, die genaue Verbindung (συνάφεια ἀκριβής) der beiden Naturen (φύσεις) kundzutun[11]. Zu Recht haben sie also gesagt „Eingeborener", dann erst „Erstgeborener", da sie uns zuerst kundtun mußten, wer der ist, der im Gleichnis Gottes (μορφὴ Θεοῦ) existiert und durch seine Barmherzigkeit (jemanden) von unserer Natur angenommen hat, um anschließend dann über die Knechtsgestalt (μορφὴ δούλου), die um unseres Heiles willen angenommen wurde, zu reden. So haben sie uns die beiden Naturen und Unterschiede im unterschiedlichen Gebrauch der Namen kundgetan, und daß der Sohn einer ist wegen der genauen Verbindung der Naturen (συνάφεια ἀκριβὴς τῶν φύσεων), die durch den göttlichen Willen (ἡ θεία θέλησις) zustande

[11] Diese Textstelle wird bei THEODOR BAR KONAI, *schol.* 7 (CSCO 69,189,20 – 190,1) zitiert. Allerdings liest er ganz im Sinne späterer nestorianischer Dogmatik statt *parṣopā* (πρόσωπον) *qnōmā* (ὑπόστασις). THEODOR VON MOPSUESTIA spricht in seiner Christologie nirgends von zwei Hypostasen (ὑποστάσεις), sondern nur von zwei Naturen (φύσεις) in einer Person (πρόσωπον). Der πρόσωπον-Begriff bei THEODOR ist allerdings schillernd; zur Bezeichnung einer konkret-individuellen Realität kann er beiden Naturen zugeordnet werden.

kommt[12]. Indem sie die notwendige Reihenfolge (τάχις) bewahrten, belehrten sie zuerst über die göttliche Natur (ἡ θεία φύσις), die sich aus Barmherzigkeit zu uns herabneigte und einen Menschen anzog, anschließend erst über die Menschheit, die gnadenhalber angenommen worden ist, und schließlich über die wahre Lehre, um die Häresien (αἱρεσιώτης), die der Wahrheit zu widerstehen trachten, niederzuhalten. Ferner beginnen sie in ihrer Belehrung über die göttliche Natur zu sprechen, über die sie auch zu Beginn des Glaubensbekenntnisses gesagt haben: „Der aus dem Vater geboren wurde vor aller Zeit und nicht erschaffen worden ist."

11. Offensichtlich haben sie uns dies über die göttliche Natur gesagt, obwohl der Name „Eingeborener" ausreichend wäre für jene, die nicht auf Streit aus sind, um sie die genaue Kenntnis (γνῶσις) des Sohnes zu lehren. Wenn er nämlich Eingeborener ist, ist es sicher, daß er allein geburtsmäßig[13] aus dem Vater existiert und allein Sohn ist aus der Natur des Vaters. Dies alles tut nämlich der Name „Eingeborener" kund, und dies um so mehr, weil viele Söhne Gottes genannt werden. Dieser aber ist allein der Eingeborene. „Ich habe gesagt: Götter seid ihr und Söhne des Höchsten allesamt" (Ps 82,6: LXX Ps 81,6). Und ferner:

---

[12] Die Einheit von Gott und Mensch in Christus ist nicht „physisch", sondern „voluntativ" begründet. Dieser Ansatz THEODORS wurde von späteren Nestorianern weiterentwickelt, die seltsamerweise durchaus monotheletische bzw. monenergistische Ansichten vertreten konnten, vgl. JUGIE, *Theologia dogmatica* 5,215–218. THEODOR hebt hier besonders auf die Souveränität des göttlichen Handelns ab. Eine natürliche Einheit von Gott und Mensch müßte auch die Gnadenhaftigkeit (εὐδοκία) der Erlösung in Frage stellen. Überhaupt stellt dieser Passus eine schöne Zusammenfassung der Theodorschen Christologie und Erlösungslehre dar, welche in der Forschung mit dem Begriffspaar *Deus assumens — homo assumptus* treffend charakterisiert wurde, so bei STUDER, *Soteriologie* 182.

[13] Syr. *ilidait (partu, per generationem, iure nativitatis);* vgl. PAYNE-SMITH, *Thesaurus* 1596.

„Söhne habe ich genährt und großgezogen“ (Jes 1,2). Und obgleich es viele sind, die Söhne heißen, wäre dieser nicht eingeborener Sohn genannt worden, wenn nicht ein großer Unterschied zwischen ihnen bestünde. Jene werden Söhne gnadenhalber (κατὰ χάριν) genannt, da sie näher gerückt und Hausgenossen (οἰκειωμένοι) geworden sind. Und wegen ihrer Hausgenossenschaft (οἰκείωσις, οἰκειότης) sind sie gnadenhalber gewürdigt worden, mit diesem Namen benannt zu werden. Dieser hingegen ist, weil er Eingeborener genannt wurde, weil er allein Sohn aus der Natur des Vaters ist, nicht wie die anderen der Annahme an Sohnes Statt (υἱοθεσία) gnadenhalber gewürdigt worden aufgrund der Bezeichnung mit dem Sohnesnamen, sondern weil er aus der Natur geboren wurde, heißt und ist er der Sohn. Obgleich dies hinreichend bekannt und deutlich in den Heiligen Schriften ist und es für jeden Menschen klar sein müßte, daß niemand eingeborener Sohn genannt werden kann außer dem, der allein in Wahrheit Sohn ist aus der Natur des Vaters, bleibt diese üble und schwer verständliche häretische Ansicht (αἱρεσιώτης) ohne Berichtigung[14].

---

[14] THEODOR weist in diesem Abschnitt die arianische Vorstellung zurück, wonach der präexistente Logos ein Sohn der Gnade, nicht aber wesensgleich mit dem Vater ist. Bereits ALEXANDER VON ALEXANDRIEN legt gegen ARIUS ausführlich dar, daß Christus Sohn Gottes von Natur (φύσει) und nicht durch „Adoption“ (θέσει) sei, vgl. LORENZ, *Arius judaizans* 77f. Die Eigentümlichkeit des arianischen Adoptianismus besteht eben darin, daß er sich in erster Linie auf den präexistenten, nicht aber auf den inkarnierten Gottessohn bezieht; vgl. dazu GRILLMEIER, *Jesus der Christus* 1,367. LORENZ, *Arius judaizans* 135, bringt ARIUS mit dem Adoptianismus des PAUL VON SAMOSATA in Zusammenhang. Man muß diesen geistigen Hintergrund berücksichtigen, bevor man THEODOR den Vorwurf einer „Zwei-Söhne-Christologie“ macht. Der arianische Adoptianismus wird zwar von THEODOR aus dem Weg geräumt, doch handelt er sich dabei die Schwierigkeit ein, zu begründen, ob ein und derselbe Sohn der Gnade und natürlicher Sohn des Vaters zugleich sein kann.

12. Arius nämlich, einer von all jenen, die die Erkenntnis Christi (γνῶσις Χριστοῦ)[15] empfangen hatten, erdreistete sich und frevelte als erster, indem er sprach, daß der Sohn Geschöpf (κτίσμα, ποίημα)[16] sei und aus dem Nichts erschaffen, eine Neuerung, die dem Allgemeinverstand[17] und den Gesetzen der Natur (νόμοι τῆς φύσεως) fremd ist. Wer nämlich geschaffen ist, ist nicht Sohn, und wer Sohn ist, ist nicht Geschöpf. Denn ein Geschöpf kann unmöglich wahrer Sohn genannt werden, noch kann der wahre Sohn Geschöpf heißen. Deswegen waren unsere seligen Väter gezwungen, von allen Orten sich zu versammeln und eine heilige Synode (σύνοδος) in der Stadt Nizäa im Lande Bithynien abzuhalten und dieses Glaubensbekenntnis zu verfassen, um die wahre Lehre zu bewahren, die Gottlosigkeit[18] des Arius zu bekämpfen und all jene zu widerlegen, die im Anschluß an ihn auftraten und vom Namen ihres Verführers Eunomius[19] die Bezeichnung erhielten, und jene Häresien (αἱρέσεις) zu vernichten, die üblen Gedanken entstammten.

13. Obgleich es jedermann vom Naturgesetz (νόμος τῆς φύσεως), vom Allgemeinverstand und von den Heiligen Schriften her bekannt und einsichtig ist, fügten sie folgendes Wort an: „gezeugt, nicht geschaffen". Sie legten näm-

---

[15] Das Thema der Gottes- bzw. Christuserkenntnis nimmt auch im Johanneskommentar einen breiten Raum ein, vgl. *comm. in Io.* 6,65; 8,14.32; 9,3; 10,7; 12,16.33.45 (CSCO 116,109.118.123.130.142.170.175.178, sowie THEODOR, *frg.* 57 zu Mt 11,2f (115 REUSS).

[16] So die Behauptung des ARIUS in der Thalia; zur Diskussion der überlieferungsgeschichtlichen Probleme vgl. LORENZ, *Arius judaizans* 38f.

[17] *Tar'itā d^egawā (opinio communis, consensus).*

[18] Syr. *rūš'ā* (ἀσέβεια) steht im Gegensatz zur Orthodoxie (θεοσέβεια).

[19] THEODOR hat es zu seiner Zeit nicht mehr mit dem ursprünglichen Arianismus zu tun, sondern mit seiner intellektualistischen und systematischen Weiterentwicklung durch die Neoarianer. Ein beträchtlicher Teil des Schriftkorpus ist der Widerlegung des EUNOMIUS gewidmet; vgl. die Ausführung bei VAGGIONE, *Fragments* 403–470.

lich dem Bekenntnis des Sohnes passende Worte vor. „Söhne“ sagen wir nämlich, nicht im einfachen Sinne, noch wird er auf einen entliehenen Namen hin so genannt wie diejenigen, die aus Gnade Söhne genannt werden aufgrund von Zueignung (οἰκείωσις), sondern wahrer Sohn allein. Er ist der wahre Sohn, da er der Eingeborene ist und vom Vater gezeugt wurde und von ihm her ist und von seiner Natur, in Wahrheit geboren und ewigseiend wie er. Denn es gibt nichts Geschaffenes, das vor den Zeiten existierte; vor den Zeiten nämlich ist der, der allein von Ewigkeit existiert. Und wie der Vater von Ewigkeit her existiert, so auch der Sohn, der aus ihm von Ewigkeit existiert. Und er ist nicht nach einer gewissen Zeit geworden (ἐγένετο), noch wurde er später gezeugt (ἐγεννήθη), vielmehr ist er von Ewigkeit vor aller Zeit aus dem Ewigseienden geboren und von Ewigkeit bei ihm, wie der Evangelist gesagt hat: „Im Anfang war das Wort“ (Joh 1,1). Er existiert von Ewigkeit und ist nicht später geworden, sondern vor allem existierte er im Anfang. Wer nämlich später geworden ist, ist zweiter. Der zweite ist aber nicht erster. Und wer nicht erster ist, existiert auch nicht im Anfang. Wer aber im Anfang ist, ist auch erster, denn es gibt nichts, das vor dem Anfang wäre. Wenn er nämlich erster ist, ist er nicht als zweiter geworden (ἐγένετο)[20], und wenn er nicht zweiter ist, ist er nicht später geworden. Im Anfang also war er, und er war im Anfang aus Gott, das heißt, daß er von Ewigkeit vor aller Zeit bei Gott existierte[21].

---

20 Vgl. hierzu auch DEVREESSE, *Essai* 309f.

21 Im Kommentar zum Johannesevangelium 1,1 (CSCO 116,7–16) führt THEODOR den Unterschied zwischen *principium* und *primum* noch weiter aus. Demnach gibt es in der Trinität keine numerische Reihenfolge im Sinne des arianischen δεύτερος θεός, weil es in Gott keine Zeit und damit auch kein zeitliches Hintereinander geben kann, sondern nur ewige Gleichzeitigkeit. Der Sohn ist daher gleichewig Urprinzip (ἀρχή) mit dem Vater, was aber nicht ausschließt, daß er als Gezeugter seine Ursache (αἰτία) im Vater hat.

14. Und um kundzutun, daß er mit Gott zusammen war, und zwar nicht außerhalb in der Fremde, sondern von derselben Natur der Wesenheit (φύσις τῆς οὐσίας), nannte er ihn Wort, da das Wort jemand ist und von jemandem stammt, wie der selige Evangelist (εὐαγγελιστής) dies auch in der Darlegung lehrt. Denn es ist möglich, daß der, der von einem anderen ist, bei dem ist, von dem er ist. Daß die Hörer nur ja nicht zweifeln, daß es (*sc.* das Wort) von Ewigkeit aus dem Ewigseienden existiert, weil auch das Wort der Seele, dessen Vernünftigkeit natürlicherweise in ihr vollkommen ist, bei ihr und in ihr ist![22] Und daß die Seele vernünftig ist, wird durch es (*sc.* das Wort) erkannt. Und es geht aus der Seele hervor und wird von ihr und in ihr erschaut und ist allezeit bei ihr und wird in ihr erkannt. So existiert auch der Sohn aus dem Vater wie das Wort der Seele, denn von Ewigkeit existiert er aus ihm und bei ihm und in ihm und wird von Ewigkeit zusammen mit ihm

---

[22] THEODOR setzt sich hier mit der klassischen Theorie vom inneseienden (λόγος ἐνδιάθετος) und nach außen hervortretenden Wort (λόγος προφορικός) auseinander, die von der Stoa entwickelt und von den Arianern zur philosophischen Begründung des Subordinatianismus herangezogen wurde; vgl. dazu MÜHL, *Λόγος* 7–56. Die Einheit Gottes erscheint dort als strukturierte Einheit, bei der in Analogie zur menschlichen Sprache das Wort im Inneren der Seele gebildet (λόγος ἐνδιάθετος), bevor es dann vom Mund hervorgebracht (λόγος προφορικός) wird. Die Synode von Sirmium (351) hat zwar formell das dogmatische Ende für die dichotomistische Logoslehre gebracht, vgl. hierzu etwa KELLY, *Glaubensbekenntnisse* 272–280, die theologische Auseinandersetzung ging, wie die katechetischen Homilien zeigen, jedoch noch weiter. Ähnlich wie in den Homilien geht THEODOR auch im Johanneskommentar 1,1 (CSCO 116,14) auf diese Problematik näher ein. Hier wie dort zeigt sich sein Bemühen, den arianischen Subordinatianismus zu überwinden, aber zugleich an der traditionellen Logoslehre festzuhalten. In Analogie zur menschlichen Seele darf auch das göttliche Wort nicht von seinem natürlichen Urgrund, der Wesenheit des Vaters, abgespalten werden, gleichzeitig — und darin besteht die Unähnlichkeit der Analogie — ist das hypostatische Sein des Wortes zu bekennen.

erkannt. „Im Anfang also war er", das heißt, von Ewigkeit her existierte er, und seit Urzeit war er. Und vor allem existierte er. Und er ist nicht später geworden, sondern von Anfang an existierte er und existierte die ganze Zeit hindurch. Und von Ewigkeit existierte er aus ihm und bei ihm wie das Wort bei der Seele, das allezeit aus ihr und bei ihr ist. Weil das Wort, das von der Seele stammt, etwas anderes zu sein scheint, und da es aus dem Selbst (ὑπόστασις) der Seele ist — es hat nämlich kein eigenes Selbst, vielmehr sieht es sich selbst in der Seele —, daß wir nur ja nicht, wenn wir dieser Darstellung folgen, meinen, der Sohn habe kein Selbst (ὑπόστασις) oder sei der Natur (φύσις) des Vaters fremd (ἀλλότριος), hat er (*sc.* der Evangelist) noch flugs hinzugefügt, daß das Wort Gott ist (vgl. Joh 1,1). Nachdem er nämlich „es war" und „es war bei Gott" gesagt hatte, dann erst sagte er, daß „das Wort Gott war", damit wir klar begreifen, daß es nichts anderes in dieser Natur (φύσις) gibt außer jenem und daß es in der Wesenheit (οὐσία) ihm (*sc.* Gott) nicht fremd (ἀλλότριος) ist, vielmehr daß es (*sc.* das Wort) auch das ist, was er ist, von dem es stammt, und Gott ist bei dem, der Gott ist.

15. Auf wunderbare Weise hat er (*sc.* der Evangelist) also gesagt, daß das Wort Gott war, um kundzutun, daß dieser dasselbe wie jener ist, von dem unsere seligen Väter zu Recht behaupteten, daß er aus ihm geboren sei vor allen Zeiten, wobei sie kundtun wollten, von Ewigkeit an, vor allen Zeiten war er von Anfang an aus ihm und bei ihm. Ihre Rede hat jedoch an diesem Punkt nicht haltgemacht, sondern zur vollkommenen Lehre der Wahrheit und zur Ermahnung der Gläubigen und zur Widerlegung des Irrtums der Häresie (αἱρεσιώτης) haben sie auch das „nicht geschaffen" hinzugefügt. Aber vieler Worte werden wir bedürfen, wollten wir alles, was unsere seligen Väter über die Gottheit des Eingeborenen gesagt haben, vollständig erklären. Damit all das mit vielen Worten Gesagte euch nicht belaste, legen wir es euch, wie es sich gehört, Schritt

für Schritt dar, damit ihr es verstehen und lernen könnt. Hier laßt uns also, wenn ihr wollt, bei dem heute Gesagten Schluß machen. Was sich an das bisher Gesagte anschließt, laßt uns für einen späteren Tag aufheben. Auf jeden Fall jedoch laßt uns Gott Lob darbringen, dem Vater, dem eingeborenen Sohn und dem Heiligen Geist, jetzt und allezeit und in alle Ewigkeiten. Amen.

Ende der dritten Homilie.

Vierte Homilie (4)

1. Bezüglich dessen, was unsere seligen Väter über die Gottheit des Eingeborenen gesagt haben, haben wir es gestern unserem Vermögen entsprechend euch, ihr Lieben, nahegebracht und erklärt, wie es in aller Kürze möglich war, wobei wir den Rest für einen anderen Tag aufsparten. Wir sind nämlich bei der Erläuterung unseres Themas, wie ihr euch erinnern könnt, bis zu jenem Wort angelangt, das besagt: „Aus seinem Vater ist er geboren vor allen Zeiten und nicht geschaffen." Dort haben wir unsere Rede beendet. Laßt uns also, wenn ihr wollt, mit der Gnade unseres Herrn mit diesem Wort beginnen! Wir sagten nämlich, daß sie mit diesem Wort „aus seinem Vater geboren vor allen Zeiten" uns kundgetan haben, daß er in Wahrheit der Sohn ist und nicht im uneigentlichen Sinne[1], wie es die Häretiker (αἱρεσιώτης) sagen, daß er auf einen entliehenen Namen hin Sohn sei so wie diejenigen, die aus Gnade (κατὰ χάριν) Sohn genannt wurden. Vielmehr ist er der wahre Sohn Gottes, des Vaters, weil er der Eingeborene (μονογενής) ist, und er allein aus Gott, seinem Vater, geboren wurde.

2. Deshalb haben sie nämlich „aus seinem Vater geboren vor allen Zeiten" hinzugefügt. Denn dies ziemte sich für den eingeborenen Sohn Gottes, welcher in Wahrheit der Sohn ist und nicht bloß so genannt wird. Vielmehr ist er aus der Natur des Vaters (ἐκ τῆς φύσεως τοῦ πατρός), und von Ewigkeit ist er aus ihm und bei ihm. Und es ist unmöglich, etwas zwischen Gott Vater und Gott Sohn zu denken. Gott ist nämlich über alles erhaben. Wer jedoch über alles erhaben ist, ist auch über die Zeit erhaben und existiert von Ewigkeit. Wenn also Gott Vater von Ewigkeit existiert und

[1] Syr. *b^e^šeltā* (*per postulationem*) bzw. im folgenden *šīlā (mutuus)*. Die göttliche Sohnschaft ist dem Logos auf natürliche Weise eigen (οἰκεῖος), sie ist nicht entliehen und damit uneigentlich, wie die Arianer behaupten. Der Adoptianismus kann sich nicht auf den Präexistenten beziehen.

der Sohn Gott ist, dann existiert auch er von Ewigkeit: Gott von Gott, der nämlich von Ewigkeit aus dem Ewigseienden existiert. Und nichts liegt zwischen Gott und Gott. Folglich kann man auch nicht Zeiten und Ewigkeiten denken, die vor Gott lägen[2]. Und so ist auch nichts vor dem Sohn, da auch er Gott ist. Aus seinem Vater also wurde er geboren vor allem, und von Ewigkeit existiert er, da er aus dem Ewigseienden geboren worden ist.

3. Als vollkommenes Bekenntnis mußte es für diejenigen, die in der Religion guten Willens sind, genügen, daß sie diesen Namen des Eingeborenen annahmen und sagten, daß er der wahre Sohn sei. Jedoch haben sie (die Väter) jenem Wort noch hinzugefügt, daß er aus ihm vor allen Zeiten geboren worden sei. Zu Recht also, zur Widerlegung derer, die die Wahrheit hassen, haben sie auch das „nicht geschaffen" hinzugefügt. Dies nämlich, daß er eingeboren ist und Sohn Gottes und aus dem Vater geboren wurde vor allen Zeiten und von Ewigkeit von der Natur des Vaters ist, das bekennen wir. Von dem Gespinst und Gerede der Frevler, daß der Sohn Gottes Geschöpf sei, halten wir uns vollkommen fern. Denn er wurde aus Gott geboren und nicht erschaffen und ist aus göttlicher Natur und nicht Geschöpf. Der Sohn ist nämlich dem Geschöpf sehr fremd[3]. Wenn er nämlich Sohn ist, dann ist er nicht

---

[2] THEODOR weist hier die arianische Vorstellung eines „Zeitraumes, in dem der Logos nicht war", vgl. LORENZ, *Arius judaizans* 55 f, energisch zurück. In *comm in Io.* 1,1 (CSCO 116,11) spricht er von einer *incomprehensibilis celeritas generationis divinae*, die von den Arianern verdunkelt würde, wenn man dem Sohn eine Zeitlichkeit zuspräche. Die göttliche Zeugung ist insofern völlig singulär, als sie anders als die menschliche keine Zeit in Anspruch nehmen muß. Zeitlichkeit hingegen ist ein Attribut der Schöpfung.

[3] Syr. *m^enakray* (*alienatus, alienus, alienigenus, remotus*). Den Gegensatz dazu bildet die arianische Vorstellung, der Sohn sei dem Vater fremd (ξένος καὶ ἀλλότριος); vgl. LORENZ, *Arius judaizans* 42.

Geschöpf, und wenn er Geschöpf ist, dann ist er nicht Sohn. Wenn er nämlich Sohn ist, dann stammt er von ihm und ist nicht außerhalb (ἔξωθεν) von ihm. Wenn er jedoch Geschöpf ist, dann ist er außerhalb. Wenn er Sohn ist, stammt er von ihm und ist wie er. Wenn er jedoch Geschöpf ist, ist er außerhalb und nicht aus ihm und nicht wie er.

4. Dies nämlich lehren auch die Gesetze der Natur (νόμοι τῆς φύσεως), da auch wir diejenigen, die aus uns geboren werden, Söhne nennen, sofern sie es nicht sind, sondern außerhalb (ἔξωθεν) unser selbst geschaffen werden, dagegen Werke. In derselben Weise (σχῆμα) ist es auch bei Gott. Von den Geschöpfen wissen wir, daß es viele sind, der Sohn hingegen ist einer, den wir auch den Eingeborenen (μονογενής) nennen. Und der eine Sohn ist auch der einzige, der aus ihm von Ewigkeit existiert. Geschöpfe hingegen sind viele und lassen sich zahlenmäßig nicht errechnen[4]. Sie sind aus vielen Naturen zusammengesetzt, verschiedentlich und mannigfach, gemäß dem Willen ihres Schöpfers. Er (*sc.* Gott) wußte nämlich, daß ein großer Unterschied von Nutzen ist für die Schöpfung, da sie geschaffen ist. Ein Teil von ihr ist sofort geworden (γενέσθαι), ein weiterer später und ein weiterer noch viel später. Es gibt Dinge, die zusammen (καθ' ἕν) ins Sein kamen, und solche, die erst nach vielen anderen da waren. Da alle

---

[4] Das alte philosophische Problem „des Einen und der Vielen" stellt sich für THEODOR angesichts der vom Arianismus aufgeworfenen Frage nach dem Sein des Logos mit einer besonderen Schärfe. Μονογενής meint bei ihm die Einheit der Gattung, d. h., der Gott Logos ist von derselben Art wie der Vater. Bei ARIUS hingegen ist der Logos eher der Vielheit der kreatürlichen Welt zugeordnet; vgl. dazu LORENZ, *Arius judaizans* 60 f. Demnach wäre Gott als Einheit (μονάς) zunächst allein gewesen, ehe dann durch Erschaffung des Sohnes eine Zweiheit (δυάς) entstanden sei. Die Zweiheit des Sohnes ist lediglich eine Zwischenstufe auf dem Weg von der göttlichen Einheit hin zur späteren Dreiheit.

Geschöpfe ins Sein kommen sollten, sind notwendigerweise einige von ihnen früher, andere von ihnen später entstanden (γενέσθαι)[5].

5. Und da jedes existierende Geschöpf einen Anfang hat im Sein, sind alle späteren im Gleichnis der früheren entstanden (γενέσθαι). Der Sohn hingegen, da er nicht später als der Vater geworden ist (ἐγένετο), sondern von Anfang an aus ihm existierte und von Ewigkeit bei ihm ist, ist allein der Sohn. Es war nämlich nicht möglich, daß der, der wie der Ewigseiende ist, später war als jener. Deshalb war es auch nicht möglich, daß er einen Anfang hatte, ebensowenig wie der Ewigseiende.

6. Da es eine große Fremdheit (ἀλλοτρίωσις) gibt zwischen dem Ewigseienden und dem, der im Sein einen Anfang genommen hat, ist auch eine große Kluft (χάσμα, διάστημα) zwischen beiden, so daß beide nicht zusammenfinden können. Denn welche Gemeinsamkeit[6] könnte zwischen dem Ewigseienden und jenem bestehen, der nicht

---

[5] In den Fragmenten des Genesiskommentars und des Psalmenkommentars geht THEODOR auf die Erschaffung des Himmels und der Erde ein und spricht in diesem Zusammenhang von einer „doppelten Schöpfung"; vgl. dazu DEVREESSE, *Essai* 9f, der das Material gesammelt hat. Jedoch geht die immaterielle Schöpfung der materiellen keineswegs voraus, wie man vielleicht annehmen könnte, sondern beide befinden sich in zeitlicher Koexistenz. Auf jeden Fall ist der intelligible Kosmos Bestandteil der Schöpfung und nicht losgelöst von ihr. Es scheint, daß THEODOR, veranlaßt durch die Auseinandersetzung mit dem Origenismus und dem Arianismus und ihrer Kosmologie, zu diesem Ergebnis gekommen ist.

[6] Κοινωνία, μετουσία, μέθεξις. Gottheit und Menschheit sind einander wesensfremd. Zwischen beiden besteht eine Kluft, die von der kreatürlichen Seite her nicht zu überwinden ist. Damit ist zugleich ein Grundproblem der Theodorschen Inkarnationslehre angesprochen, wie denn Göttliches und Menschliches überhaupt eine gemeinsame Verbindung eingehen können; vgl. *comm. in Col.* 1,13 (1,259f SWETE): „Wir können nicht Teilhaber am Reiche des Gott Logos werden, wie sollte dies auch geschehen, daß wir mit dem Schöpfer des Alls eine Verbindung eingingen?"

existiert und erst später einen Anfang in seinem Sein genommen hat? Vielmehr ist bekannt, daß ein unendlich weiter Abstand zwischen dem Ewigseienden und dem, der einen Anfang hat, besteht, denn der Ewigseiende ist unbegrenzt[7]. Wer nämlich in seinem Sein einen Anfang hat, dessen Sein ist auch unter eine Grenze gefaßt. Und wessen Anfang umgrenzt ist, hat eine unendliche Zeit vor seinem Sein. Denn niemand kann umschreiben und sagen, wie weit der Ewigseiende von jenem entfernt ist, der nach dem Nichtsein zu sein begonnen hat. Welche Ähnlichkeit (ὁμοίωσις) oder welche Gemeinsamkeit kann es zwischen jenen geben, die so weit voneinander geschieden sind? Da aber der Sohn von Ewigkeit aus dem ewigseienden Vater existiert, ist kein anderer Sohn danach wie er geworden. Er allein ist nämlich Sohn geblieben, da er von Ewigkeit aus dem Ewigseienden existiert. Und deshalb ziemte es sich für den, der so existiert, daß er allein Sohn aus dem Vater ist.

7. So haben uns unsere Väter bezüglich der Erkenntnis des Sohnes vorgewarnt und uns die wahre Lehre aufgeschrieben, in der wir bekennen, daß wir den eingeborenen Sohn als vom Vater her existierend zu verstehen haben, wobei sie uns lehrten, den Frevel der Häresien (αἱρεσιώτης) zu meiden und dem Gerede zu entsagen, daß der Sohn geschaffen sei, weil dies der Wahrheit völlig fremd ist. Und es schickt sich für uns nicht, zu meinen, daß der Sohn erschaffen sei oder daß der Sohn Geschöpf sei, vielmehr ist bezüglich der beiden zu bekennen, was einem jeden von ihnen gebührt: Der Sohn ist aus der Natur (φύσις) des

---

[7] THEODOR erörtert hier ein Problem, das zu den Grundaxiomen der sog. „antiochenischen“ Tradition gehört: *finitum non capax infiniti;* vgl. dazu ELERT, *Ausgang* 33–70. 260–282. Mit dem ἄπειρον, der Unendlichkeit, ist das göttliche Wesen hinreichend beschrieben. Doch wird in antiarianischer Frontstellung ausdrücklich auch der Sohn mit einbezogen, auch er ist wie der Vater unbeschreiblich (ἀπεριγραπτός), d. h. in seinem göttlichen Wesen nicht definierbar. Zum Unendlichkeitsbegriff vgl. auch MÜHLENBERG, *Unendlichkeit.*

Vaters, das Geschöpf (κτίσμα) hingegen ist nicht vom Vater, sondern außerhalb (ἔξωθεν) aus dem Nichts erschaffen.

8. Dies haben uns unsere seligen Väter gelehrt und etwas hinzugefügt, was für jenes unbedingt erforderlich ist: „Wahrer Gott vom wahren Gott."[8] Der vom Vater ist und nicht von außerhalb (ἔξωθεν), sondern eben aus der Natur (φύσις) des Vaters — was sonst müßten wir denken, daß er sei, wenn nicht das, was der Vater in seiner Natur ist, nämlich wahrer Gott? Auch darin folgten sie (*sc.* die Väter) der Lehre des Evangeliums (εὐαγγέλιον), das sagt: „Das Wort war bei Gott, und Gott war das Wort" (Joh 1,1). Ebenso hat nämlich der Evangelist (εὐαγγελιστής) gesagt: „Gott war er bei Gott." Er war dasselbe, was der ist, bei dem und von dem er ist. So haben unsere Väter „wahrer Gott vom wahren Gott" gesagt.

9. Sie haben jenem „Gott von Gott" das „wahrer vom wahren" hinzugefügt wegen der Bosheit derer, die sogar wider die erhabensten Dinge streiten und kämpfen wollen. Aber das Wort, das sie gesagt haben, ist nicht von dem verschieden, was im Evangelium (εὐαγγέλιον) steht: „Er ist", heißt es, „Gott bei Gott", wobei bekanntlich das „wahrer vom wahren" mitgesagt ist[9]. Denn es heißt ja nicht, daß er Gott genannt wird wie jene, die bei den Menschen Götter genannt werden, auch nicht, daß er bei dem ist, der allein genannt wird, sondern daß er Gott ist bei dem, der Gott ist.

10. Und von Natur aus (φυσικῶς) ist er Gott bei dem, der von Natur aus Gott ist. Die Menschen nämlich werden Götter genannt, wobei man aber nicht versteht, daß sie Götter seien: „Ich habe gesagt: Götter seid ihr und Söhne

---

[8] Zum Ausdruck „wahrer Gott vom wahren Gott" vgl. auch KELLY, *Glaubensbekenntnisse* 235.

[9] THEODOR geht hier von der ontologischen Voraussetzung aus, daß Sein und Wahrheit im letzten konvergieren. Dies wird auch aus seiner speziellen Deutung von Ex 3,14 ersichtlich, vgl. *hom.* 9,10. Für die Rede vom Heiligen Geist als dem „Geist der Wahrheit" gilt Analoges.

des Höchsten allesamt. Doch werdet ihr wie Menschen sterben“ (Ps 82,6f: LXX Ps 81,6f). Dies habe ich über euch gesagt, um euch Ehre zukommen zu lassen[10]. Denn nicht von Natur aus seid ihr Götter, Menschen seid ihr nämlich, von Natur aus sterblich, etwas, was der Natur Gottes völlig fremd (ξένος καὶ ἀλλότριος) ist. Dies ist aus den Dingen selbst erkenntlich. Wenn ihr nämlich Götter wärt von Natur aus, wärt ihr nicht in Sünde verstrickt und würdet deswegen nicht den Tod empfangen[11]. Gott aber wird er nicht dem Namen nach genannt, sondern von Natur aus (φυσικῶς) ist er das, was er genannt wird. Und Gott Wort, das bei ihm ist, hat keinen entliehenen Namen, sondern ist von Natur aus Gott. Und wer Gott von Natur aus ist, was soll der anderes sein als Gott in Wahrheit? Denn was sollte es Wahreres geben als die (göttliche) Natur? Oder wie sollte es möglich sein, daß er nicht in Wahrheit das genannt wird, was er von Natur aus hat? Wenn er also nicht von Natur aus Gott ist, ist er auch nicht in Wahrheit Gott; denn dieser Name der Gottheit wird nun durch Betrug und Aufruhr den Dämonen, die sich erfrechen, ihn nach Tyrannenart für sich in Anspruch zu nehmen, zubenannt oder als Ehrentitel den Menschen gnadenhalber verliehen. Der Sohn nämlich ist von Natur aus Gott, ebenso auch der Vater.

---

10 Im Psalmenkommentar (CCL 88a, 293f) interpretiert THEODOR diese Stelle auf die richterliche Vollmacht des Menschen hin. Das Richteramt ist ein Attribut der göttlichen Ehre, an der Menschen Anteil erhalten, die sie aber auch verspielen können: „Da ihr euch nicht den Sitten der verliehenen Würde entsprechend verhalten wolltet und getan habt, was der Annahme an Kindes Statt unwürdig ist, wird euch ein Ende, das eurer Natur entspricht, ereilen.“

11 An dieser Stelle in den katechetischen Homilien erscheint der Tod als eine Folge der Sünde. Im Psalmenkommentar (CCL 88a, 293f) hingegen tritt der Gedanke hervor, der Tod sei ein physisches Ereignis (*conveniens naturae* [sc. *humanae*] ... *finis*), wobei der Strafcharakter eben darin besteht, daß die göttliche Gerechtigkeit des Schöpfers das Geschöpf seinen verkehrten Neigungen überläßt.

11. Auf andere Weise nämlich wagen es auch die Häretiker (αἱρεσιώτης), den Eingeborenen (μονογενής) Sohn und Gott zu nennen, freilich aber nicht, daß er von Natur aus (φυσικῶς) Gott ist. Vielmehr ist also bekannt, daß er auch in Wahrheit Gott ist, da nichts wahrer ist als das, was durch seine Natur ist. Denn es ist nun offensichtlich, daß der, der von seiner Natur aus Gott ist, wahrer Gott ist; denn es ist ja nichts wahrer gemäß der neuen Weisheit der Häretiker (αἱρεσιώτης), wenn sie von einem jeden der beiden bekennen, daß er durch seine Natur wahrer (Gott) ist. Sie sagen nämlich, daß Gott Vater von Natur aus und Gott Sohn von Natur aus Gott sind. Sie können nicht sagen, daß der Sohn nicht wahrer Gott sei, er, von dem sie sagen, daß er durch seine Natur Gott ist. Ein neues Gesetz (νόμος) führen sie also durch ihre Erfindungen ein: Er sei zwar wahrer Gott, aber nicht wie Gott, sein Vater[12].

12. Wenn aber jeder von ihnen von Natur aus (φυσικῶς) Gott ist, wie können wir meinen, der eine sei höher, der andere niedriger, da beide von Natur aus, wie es heißt, (Gott) sind?[13] Denn es ist nicht möglich, daß eine Hinzufügung oder ein Mangel sich bei dem befindet, was die heiligen Schriften und die, die mit ihrer Lehre übereinstimmen, lehren, nämlich daß er von Natur aus Gott ist. Unsere seligen Väter nämlich haben sich auch an die Schriften angelehnt und uns vor dem bösen Gedanken und der Torheit der Häretiker (αἱρεσιώτης) gewarnt, indem sie „wahrer Gott vom wahren Gott" schrieben. Daß er nämlich Gott

---

12 THEODOR geht hier auf eine eigenartige arianische Haarspalterei ein, wonach der Sohn zwar als θεὸς ἀληθινός anzusehen sei, aber nicht Gott wie sein Vater sein soll. Einige Arianer waren, in die Enge getrieben, zu dem Zugeständnis durchaus bereit, daß der Sohn „wahrer Gott" sei in dem Sinne, daß er ein „wahrhaftig existierendes Wesen und in gewisser Weise auch Gott" sei; vgl. dazu KELLY, *Glaubensbekenntnisse* 235.

13 Der Arianismus unterscheidet den hierarchischen Rang der einzelnen trinitarischen Personen, die nicht nur ontologisch, sondern auch in bezug auf die Ehre verschieden sind; vgl. LORENZ, *Arius judaizans* 41.

sei, das sagen die Schriften, und das sagten sie. Klugerweise fügten sie ihrer Rede noch das „wahr" an, damit wir glauben, daß der Sohn wahrer Gott ist wie der Vater, weil er von Natur aus wahrer Gott ist wie auch der Vater.

13. Und wie der Vater zur Widerlegung des Irrtums der Vielgötterei, der bei den Völkern der Erde in lügnerischer Absicht von Göttern spricht, als Gott bekannt wurde, so auch der Sohn, daß er Gott ist, wobei wir Gott Vater und Gott Sohn als einen Gott bekennen, da die göttliche Natur des Vaters und des Sohnes eine ist. Deshalb haben unsere seligen Väter diesen Ausdruck „wesenseins mit seinem Vater" (ὁμοούσιος τῷ πατρὶ αὐτοῦ) hinzugefügt, ein Wort, das die Gläubigen bestätigt, die Ungläubigen widerlegt[14]. Auch wenn es in dieser Form nicht buchstäblich geschrieben steht, ist doch seine Idee in den heiligen Schriften niedergelegt. Denn die Idee (διάνοια) dessen, was sie zuvor oben gesagt haben, haben sie auf diese Weise in einem klaren Begriff erläutert. Denn es macht keinen Unterschied zwischen jenem Ausdruck „wesenseins mit seinem Vater" und dem „wahrer Gott vom wahren Gott". Nichts anderes nämlich wollten sie mit dem Wort „wesenseins mit seinem Vater" zum Ausdruck bringen als eben das, was sie oben gesagt hatten: „Aus ihm wurde er geboren vor aller Zeit und wurde nicht erschaffen." Wenn er nämlich aus ihm vor aller Zeit geboren und nicht erschaffen ist und nicht Geschöpf, sondern wahrer Sohn, dann ist es auch gewiß, daß er nicht von außerhalb (ἔξωθεν) stammt, sondern aus ihm existiert und aus seiner Natur geboren und wesenseins mit seinem Vater ist. Und wenn er nun wahrer Gott vom wahren Gott ist, so ist es klar, daß er jenem wesensgleich ist. Wer nämlich in Wahrheit von Natur aus Gott ist, ist

[14] Zur Geschichte dieses umstrittenen Begriffs vgl. auch KELLY, *Glaubensbekenntnisse* 240–251. Die damit intendierte Sache erscheint THEODOR unproblematisch, die fehlende biblische Bezeugung, die ihm von Arianern vorgehalten werden konnte, bereitet ihm allerdings Kummer.

auch dem wesensgleich, der in Wahrheit von Natur aus Gott ist.

14. Die Idee nämlich jenes „wesenseins mit seinem Vater" ist offenkundig auch in der Schrift enthalten, wenn diese sagt: „Im Anfang war es (*sc.* das Wort) bei Gott, und es war Gott" (Joh 1,1). Mit diesen beiden Worten tut sie kund, daß es von Natur aus Gott und wesenseins mit Gott ist. Dieselbe Idee drückt auch das „Ich und mein Vater sind eins" (Joh 10,30)[15] aus. Wenn sie aber eins sind in der Macht (δύναμις) und der Natur (φύσις), dann ist der Sohn auch wesenseins mit dem Vater. Der nämlich gesagt hat: „Meine Schafe hören auf meine Stimme und folgen mir, und ich gebe ihnen ewiges Leben, und keiner wird sie meinen Händen entreißen" (Joh 10,27f), hat von sich selbst Zeugnis abgelegt über die Größe seiner Macht, daß ihn niemand überwältigen kann. Da aber die Bedeutung des Wortes über jenen sichtbaren Menschen hinausging, fügte er noch jenes hinzu: „Mein Vater, der (sie) mir gegeben hat, ist größer als alles, und niemand kann sie aus der Hand meines Vaters rauben" (Joh 10,29). Die Bedeutung dieses Wortes hat er durch Hinzufügung des „er gab mir" herabgemindert. Er hat nämlich über die Person (πρόσωπον) des Vaters dasselbe gesagt, was er über sich gesagt hat, daß nämlich niemand seine Macht überwältigen könne. Und um zu zeigen, daß er nicht einfach (ἁπλῶς) ähnliche Begriffe gebraucht, sondern um kundzutun, daß die Macht der beiden eine ist und keiner seine Macht überwältigen kann ebensowenig wie die Macht des Vaters, von dem man glaubt, daß er über alles

[15] Im Kommentar zum Johannesevangelium bezieht THEODOR die Einheit Christi mit seinem Vater auf die göttliche Kraft, Majestät und Macht: „Weil ich, sagt er (*sc.* Christus), wie jener größer bin als alles, eben dadurch, daß ich wie er Urheber der Geschöpfe bin und sie zusammen mit ihm geschaffen habe; ich bin ihm gleich an Kraft *(in virtute)*, er und ich, wir sind eins in Größe und Macht *(in magnitudine et potestate)*" (CSCO 116,152). Auch hier vermeidet es THEODOR, vom Homousios zu sprechen.

erhaben sei, deshalb hat er gesagt: „Ich und der Vater sind eins“ (Joh 10,30)[16].

15. Das, was den Sinn jener Worte ausmacht, die er uns oben zu verstehen gegeben hat, hat er deutlich etwa so gesagt: „Die Macht ist eine einzige und erhaben über alles wie auch mein Vater. Und es ist niemand, der meine Macht überwinden könnte, ebensowenig wie die Macht meines Vaters. Denn ich und mein Vater sind eins, und die Macht ist eine, und eine ist auch die Gewalt, die über alles erhaben ist.“ Aus diesem Grund nannten ihn die Juden auch einen Lästerer, da sie die göttliche Natur, die in ihm wohnte, nicht verstanden, vielmehr erkannten sie nur das, was sichtbar war; und sie wollten ihn steinigen wie einen Menschen, der sich lästerlicher Worte bedient[17].

16. Dies tut auch folgendes Wort kund: „Wer mich sieht, sieht meinen Vater, und mein Vater ist in mir“ (Joh 14,9.11). Wenn nämlich der Vater im Sohn erscheint, so ist offenkundig die Natur der beiden eine einzige[18]. Und ein jeder von ihnen wird im anderen sichtbar und erkannt; so tut ihre wechselseitige Gottheit die Gleichheit der Natur kund. Eines Wesens ist also der Sohn mit dem Vater, und dies ist auch der Gedanke des Ausspruches: „Niemand kennt den Sohn außer der Vater. Und niemand kennt den Vater außer der Sohn“ (Mt 11,27). Wenn nun in gleicher Weise keiner von ihnen erkannt und gesehen wird, ist es

---

[16] Ähnlich auch die Ausführungen in *comm. in Io.* 10,29f (CSCO 116,152).

[17] Die Arianer lasen aus Joh 10,31 eine Unterordnung des Sohnes unter den Vater heraus in dem Sinne, daß die Einheit zwischen den beiden göttlichen Personen nicht von anderer seinshafter Qualität sei als die der Gläubigen untereinander. Demgegenüber verteidigt THEODOR die *aequalitas Filii cum Patre in natura* durch eine umfassende Deutung des *unum;* vgl. *comm. in Io.* 10,31 (CSCO 116,152f).

[18] Vgl. auch den Johanneskommentar zu dieser Stelle: „Es ist kein Unterschied, sagt er, so daß, wer mich sieht, auch den Vater selbst sieht. Es herrscht nämlich vollkommene Ähnlichkeit *(similitudo perfecta)* zwischen uns beiden“ (CSCO 116,191f).

deutlich, daß aufgrund der Gleichheit der Natur (ὁμοιότης τῆς φύσεως) sie für niemanden sichtbar sind, während sie sich nur untereinander kennen. Wenn es sich aber so verhält, dann ist der Sohn dem Vater wesensgleich (ὁμοούσιος).

17. Aber obgleich dies alles in den heiligen Schriften klar aufleuchtet, erdreisten sich solche, die sich zur Bosheit hinreißen und zum eigenen Verderben abwenden lassen, zur Behauptung, die Natur des Sohnes und die des Vaters seien jeweils eine andere, was bedeutet, daß er auch nicht der Sohn ist. Es ist aber nun bekannt, daß, wer in Wahrheit Sohn ist, auch wesensgleich ist mit dem, dem er Sohn ist. Zu Recht also haben es unsere seligen Väter für gut befunden, den Gläubigen zur Ermahnung, den Häretikern (αἱρεσιώτης) aber zur Widerlegung, diesen Ausdruck einzufügen, dessen Idee in vielen Worten in den heiligen Schriften verborgen ist. Sie wollten es in aller Kürze der Worte kundtun. Und wenn der selige Paulus sich nicht zurückhielt, in seiner Lehre von griechischen Weisen gesprochene Worte einzusetzen, wie etwa „wir sind von Gottes Art" (Apg 17,28) und „Söhne von Kreta, immer gibt es Betrüger, üble Tiere und träge Bäuche" (Tit 1,12), wenn er sich nicht scheute, zur Widerlegung der Feinde dies zu schreiben, um wieviel mehr haben dann unsere Väter[19] es bei der Abfassung des Glaubensbekenntnisses zu Recht verwandt, nämlich daß der Sohn „eines Wesens mit dem Vater" sei, auch wenn es so in den heiligen Schriften nicht niedergelegt ist; wohl aber ist seine Idee (διάνοια) an zahlreichen Stellen zu erkennen.

---

[19] Daß man sich zur Widerlegung der arianischen Häresie durchaus auch philosophischer Mittel bedienen darf, zeigen THEODORS Ausführungen zum ἀρχή-Begriff in *comm. in Io.* 1,1 (CSCO 116,7f). Die dort gebotene Argumentation war für die Katechumenen gewiß zu komplex, als daß sie ohne weiteres hätte in die Katechesen übernommen werden können.

18. Danach haben sie gesagt: „Durch den die Welten gegründet und alles erschaffen worden ist.“ Wie sie nämlich an das Bekenntnis zu Gott Vater im Anschluß an das Wort „Vater“ das vom „Schöpfer aller Dinge“ hinzugefügt haben, so taten sie es auch mit dem Sohn. Nachdem sie nämlich bekannt hatten, daß er aus dem Vater geboren und eines Wesens mit ihm ist, haben sie zu Recht das hinzugefügt, was hinzugefügt werden mußte, nämlich „Schöpfer aller Dinge“. Denn der wahre Sohn, der aus der Natur seines Vaters existiert, ist in Wahrheit Schöpfer genau wie er. Deshalb hat auch der selige Evangelist (εὐαγγελιστής) Johannes im Anschluß an das „Im Anfang war er bei Gott, und er war Gott“ (Joh 1,1) hinzugefügt: „Alles ist durch ihn geworden, und ohne ihn ist nichts geworden“ (Joh 1,3), um uns kundzutun, daß er Schöpfer ist wie Gott, sein Vater.

19. In dieser Art (σχῆμα) haben uns unsere seligen Väter, nachdem sie gesagt hatten, daß der Sohn aus dem Vater sei sowie „wahrer Gott vom wahren Gott“ und daß er „eines Wesens mit dem Vater sei“, hinzugefügt: „Durch ihn sind die Welten gegründet und ist alles erschaffen worden.“ Dies haben sie gesagt, weil er vor allen Zeiten bei seinem Vater ist und er Schöpfer aller Dinge wie sein Vater ist. Und weil durch ihn alle Welten erschaffen sind, ist er der Schöpfer der ganzen Schöpfung und ist vor allen Zeiten, da er von Ewigkeit existiert und nicht erst nachträglich ins Sein gekommen ist; vielmehr ist er schon im Anfang gewesen. Und er ist Schöpfer aller Welten, wie der selige Paulus gesagt hat, daß „durch ihn er (*sc.* Gott) die Welten erschuf“ (Hebr 1,2). Wie er (*sc.* Paulus) haben auch unsere seligen Väter im Anschluß an den Satz „durch ihn wurden die Welten gegründet“ hinzugefügt: „Er ist der Schöpfer aller Dinge.“ Auf diese Weise haben sie uns auch über die Gottheit des Eingeborenen belehrt, wobei sie etwas sagen, was mit der Idee (διάνοια) der heiligen Schriften übereinstimmt. Und allen, die um die Gottesfurcht (θεοσέβεια) bemüht sind, hinterlassen sie eine Mahnung und widerlegen die Leugner

der Gottheit des Eingeborenen. Wir aber haben in aller Kürze, soweit wir es vermochten, den Gedanken des Glaubens euch, ihr Lieben, erklärt. Wenn ihr wollt, mag das bisher Gesagte als Lehrstoff für den heutigen Tag genügen. Empor steige nun unser Lobpreis zum Vater, zum Sohn und zum Heiligen Geist in alle Ewigkeiten. Amen.

Zu Ende ist die vierte Homilie.

Fünfte Homilie (5)

1. Ich weiß, daß ihr euch noch an das erinnert, was wir mit euch, ihr Lieben, über die Gottheit des Eingeborenen besprochen haben und wie unsere seligen Väter nach ihrer Lehre über den Vater auch zu den Worten übergegangen sind, die in den heiligen Schriften vom Sohn sprechen, und haben gleichzeitig (καϑ' ἕν) über die Gottheit des Sohnes und die Menschengestalt (μορφὴ τοῦ ἀνϑρώπου), die er um unseres Heiles willen angenommen hat, gehandelt. Sie gedachten nämlich, daß es nicht recht sei, die Menschennatur[1], die er angezogen hatte, mit Schweigen zu übergehen, daß wir durch sie Erkenntnis von der Gottheit des Eingeborenen (μονογενής) bekommen haben. Nachdem sie nämlich gesagt hatten „an den einen Herrn Jesus Christus", um uns die göttliche und die menschliche Natur kundzutun, fügten sie nun an den Eingeborenen und Sohn „den Erstgeborenen aller Geschöpfe" an. Und wiederum haben sie uns über die göttliche Natur und über die Menschengestalt gepredigt, die er zu unserem Heil angenommen hat, um uns alles Schritt für Schritt genau (ἀκριβῶς) zu lehren, vor allem bezüglich der Gottheit des Eingeborenen, wie wir glauben, daß sie sei, haben sie uns folgendes überliefert: Der eingeborene Sohn, der aus der Natur des Vaters ist und nicht bloß Sohn mit entliehenem Namen wie der Rest der Menschen, die es gnadenhalber und nicht von Natur aus sind, ist vielmehr aus dem Vater wahrer Sohn. Deshalb ist er auch der Eingeborene, der allein aus der Natur seines Vaters geboren ist. Er ist nicht erst im nachhinein geworden oder Sohn genannt worden, vielmehr ist er von Anfang an vor allen Zeiten aus seinem Vater von Ewigkeit und nicht geschaffen. Deshalb ist es nicht recht, den Sohn Gottes

---

[1] Ms. hat versehentlich „göttliche Natur"; *'nāšāyā corr. in margine*.

Geschöpf Gottes zu nennen, da er nicht nach dem Gesetz (νόμος) aller Geschöpfe aus dem Nichtsein ins Sein gekommen ist, sondern von Ewigkeit aus seinem Vater existiert: „Wahrer Gott vom wahren Gott, eines Wesens mit seinem Vater.“ Denn er ist wahrer Sohn und in derselben Natur wie sein Erzeuger.

2. Dies haben unsere Väter uns über die Gottheit des Sohnes genau gelehrt und das Glaubensbekenntnis fest in unseren Seelen verankert, indem sie von uns die Meinung der Frevler hinwegstießen, die sich erdreisteten, zu behaupten, der Sohn sei Werk und Geschöpf, er, der von Ewigkeit vor allen Zeiten aus seinem Vater geboren worden ist. Nachdem sie aus unserem Verstand allen trügerischen Irrtum der Häresien (αἱρεσιώτης) hinausgeworfen hatten, begannen sie auch über die Menschwerdung unseres Herrn, die sich um unseres Heiles willen ereignet hat, zu sprechen, indem sie sagten: „Um uns Menschen und um unseres Heiles willen ist er vom Himmel herabgestiegen, hat Fleisch angenommen und ist Mensch geworden.“

3. Sehr schön haben sie das „um uns Menschen und unseres Heiles willen“ vorangestellt. Es war ihnen nämlich recht, weil sie sich daranmachten, über das Heilswalten (οἰκονομία) seiner Menschheit zu sprechen, um dazu zunächst den Grund darzutun. Aber mit diesen Worten, die sie über die Gottheit des Eingeborenen gesprochen haben, konnten sie es nicht machen, vielmehr erzählten sie uns, wie er von Ewigkeit aus seinem Vater existierte. Da sie nun darauf bedacht waren, uns über seine Menschheit zu belehren, haben sie zu Recht vor allem den Grund angegeben, warum sich die göttliche Natur so sehr erniedrigt hat: „Unseretwegen nämlich, weil er um unser Heil besorgt war, hat er Knechtsgestalt angenommen.“ Zu Recht haben also unsere Väter, als sie mit der Lehre über das Heilswalten seiner Menschheit begannen, ihre Darlegung mit dem Grund begonnen: „Er, der um uns Menschen und unseres Heiles willen ...“ Sehr schön ist das „um unseres Heiles

willen“ nach dem „um uns Menschen willen“ gesetzt. Denn es geschah ja nicht nur um der Menschen willen, sondern auch um uns den Zweck seines Kommens kundzutun. „Um des Heiles der Menschen willen“ ist er gekommen, damit er die Verlorenen und dem Bösen Ausgelieferten aus Gnade und unaussprechlicher Barmherzigkeit rette und sie vom Bösen befreie, deswegen „ist er vom Himmel herabgekommen“.

4. „Herabgekommen“ heißt nun nicht, daß ein Wechsel von einem Ort zum anderen stattgefunden hätte. Denn es ist nicht recht, zu meinen, daß die göttliche Natur, die allerorten ist, von einem Ort zum anderen wechselt, da auch die göttliche, nicht Fleisch gewordene Natur unmöglich örtlich eingeschlossen werden kann. Wer nämlich durch keinen Ort begrenzt wird[2], ist an jedem Ort, und von demjenigen, der allerorten ist, kann man keinen Ortswechsel denken. Und davon legte der selige Johannes Zeugnis ab, indem er sagte: „Er war in der Welt, und die Welt ist durch ihn geworden, doch die Welt erkannte ihn nicht. In das Seinige kam er, doch das Seinige nahm ihn nicht auf“ (Joh 1,10f). Und siehe, er hat gesagt: „Er war in der Welt, und er kam in die Welt.“ Wenn er schon in der Welt war, wie konnte er dann noch kommen? Wie kann man sagen, daß jemand dahin gekommen ist, wo er schon ist? Aber daß „er in der Welt war“, hat er gesagt, um kundzutun, daß er überall ist. Das „er kam in das Seinige“ hat er wegen des Heilswaltens der Menschheit

---

[2] Die Unendlichkeit (ἄπειρον) der göttlichen Natur zeigt sich vor allem in der Transzendenz des Räumlichen; vgl. ELERT, *Ausgang* 52–66. Ein Ortswechsel bei der Inkarnation würde dann auch die Veränderlichkeit des Gott Logos einschließen, was wiederum auf Arianismus hinausliefe. Andere antiochenische Theologen wie etwa AITHALLAHA lehnen die Veränderlichkeit Gottes ausdrücklich ab; vgl. BRUNS, *Aithallahas Brief* 57.

gesagt[3]. So hat auch der selige David gesagt: „Er hat den Himmel geneigt und ist herabgestiegen" (Ps 18,10: LXX Ps 17,10), um uns die Erlösung aus den Drangsalen kundzutun, die er ihnen (*sc.* den Israeliten) erwirkte. Abstieg Gottes nannte er nämlich die Erniedrigung Gottes: Er, der über alles erhaben ist, hat sich erniedrigt, um sie aus der Drangsal zu befreien[4]. So ist auch Gott Wort (ϑεὸς λόγος), der eingeborene Sohn Gottes, wie es von ihm heißt, um der Erlösung willen herabgestiegen, da er von Ewigkeit aus seinem Vater existiert und allezeit bei ihm ist und über alles erhaben ist, da er die Ursache von allem ist, hat er es nun auf sich genommen, um unseres Heiles willen sich zu dieser Niedrigkeit herabgewürdigt, daß er Knechtsgestalt (μορφὴ τοῦ δούλου) annahm und ihrer innewurde, um uns von dort her die Freude seiner überreichen Gabe zu schenken.

5. Schön haben unsere seligen Väter gesagt: „Um uns Menschen und unseres Heiles willen ist er vom Himmel herabgestiegen." „Abstieg aus der Höhe" nennen sie das Heilswalten (οἰκονομία) seiner Menschheit, über das schon der selige David staunte, als er sagte: „Was ist der Mann,

---

[3] THEODOR unterscheidet streng zwischen der unveränderlichen Natur oder auch der einzelnen Hypostase der Gottheit und ihrer Erscheinungsform *(manifestatio)* in der Heilsgeschichte, so etwa im Johanneskommentar 1,10 (CSCO 116,22): „Nach jenen Worten ‚kam in diese Welt' hat er über den Herrn Christus zu Recht ‚war in der Welt' hinzugefügt, um jenes ‚kommend' zu erklären, daß es bezüglich seiner Offenbarung im Fleische *(manifestatio in carne)* gesprochen sei. Denn seiner Person *(hypostasim)*, so sagt er, und seiner Natur *(natura)* nach war er schon vorher in der Welt."

[4] Die biblischen Anthropomorphismen bereiten dem Exegeten einigen Kummer. Sie sind reine Aussagen *ad hominem*, betreffen aber nicht die unveränderliche Essenz der Gottheit selber. Wollte man sie im eigentlichen Sinne auffassen, käme dies einer Verletzung des Unendlichkeitsaxioms gleich; vgl. *comm. in Ps.* 17,10 (CCL 88a,92): „In leiblicher Form *(habitus corporalis)* wird die Gegenwart des helfenden Gottes offenbar, und unter derselben Gestalt *(figura)* wird erzählt, woher und auf welche Art er gekommen ist, die Erde zu erschüttern. Denn wohin und woher sollte der herabsteigen, von dessen Gegenwart alles erfüllt wird?"

daß du seiner gedachtest, der Menschensohn, daß du ihn heimsuchtest" (Ps 8,5)?[5] „Um uns Menschen und unseres Heiles willen ist er vom Himmel herabgekommen." Was ist also sein Abstieg, und welcher sein Zweck? Und was hat er getan, wofür hat er sich so sehr erniedrigt, daß er Mensch geworden ist und Knechtsgestalt angenommen hat? Für unser Heil hat er es unternommen, Mensch zu werden und sich jedem zu offenbaren und alles, was diese Menschennatur ausmacht, auf sich zu nehmen. Mit allen Kräften versucht, erwies er vollkommen seine Kraft, wich auch nicht zurück, als er den Tod gemäß dem Gesetz seiner Natur auf sich nahm, vielmehr war er bei ihr[6] und hat sie in Ausübung seiner Gnade vom Tod und vom Verderben der Unterwelt befreit und sie von den Toten aufgerichtet und sie jener erhabenen Ehre gewürdigt, die vor dem Erleiden seines Todes verheißen worden war, als er sagte: „Reißt diesen Tempel nieder, und in drei Tagen richte ich ihn wieder auf" (Joh 2,19)![7] Dies hat sich auch erfüllt.

---

[5] Zur umfassenden christologischen Interpretation dieses Psalmverses vgl. *comm. in Ps.* 8,5–8 (CCL 88a,40–42, und griech. Frg. dazu: 46–47 DEVREESSE).

[6] Im Tod ereignet sich die Trennung von Leib und Seele des angenommenen Menschen, während die Gottheit bei dem entseelten Leib verbleibt. Der Hinweis auf das Verbleiben des Logos hat eine antiapolinaristische Spitze, da bei APOLINARIUS der Logos mit der menschlichen Vernunftseele in eins gesetzt wird, welche im Augenblick des Todes den Leib verläßt; vgl. auch *hom.* 8,9.

[7] In seinem Johanneskommentar (CSCO 116,44) verwirft THEODOR die arianische Vorstellung, wonach die Zerstörung des Tempels die einwohnende Gottheit betreffe: „Aber wieso bedenken die Häretiker denn nicht, daß er nach den Worten ‚reißt diesen Tempel ein' hinzugefügt hat: ‚In drei Tagen werde ich ihn aufrichten'? Damit hat er nämlich deutlich gezeigt, daß die Vernichtung sich nicht auf ihn selbst bezieht, sondern auf die Zerstörung des Tempels, daß er auch keinen anderen braucht, um diesen Tempel wiederherzustellen, sondern er selbst dazu imstande sei." Die arianische Theologie war indirekt theopaschitisch. Nur Gott Vater als der wahre Gott war über Leiden und Veränderung erhaben, während der Logos in seiner geminderten Seinsfülle durchaus leidensfähig war; vgl. dazu ELERT, *Ausgang* 78–81.

6. Weder bei seiner Kreuzigung hat er sich von ihm (*sc.* dem Tempel) getrennt, noch hat er sich im Tode von ihm entfernt. *Er harrte vielmehr aus, bis er mit Hilfe seiner Macht die Fesseln des Todes löste und seine Seele aus den unlösbaren Banden löste und ihn (*sc.* den Tempel) von den Toten aufrichtete und ihn ins unsterbliche Leben verwandelte und ihn unsterblich, unverweslich, unwandelbar machte und ihn zum Himmel aufsteigen ließ[8], wo er jetzt zur Rechten Gottes thront[9]. „Und er ist über allen Mächten, Gewalten, Kräften und Herrschaften und über jeden Namen, der genannt wird, und nicht nur in dieser Welt, sondern auch in der kommenden" (Eph 1,20f), gemäß dem Zeugnis des seligen Paulus. Und immerfort erhält er von der ganzen Schöpfung Anbetung wegen seiner genauen Verbindung (συνάφεια ἀκριβής) mit Gott Wort (ϑεὸς λόγος).

7. Recht schön haben also unsere seligen Väter gesagt: „Er hat Fleisch angenommen und ist Mensch geworden", damit er um unseres Heiles willen für dieses ganze Heilswalten (οἰκονομία) sorgte, so daß er als bloßer Mensch (ψιλὸς ἄνϑρωπος) von denen angesehen wurde, die von der in ihm einwohnenden Gottheit nicht überzeugt waren, deren ganzer Blick vielmehr an dem hing, was sichtbar war.

---

[8] Dieser Passus aus den katechetischen Homilien wird in den Akten des II. Konzils von Konstantinopel zitiert: *Permanens autem, donec secundum creaturam et virtutem solvens mortis dolores, liberavit eum ineffabilibus illis vinculis, et de mortuis resuscitans, transtulit quidem in immortalem vitam; incorruptum autem et immortalem efficiens, in caelum duxit* (9,218 MANSI). Der lateinische Text verdient als wichtiger Zeuge neben der syrischen Überlieferung Beachtung.

[9] Die nestorianische Synode unter *SABRIŠO'* (596), die alle Zweifel an der überlieferten Lehre des „seligen Theodor" zurückwies, verhängte das Anathem auch über den, „der nicht sagt, daß der Gott-Logos unser Erlösungsleiden im Leibe seiner Menschheit vollzog, indem er in ihm, mit ihm und bei ihm war im Schoße und am Kreuze, im Leiden und in Ewigkeit untrennbar, obwohl die gepriesene Natur seiner Gottheit an seinem Leiden nicht teilnahm" (*Synodicon,* 284 BRAUN).

Die Juden haben nämlich zu ihm gesagt: „Für die guten Werke steinigen wir dich nicht, sondern weil du lästerst. Ein Mensch bist du nämlich und machst dich selber zum Gott“ (Joh 10,33). Daß er Mensch geworden ist, das sagt auch Paulus: „Er wurde wie die Menschen und in Menschengestalt (σχῆμα τοῦ ἀνθρώπου) erfunden“ (Phil 2,7). „Menschengestalt“ meint ja nichts anderes, als daß er Mensch geworden ist. Wenn nämlich die Schrift sagt: „Gott hat seinen Sohn gesandt, und er war in der Fleischesgestalt der Sünde“ (Röm 8,3), dann meint sie ja mit Fleischesgestalt nichts anderes als „Fleisch“, wie es auch an anderer Stelle heißt: „Er ist im Fleische erschienen“ (1 Tim 3,16). Daß sie hier „Fleisch“ einsetzt und dort „Fleischesgestalt“, damit will sie ja nicht kundtun, daß das Fleisch etwas anderes sei als die Fleischesgestalt, sondern mit beiden Ausdrücken will sie uns belehren, daß er im Fleische erschienen ist. So besagt das Wort „Menschengestalt“ nichts anderes als „Mensch“. Zu Recht haben also unsere seligen Väter gesagt, daß er Fleisch annahm und Mensch wurde, um anzuzeigen, daß er nach dem Zeugnis des seligen Paulus Mensch geworden ist, und zwar für das Heil aller hat er dieses Heilswerk vollzogen. Zu Recht haben also unsere seligen Väter bei der Abfassung des Glaubensbekenntnisses diesen Ausdruck niedergeschrieben, um den Frevel der Häresie (αἱρεσιώτης) zu beseitigen, wobei sie sich im Einklang mit dem wahren Bekenntnis[10] der Kirche befanden. Und da die Spaltungen unter den Menschen zahlreich sind bezüglich jenes unaussprechlichen Heilswaltens und bezüglich jenes Menschen, den unser Herr angezogen hat, haben sie völlig zu Recht, um sie allesamt zu beseitigen, dieses Wort „der Fleisch annahm und Mensch geworden ist“ eingesetzt.

8. Die Markioniten nämlich und die Manichäer zusammen mit Valentinus und dem häretischen (αἱρεσιώτης)

[10] Ms. *ma'mōdītā (baptismus), corr. in margine taudītā (confessio).*

Rest, der an diesem Übel erkrankt ist, behaupten, daß unser Herr nicht einmal eine von diesen anderen Naturen des Körpers oder der Seele angenommen habe, sondern daß es ein Phantasiegebilde gewesen sei, das in Menschenaugen als eine Art Vision erschien, wie die Propheten es sahen, wie die Gestalt (μορφή) der drei Männer, die Abraham sah (vgl. Gen 18,1–16), von denen aber keiner in einer leiblichen Natur war, von denen man meinte, daß sie Männer waren und menschliche Dinge verrichteten, liefen, sprachen, sich wuschen, aßen und tranken. In dieser Art, sagen sie, habe auch unser Herr nichts Körperliches angenommen, sondern man habe ihn für einen Menschen gehalten, da man ihn alles Menschengemäße (κατὰ τὸν νόμον τῶν ἀνθρώπων) tun sah. Und er hat gelitten, obgleich der Sichtbare keine (richtige) Menschennatur besaß, sondern nur zum bloßen Schein nahm man es an, aber in Wahrheit litt er nichts, vielmehr meinten seine Betrachter nur, daß er leiden würde.

9. Was aber die Arianer und Eunomianer anbelangt, so sagen sie, daß er zwar einen Leib, aber keine Seele angenommen habe: an die Stelle der Seele sei vielmehr die Natur der Gottheit getreten[11]. Und sie haben die göttliche Natur des Eingeborenen derart erniedrigt, daß er von der Erhabenheit seiner Natur abwich und die Werke der Seele

[11] Es gehört zu den großen Verdiensten THEODORS, die auch von der neueren Dogmengeschichte gewürdigt werden, daß er die Leugnung der menschlichen Vernunftseele Christi im arianischen und apolinaristischen System mit der nötigen Hellsicht erkannt hat. Vom Standpunkt der Logik aus betrachtet, führt der Apolinarismus mit seiner Reduktion des Logos auf das menschliche Führungsprinzip zu einer Schmälerung der Gottheit Christi und damit in den Arianismus, obwohl APOLINARIUS selbst ein glühender Kämpfer für das Nizänum war. Historisch betrachtet, geht der Arianismus als theologisches Phänomen dem Apolinarismus voraus. Vgl. zu diesem Problem GRILLMEIER, *Jesus der Christus* 1,619–622.

verrichtete und in jenen Leib eingeschlossen[12] wurde und alles zu seinem Erhalt tat. Und siehe, würde die Gottheit den Platz der Seele ausfüllen, hätte er nicht gehungert, nicht gedürstet, wäre nicht ermüdet, hätte nicht der Nahrung bedurft — all dies nämlich widerfährt dem Leib aus seiner Schwäche heraus, da die Seele es nicht vermag, seine Bedürftigkeit mit dem ihr Eigenen aufzufüllen, allein schon aufgrund des Naturgesetzes (νόμος τῆς φύσεως), das Gott ihr gegeben hat. Sie ist nun darauf bedacht, daß der Leib in allem vollkommen ausgerüstet ist, um bestehen zu können. Wenn ihm nämlich etwas fehlt, kann sie ihm nicht nur nicht helfen, sondern sie wird durch die Schwäche des Leibes selber überwältigt und ist genötigt, gegen ihren Willen zu verscheiden. Würde aber die Gottheit diese Aufgaben der Seele erfüllen, dann würde sie auch notwendigerweise jene körperlichen Aufgaben erfüllen, dann wäre auch jene Rede irriger Häretiker (αἱρεσιώτης) als wahr anzusehen, die es ableugnen, daß er einen Leib angenommen habe und er nur zum Schein erschienen sei, in Engelsgestalt (μορφῇ τῶν ἀγγέλων), und er nur von der äußeren Erscheinung her Mensch gewesen sei, daß sich aber nichts Naturhaftes an ihm fände. Freilich ist die Gottheit imstande, alles zu erfüllen, was die Augen zu sehen meinen, die einen Menschen als Menschen sehen, wie ja auch dem Abraham nach Gottes Willen Engel erschienen sind. Wenn aber die göttliche Natur all diesen Dingen genügen könnte, wäre es dann nicht recht, daß die menschliche Natur angenommen würde, die der von Gott herrührenden Erlösungsgnade bedürftig ist, nicht aber, daß nach Ansicht der Häretiker die Gottheit die Rolle der Menschennatur ausfüllt? Es wäre dann überflüssig gewesen, noch einen Leib anzunehmen, da ja die Gottheit für alles ausreichen würde.

---

[12] Die apolinaristische Inkarnationskonzeption mit der Reduktion des göttlichen Logos auf die menschliche Vernunftseele Christi verstößt gegen das Unendlichkeitsaxiom.

10. Aber es war eben nicht das, was Gott wollte, sondern den gefallenen Menschen, der aus Leib und unsterblicher und vernunftbegabter Seele zusammengesetzt ist, anziehen und ihn aufrichten, damit, „wie durch einen einzigen Menschen die Sünde in die Welt kam und durch die Sünde der Tod, so auch die Gnade und die Gabe Gottes durch die Gerechtigkeit des einen Menschen Jesus Christus für die Vielen in reichem Maße überfließen" (Röm 5,12.15). „Und da durch einen Menschen der Tod (kam), so kommt durch einen Menschen auch die Auferstehung von den Toten. Wie wir durch Adam alle sterben, werden wir alle durch Christus leben" (1 Kor 15,21 f) gemäß dem Zeugnis des seligen Paulus. Es war also nicht nur erforderlich, daß er einen Leib annahm, sondern auch eine unsterbliche und vernünftige Seele. Und es war nicht nur nötig, den Tod des Leibes zu vernichten, sondern auch den der Seele, das ist die Sünde. Da nämlich „die Sünde durch einen Menschen in die Welt gekommen ist" — nach dem Wort des seligen Paulus — und durch die Sünde der Tod Einzug hielt, war es richtig, daß die Sünde zuerst hinweggenommen wurde, die ja die Ursache für den Tod war, und dann zusammen mit ihr der Tod vernichtet wurde. Wenn nun die Sünde nicht hinweggenommen wird, dann verharren wir gezwungenermaßen in der Sterblichkeit und sündigen in unserer Wandelbarkeit. Und wenn wir sündigen, stehen wir auch unter Strafe, und der Bereich des Todes bleibt weiterbestehen.

11. Völlig zu Recht war es vor allem nötig, daß die Sünde beseitigt würde, damit nach ihrer Beseitigung der Tod kein Einfallstor mehr hat. Es ist offenkundig, daß die Gewalt der Sünde vom Willen der Seele ihren Anfang nimmt, denn auch bei Adam hat die Seele zuvor den irrigen Rat angenommen, nicht aber sein Leib. Es war nämlich nicht der Leib, den Satan durch die Gier nach Höherem überredete, sich ihm auszuliefern und sich von Gott zu entfernen und den für einen Verführer zu halten, der (eigentlich) sein

Helfer ist. Da übertrat (Adam) das Gebot Gottes und erwählte das, was dem Gebot Gottes zuwiderläuft, gemäß dem Ratschlag (πείθω) Satans. Es war aber nicht sein Leib, der diese Dinge kundtat, sondern die Seele[13], die nach der erhabeneren Versprechung verlangte und den Rat des Listigen annahm und die Güter verlor, die sie besaß[14]. Also nicht den Leib allein mußte Christus annehmen, sondern auch die Seele; ja, im Gegenteil (ἐξ ἐναντίου), es war gerade die Seele, die vor allem angenommen werden mußte, und dann ihretwegen der Leib[15]. Wenn nämlich aus der Sünde der Tod stammt — die Verwesung des Leibes ist ja der Tod —, dann mußte vor allem die Sünde beseitigt werden und dann mit ihr der Tod. So wurde nämlich der Leib vom

---

[13] Es gehört zu den Eigentümlichkeiten der Theodorschen Anthropologie, daß sie den Ursprung der Sünde in der Seele, nicht aber wie APOLINARIUS im Fleische sieht; vgl. MÜHLENBERG, *Apollinarius* 159 bis 188. Beide Kontrahenten unterscheiden sich in ihren anthropologischen Prämissen, gehen aber in ihrer Soteriologie darin konform, daß sie die Erlösung in der vollständigen moralischen Integrität, d. h. in der Unwandelbarkeit des geistigen Prinzips in Christus, erblicken. APOLINARIUS beruft sich daher auf die Unwandelbarkeit des Logos selbst, der die Vernunftseele Christi ersetzt. THEODOR hält sich mehr an die Unbeweglichkeit der geschaffenen Seele, die freilich durch die Gnade des Geistes gewirkt ist; vgl. dazu GRILLMEIER, *Jesus der Christus* 1, 622. Der Zusammenhang von Anthropologie und Christologie bei APOLINARIUS ist sehr schön bei NORRIS, *Manhood* 79–122, herausgearbeitet.

[14] Es geht aus dieser Stelle nicht hervor, welche Güter Adam durch den Sündenfall verlor. Möglicherweise hat Adam die ursprüngliche Herrlichkeit, das Gewand der Unsterblichkeit, eingebüßt, wenn es in *hom.* 14, 8 heißt: „Nackt war Adam von Anfang an, doch er hat sich nicht geschämt. Aber nachdem er das Gebot übertreten hatte und sterblich *(sic!)* geworden war, brauchte er ein äußeres Gewand ..."

[15] THEODOR führt hier das schon gegen den Doketismus angewandte Prinzip des *quod non assumptum non sanatum* gegen den Apolinarismus zu Felde. Dabei gilt auch das gnoseologische, von THEODOR aber soteriologisch gewendete Prinzip des *simile per simile*, d. h., daß die Seele des sündigen Menschen nur durch die Seele Christi erlöst werden kann, siehe auch *hom.* 5, 17.

Tod und von der Verwesung befreit. Es wäre freilich auch möglich gewesen, daß wir, wenn er (*sc.* Christus) zuvor die Seele unwandelbar gemacht und von den Regungen der Sünde befreit hätte, so Unwandelbarkeit erworben hätten und von der Sünde befreit wären. Die Auflösung der Sünde wird die Auflösung des Todes bewirken und, sobald der Tod einmal aufgelöst ist, wird auch unser Leib ohne Auflösung und Verwesung sein.

12. Würde also die Seele nur diese Sünden begehen, welche ihr aus den Regungen des Leibes erwachsen, dann hätte es für unseren Herrn fast genügt, nur einen Leib anzunehmen, um sie von der Sünde zu erlösen[16]; doch werden die vielen Bosheiten und die Häßlichkeiten der Sünde aus der Seele selbst geboren. Und vor allem zeigt dies, daß sie mit Satan Gemeinschaft (κοινωνία, μετουσία) hat, was eben den Hochmut ausmacht, von dem der selige Paulus gesagt hat: „Daß wir uns nur ja nicht erheben und unter das Gericht Satans fallen“ (1 Tim 3,6). Mit diesem Wort hat der Apostel gezeigt, daß jeder, der dem Hochmut verfällt, in der Bestrafung zum Teilhaber Satans wird, da er in seiner Seele jene Leidenschaft angenommen hat, die sich Satan, obgleich unkörperlich, in der Bosheit seines Denkens erworben hat. Es ist also ganz offensichtlich, daß die Seele großer Sorge bedarf, um von den Irrtümern befreit und auch von jenen Regungen des Körpers, die sie aufgrund der ihnen eigenen Gewalt beherrschen können, erlöst zu werden.

---

[16] Dies ist im wesentlichen die Ansicht des APOLINARIUS, wie aus einem bei GREGOR VON NYSSA, *Apol.*, zitierten Fragment (195,15–19 JAEGER) hervorgeht: „Also wird das Menschengeschlecht nicht errettet durch die Annahme einer Vernunft und eines ganzen Menschen, sondern durch die Hinzunahme von Fleisch, das von Natur aus auf das Geführtwerden angelegt ist.“

13. Und der selige Paulus bezeugt unsere Rede bei der Aufteilung der Übel, zu denen die Menschen sich hinreißen und herabwürdigen lassen, die zu heilen Christus in die Welt kam, indem er sagte: „Aus diesem Grunde hat Gott sie ihrem verkehrten Sinnen ausgeliefert, damit sie das machen, was nicht recht ist, und aller Sünde voll werden: Gottlosigkeit, Bosheit, Habgier, Hurerei, Bitterkeit, Neid, Mord, Streit, trügerische List, übles Denken, Verleumdung; Gotteshasser, Schamlose, Stolze, Hochmütige, Erfinder von Bosheiten, Aufrührer gegen die eigenen Eltern, ohne Glauben und ohne Erbarmen“ (Röm 1,28–31). Für einen jeden sind diese Dinge auch ohne unsere Worte klar und offenkundig. Und viele dieser Dinge werden nicht durch die Regungen des Leibes vollzogen, sondern allein vom Willen der Seele. Denn auch die Bosheit, die Bitterkeit, der Neid, der Streit, die trügerische List, die schlechte Gesinnung und Hochmut und Stolz und die erfinderische Bosheit, der Ungehorsam gegen die eigenen Eltern, die fehlende Liebe, der Bundesbruch und das fehlende Erbarmen, all diese Dinge entstammen offenkundig der Seele.

14. Zu Recht also nahm unser Herr die Seele an, vor allem aber, daß sie von der Sünde erlöst würde und durch die Gnade Gottes zur Unwandelbarkeit gewandelt würde; dadurch herrscht sie auch für die Regungen des Leibes. Sobald nämlich die Sünde abgeschafft ist und keinerlei Zutritt mehr zur nun unwandelbar gewordenen Seele findet, ist auch notwendigerweise jede Form (σχῆμα) von Strafe abgeschafft und auch der Tod vernichtet. Und so bleibt auch der Leib bestehen, dem Tod fremd geworden, da er Anteil an der Unsterblichkeit erhalten hat. Und darüber gibt der selige Paulus die Bestätigung, indem er sagt: „Also gibt es keine Verurteilung für die, die in Christus Jesus sind, die nicht im Fleische wandeln. Denn das Gesetz des Lebens, welches in Christus Jesus ist, hat dich vom Gesetz der Sünde und des Todes befreit“ (Röm 8,1 f). Er hat nämlich gesagt, daß die ganze Todesstrafe abge-

schafft wurde und jegliche Verurteilung für die, die an Christus glaubten, da sie dem Wandel der Sterblichkeit fremd geworden und den Geist und die Unsterblichkeit empfangen haben; damit haben sie auch die Unwandelbarkeit davongetragen und sind vollkommen von der Sünde und Sterblichkeit befreit.

15. Es ist also ein großer Wahnsinn, nicht zu bekennen, daß Christus eine Seele angenommen habe; und viel dümmer ist der, der behauptet, daß er (*sc.* Christus) keinen menschlichen Verstand (νοῦς) angenommen habe, da er damit entweder behauptet, er habe gar keine Seele angenommen, oder aber, daß er keine menschliche Seele angenommen habe, sondern nur eine ungeistige, die die Tiere und das Vieh belebt. Dabei unterscheidet sich die menschliche Seele von der tierischen eben darin, daß letztere kein eigentliches Selbst hat (ὑπόστασις), sondern nur in der Zusammensetzung (σύστασις) des Tieres existiert, nicht aber in sich selbst, so daß man von ihr glaubt, daß sie nach dem Tod des Tieres nicht mehr existiert. Deshalb geht mit dem Blut des Tieres, von dem man sagt, daß es seine Seele sei (vgl. Lev 17,14), beim Vergießen desselben auch das, was Seele genannt wird, verloren, von der man vor deren Tod meinte, daß sie selbst auch in den Regungen des Tieres existierte. Was aber die Menschen anbelangt, so verhält es sich bei ihnen anders. Vielmehr existiert die Seele in ihrem eigenen Selbst (ὑπόστασις) und ist über den Leib hoch erhaben, da der Leib sterblich ist und das Leben von der Seele erworben hat. Er stirbt und löst sich auf, wenn die Seele von ihm scheiden sollte. Diese aber bleibt bei ihrem Verscheiden bestehen, da sie sich nicht auflöst, sondern in ihrem Selbst auf ewig bestehenbleibt, da sie unsterblich ist und von den Menschen von Natur aus nichts erleiden kann. Wenn es nämlich heißt: „Fürchtet euch nicht vor denen, die den Leib töten, aber die Seele nicht zu töten vermögen" (Mt 10,28), dann ist nämlich offenkundig auch dies gesagt, daß jener sterben kann,weil er von Natur aus sterblich ist,

diese aber unsterblich fortbesteht, da sie von Natur aus keinen Schaden erleiden kann[17].

16. Solch großer Unterschied besteht also zwischen der Menschenseele und der Tierseele, welche unvernünftig (ἄλογος) und ohne seelisches Selbst ist, während die menschliche Seele unsterblich ist und damit notwendigerweise, wie man glaubt, vernunftbegabt. Wer ist also so verrückt und bar jedes menschlichen Verstandes, zu sagen, daß die menschliche Seele ohne Erkenntnisvermögen und Vernunft sei? Noch viel weniger will er ein neuer Lehrer einer Neuerung sein, die in der Welt nicht existiert, daß es eine unsterbliche Natur mit unvergänglichem Leben gäbe, aber ohne Vernunft. Dies ist nämlich unmöglich. Denn alles, was sterblich ist von seiner Natur aus und unvergängliches Leben hat, ist auch in Wahrheit mit Erkenntnisvermögen und Vernunft begabt.

17. Vielmehr in all diesen Punkten haben unsere seligen Väter folgende Mahnung zu uns gesprochen: „Er hat Fleisch angenommen und ist Mensch geworden", damit wir glauben, daß es ein vollkommener Mensch ist, der angenommen wurde und in dem Gott Wort Wohnung genommen hat, daß er vollkommen ist in allem, was die menschliche Natur ausmacht, daß seine Zusammensetzung (σύστασις) aus sterblichem Leib und vernünftiger Seele besteht, da „er nämlich um des Menschen und seines Heiles willen vom Himmel herabgestiegen ist". Zu Recht sagten sie also, daß er einen Menschen angenommen habe, der denen gleicht, von denen er genommen ist. Der Mensch nämlich, den er angenommen hat, gleicht dem Adam, der

---

[17] THEODOR bekennt sich zur wesenhaften Unsterblichkeit der Seele. Die Auferstehung von den Toten kann der Seele daher nicht die Unsterblichkeit, wohl aber die Unwandelbarkeit verleihen. THEODORS Position ist daher vom Thnetopsychismus, der den Ganztod des Menschen voraussetzt und im Orient des öfteren vertreten wurde, weit entfernt; vgl. BRUNS, *Aithallahas Brief* 66–70.

die Sünde in die Welt gebracht hat, damit er die Sünde durch einen Wesensgenossen[18] beseitigte. Und er zog einen Menschen an, der dem Adam gleich war, jenem Adam, der nach seiner Sünde die Todesstrafe empfing, damit durch etwas Gleiches die Sünde aus uns herausgerissen und der Tod vernichtet würde.

18. „Der Fürst (ἀρχῶν) dieser Welt kommt", sagt er, „doch an mir hat er nichts" (Joh 14,30)[19], um kundzutun, daß dies der Grund für seine Auferstehung von den Toten sei. Weil nämlich Satan das Reich des Todes innehatte wegen der Sünde, die uns anhaftete, wie Paulus sagt (vgl. Röm 3,9–23), hatte der Tod die ganze Macht, und so hatten wir, die wir an die Sünde versklavt waren, keine Hoffnung auf Befreiung. Die Gnade Gottes hat den Menschen, den er unseretwegen angezogen hatte, vor aller Sünde bewahrt. Satan ist gekommen, mit List hat er über ihn (*sc.* Christus) wie über einen Menschen den Tod gebracht, indem er alle Juden gegen ihn aufwiegelte. Und da er aber über nichts Sündhaftes verfügte, was ihn zum Sklaven des Todes gemacht hätte, hat unser Herr Christus den Tod auf sich genommen, den der Tyrann (τύραννος) Satan in frevelhafter Weise über ihn gebracht hatte. Er (*sc.* Christus) bewies Gott, daß in ihm keine Sünde war und daß er zu Unrecht die Todesprobe erlitten hatte. Und sogleich erreichte er die Auflösung der Todesstrafe und erstand von den Toten durch die Kraft Gottes, wurde des neuen und unaussprechlichen Lebens gewürdigt und erwies dem ganzen Menschengeschlecht die

---

18 Vgl. auch *hom.* 5,11. Terminologisch hat THEODOR damit eine doppelte Konsubstantialität ausgesprochen. Dem ὁμοούσιος τῷ πατρί wird ein ὁμοούσιος τῷ 'Αδάμ an die Seite gestellt.

19 Vgl. hierzu auch den Johanneskommentar (CSCO 116,200): „Siehe, er (*sc.* Satan) hat die Juden gegen mich aufgestachelt, da er durch ihre Schlechtigkeit mir den Tod zufügen will, obwohl er an mir keinen todeswürdigen Grund findet; und daher kann ich, wenn ich will, den Tod nicht kosten, dennoch nehme ich ihn an."

allgemeine Gnade[20]. Aus diesem Grunde hat uns unser Herr hier gesagt: „Der Fürst (ἀρχών) dieser Welt kommt, doch er hat nichts an mir“ (Joh 14,30). An anderer Stelle: „Jetzt ist das Gericht über diese Welt, jetzt wird der Fürst (ἀρχών) dieser Welt verurteilt und hinausgeworfen, und ich werde, wenn ich erhöht bin von der Erde, alle an mich ziehen“ (Joh 12,31 f). Im ersten Punkt zeigt er nämlich auf, daß Satan nicht einmal einen einzigen gerechten Grund hatte, um den Tod über ihn zu bringen. Beim zweiten ist er wie jemand, der über einen Tyrannen (τύραννος) Gericht hält, ihn verurteilt und aus seiner Frevelherrschaft vertreibt. Und da er sich im Besitz all dieser überragenden Dinge befindet, macht er alle Menschen zu Teilhabern an seiner Herrlichkeit.

19. Und deshalb haben unsere seligen Väter gesagt, er habe Fleisch angenommen, damit du begreifst, daß er einen vollkommenen Menschen (τέλειον ἄνθρωπον)[21] angenommen hat; nicht bloß zum äußeren Schein soll man ihn dafür halten, sondern er existiert wahrhaft in Menschennatur. Von ihm ist zu glauben, daß er nicht nur einen Leib angenommen hat, sondern einen ganzen Menschen (ὅλον ἄνθρωπον), zusammengesetzt aus dem Leib und einer unsterblichen und vernünftigen Seele[22]. Diesen hat er zu

---

[20] Vgl. auch den Johanneskommentar zu dieser Stelle (CSCO 116,200): „Denn die Auflösung des Todes, die mir gerechterweise durch Wirken der Allmacht zusteht, diese wird später gnadenhalber zum Los des gesamten Menschengeschlechtes.“

[21] Das Schlagwort vom „vollkommenen Menschen“ bestimmt zunehmend die christologische Debatte jener Tage, vgl. dazu die Studie von ŠAGI-BUNIĆ, *Deus* 60f. 64.

[22] Auch hier betont THEODOR seinen Gegensatz zu APOLINARIUS, der in Christus eine „Synthese“ von Gott und Mensch nach Art der menschlichen Leib-Seele-Einigung annimmt. Leib und Seele können zwar nach THEODOR eine natürliche Synthese eingehen, nicht aber Gott und der Mensch. Unausgesprochen steht dahinter der Gedanke, daß das göttliche Wesen eine Einheit bildet, die aufgrund ihrer Einfachheit und Unzusammengesetztheit kein Kompositum (σύνθετον) mit der Menschennatur werden kann. Daher spricht THEODOR bei der Inkarnation nicht von Zusammensetzung (σύνθεσις), sondern von Verbindung (συνάφεια).

unserer Erlösung angenommen, und darin hat er zu unserem Heil Erlösung gewirkt. *Dieser wurde gerechtfertigt und war ohne Tadel durch die Kraft des Heiligen Geistes, wie der selige Paulus gesagt hat: „Er wurde durch den Geist gerechtfertigt" (1 Tim 3,16). Ferner: „Im ewigen Geiste brachte er sich vor Gott selbst als untadeliges Opfer dar" (Hebr 9,14), und nachdem er nach Menschenart (κατὰ νόμον τῶν ἀνθρώπων) den Tod empfangen hatte, da er durch die Kraft des Heiligen Geistes ohne Sünde war, erstand er von den Toten und wurde des neuen Lebens gewürdigt, wo die Willensäußerungen der Seele unwandelbar sind. Den Leib macht er unsterblich und unverweslich[23], und so hat er uns allesamt zu Teilhabern an seinen Verheißungen gemacht. Und als Unterpfand seiner Verheißungen gab er uns die Erstlingsgabe des Geistes, daß wir einen von Zweifeln freien Glauben an die kommenden Güter erwerben. „Er ist es", so heißt es, „der uns zusammen mit euch in Christus bestätigt und uns versiegelt hat und das Unterpfand seines Geistes in unsere Herzen gab" (2 Kor 1,21 f).

20. Wir erwarten also, daß auch wir unsterblich und unverweslich werden durch die Auferstehung von den Toten; dann wird auch kein Eingang mehr für die Sünde bestehen. Dies bezeugt der selige Paulus, indem er sagte:

---

[23] Dieser Textpassus wurde ebenfalls durch das II. Konzil von Konstantinopel inkriminiert: „*Christum iustificatum et immaculatum factum virtute Sancti Spiritus, sicut beatus Paulus modo quidem dicit, ‚Quod iustificatus est in spiritu (1 Tim. 3): modo vero.' Qui per Spiritum aeternum, immaculatum se obtulit Deo (Hebr. 9), mori quidem facit secundum legem hominum, utpote autem impeccabilem virtute Sancti Spiritus factum resuscitavit de mortuis, et ad vitam constituit meliorem: immutabilem quidem animae cogitationibus, incorruptum autem et indissolutum et carnem faciens*" (9,218 MANSI). Die Väter lasen aus dieser Stelle heraus, daß nach THEODOR die Seele Christi zu Lebzeiten wandelbar, d. h. potentiell sündig, gewesen sei und ihre Unwandelbarkeit erst nach der Auferstehung erhalten habe; zum Problem vgl. ANASTOS, *Immutability*.

„Denn dieses Verwesliche soll das Unverwesliche anziehen, und dieses Sterbliche soll das Unsterbliche anziehen. Wenn dieses Verwesliche das Unverwesliche angezogen hat und dieses Sterbliche das Unsterbliche, dann wird das Wort, das geschrieben steht, Wirklichkeit: Der Tod ist im Sieg verschlungen. Wo ist dein Sieg, Tod, und wo dein Stachel, Unterwelt? Denn der Stachel des Todes ist die Sünde und die Macht der Sünde das Gesetz“ (1 Kor 15,53 bis 56). Er sagt nämlich, daß, sobald wir von den Toten erstanden sind, unsterblich und unverweslich sind und unsere Natur die Unwandelbarkeit erhalten hat, dann können wir nicht mehr sündigen. Und wenn wir von der Sünde befreit sind, brauchen wir auch nicht mehr das Gesetz. Denn wozu wäre ein Gesetz für eine Natur erforderlich, welche, von der Sünde befreit, für die Neigung zum Bösen unempfänglich ist?

21. Und trefflich hat im Anschluß daran der selige Paulus gesagt: *„Er hat uns den Sieg geschenkt durch unseren Herrn Jesus Christus“ (1 Kor 15,57). Dies zeigt an, daß Gott für uns zur Ursache aller Güter geworden ist und er uns den Sieg über alles Widrige geschenkt hat, sei es den Tod, sei es die Sünde, sei es jedwedes sonstige Übel, das von ihr hervorgebracht wird. Er (*sc.* Gott) ist es, der unseretwegen unseren Herrn Jesus Christus als Menschen anzog und ihn durch die Auferstehung von den Toten zum neuen Leben hinübergehen ließ und ihn zu seiner Rechten setzte und uns durch seine Gnade Gemeinschaft gab mit ihm[24],

---

[24] Auch dieser Passus wird in den Akten des II. Konzils von Konstantinopel zitiert und verworfen: *„‚Deo autem gratias, qui nobis dedit victoriam per Dominum nostrum Iesum Christum‘ (1 Cor. 15); istorum causam fuisse nobis dicens Deum, qui contra omnes adversarios nobis dedit victoriam, sive mortis, sive peccati, sive cuiuscumque hinc nascendi mali: qui dominum nostrum Iesum Christum pro nobis hominem sumens, et ipsum per resurrectionem de mortuis ad meliorem transtulit finem, et in dextera sua sedere fecit et nobis ad eum donavit communionem“* (9,218 MANSI).

wenn in Wahrheit, gemäß dem Wort des seligen Paulus, „der Leib unserer Erniedrigung gewandelt wird und im Gleichnis seiner Herrlichkeit ist“ (Phil 3,21). Aber da diese Worte, die unsere seligen Väter über die Menschheit unseres Herrn gesprochen haben, so zahlreich sind, laßt uns an dieser Stelle mit der Belehrung für heute Schluß machen und Lobpreis darbringen dem Vater, dem Sohn und dem Heiligen Geist, jetzt und allezeit und in alle Ewigkeit.

Zu Ende ist die fünfte Homilie.

Es folgt nun die sechste (Homilie) (6)

1. Wie nun unsere seligen Väter über die Menschheit unseres Herrn im Glaubensbekenntnis, das sie verfaßt haben, gesprochen und uns im Anschluß an die Aussageabsicht der Schrift sogleich vermittelt haben, haben wir euch, ihr Lieben, in dem Gesagten dargetan. Wir waren gezwungen, viele Worte zu machen, damit ihr den ganzen Sinn ihrer Rede vollkommen begreift. Und obgleich noch mehr als dies hätte gesagt werden können zur Feststellung der Wahrheit und zur Widerlegung des künstlichen Geredes der Häretiker (αἱρεσιώτης), mußte uns dennoch die Menge des von uns Gesagten für die, die in der Religion guten Willens sind, genügen. Denn für ein aufsässiges Gemüt bringt auch die Fülle des Gesagten keinen Nutzen; für den guten Willen hingegen reichen auch schon wenige Worte zum Aufweis der Wahrheit, wenn sie aus dem Zeugnis der heiligen Schriften kommen. Gehen wir also auch heute mit Hilfe der göttlichen Gnade dazu über, mit dem bisher Gesagten fortzufahren. Nachdem es nämlich hieß: „Um uns Menschen und unseres Heiles willen ist er vom Himmel herabgekommen, hat Fleisch angenommen und ist Mensch geworden", haben sie (*sc.* die Väter) hinzugefügt: „Geboren aus der Jungfrau Maria, gekreuzigt in den Tagen des Pontius Pilatus." Sie hätten noch vieles sagen können, was sich in der Zwischenzeit ereignete, wie zum Beispiel: „Er wurde in Windeln gewickelt und in eine Krippe gelegt" (Lk 2,7), und „er wurde dem Gesetz untertan" (Gal 4,4), und „er hat sich der Taufe unterzogen" (Mt 3,13), und er hat ein evangeliumgemäßes Leben geführt (vgl. Apg 1,1) und vielerlei mehr, wenn sie all das hätten erzählen wollen, was die Schriften über ihn lehren.

2. Und dies hat er um unseres Heiles willen getan. Denn auch das Naturgesetz (νόμος τῆς φύσεως) hat er für uns genau eingehalten, da er die Absicht hatte, unsere Natur zu berichtigen. Auch das Gesetz des Mose hat er vollkommen

eingehalten, um für uns die Schuld gegenüber dem Gesetzgeber zu begleichen. Und er hat sich der Taufe unterzogen, um ein Sinnbild (τύπος) für die Gnade unserer Taufe zu geben. Und ein Beispiel für das evangelische (εὐαγγέλιον) Leben hat er in seiner Person für jedermann deutlich gegeben. Und nach alldem unterzog er sich der Kreuzigung und dem Tod, um auch „den letzten Feind, welcher der Tod ist, zu bezwingen" (1 Kor 15,26) und das neue, unsterbliche Leben klar zu beweisen. Doch trugen unsere Väter Sorge, all diese Dinge in Kürze zu sagen, damit sie für die Hörer leicht zu lernen wären. Jeden einzelnen Punkt laßt uns nun vollkommen aus den heiligen Schriften in Erfahrung bringen! Dies aber haben sie in kurzen Worten zum Glaubensbekenntnis zusammengefaßt und niedergeschrieben. Deswegen haben sie gesagt: „Geboren aus der Jungfrau Maria und gekreuzigt in den Tagen des Pontius Pilatus." Sie haben Anfang und Ende des Heilswaltens für uns angesprochen. Der Anfang seiner Gnade nämlich ist seine Geburt aus Maria und das Ende die Kreuzigung. „Kreuz" nämlich nennen sie das Leiden und all die Dinge, die im Leiden geschehen. Unter einem Namen haben sie alles beschlossen, weil durch das Kreuz der Tod kommt, aus dem Tod aber das unsterbliche Leben, wie auch der selige Paulus gesagt hat: „Die Rede vom Kreuz ist für die Ungläubigen eine Torheit, für uns aber, die wir gerettet wurden, Gottes Kraft" (1 Kor 1,18). Ferner hat er gesagt: „Auch wenn er in Schwachheit gekreuzigt worden ist, lebt er doch in der Kraft Gottes" (2 Kor 13,4). Er hat damit kundgetan, daß die Rede von der Kreuzigung Kraft Gottes ist für die, die gerettet werden, weil er durch sie den Tod beseitigt und neues Leben aufgewiesen hat.

3. Mit dem Anfang und dem Ende ist all das, was dazwischen geschah, in der Kürze des Glaubensbekenntnisses niedergeschrieben, von unseren seligen Vätern überliefert zur Belehrung derer, die die Wahrheit erfahren wollen. Es ist ja doch wohl bekannt, daß es nicht die göttliche Natur

des Eingeborenen war, von der man annahm, sie sei aus einer Frau geboren, als ob sie von dort ihren Anfang genommen hätte[1]. *Sie hat nämlich nicht, da man von ihm gesagt hat, er sei aus seinem Vater geboren vor aller Zeit und von Ewigkeit und von Ewigkeit aus ihm und mit ihm, einen Anfang aus Maria. Vielmehr folgten sie (*sc.* die Väter) den heiligen Schriften, unterschiedlich über die Naturen (φύσεις) zu sprechen, jedoch eine Person (πρόσωπον) zu lehren aufgrund der genauen Verbindung (συνάφεια ἀκριβής), die stattgefunden hatte (ἐγένετο)[2], damit man nicht meine, die vollkommene Gemeinschaft zwischen dem Angenommenen und dem Annehmenden zu zertrennen. Wenn man nämlich diese Verbindung auflöst, dann scheint der Angenommene nichts anderes zu sein als ein

---

[1] Dieser Textpassus läßt erkennen, daß THEODOR zumindest implizit die θεοτόκος-Frage angeschnitten hat, wenn er verneint, daß die Gottheit des Eingeborenen aus Maria geboren werde. Von seiner Gottes- und Seinslehre her ist jegliches Werden und damit auch das Geborenwerden von der Gottheit fernzuhalten. Die Reserve gegenüber einem traditionellen kirchlichen Terminus hat einen doppelten Grund: Zum einen wollte der Apologet THEODOR seinem heidnischen Gegner JULIAN nicht den Vorwand liefern, die Christen verehrten einen „gewordenen Gott" (so im Brief an PHOTIN; vgl. JULIAN, *epist.* 30 [86 WEIS]), zum anderen hat APOLINARIUS vom Theotokostitel exzessiv Gebrauch gemacht; vgl. das folgende Fragment von THEODOR, *Apol.* 3 (2,313 SWETE): *Nam est quidem dementia Deum ex virgine natum esse dicere ... sed non divina natura ex virgine nata est, natus autem est ex virgine qui ex substantia virginis constat, non Deus Verbum ex Maria natus est.* An anderer Stelle sagt THEODOR, daß Maria von Natur aus Menschengebärerin (ἀνθρωποτόκος) sei, da sie aber nicht einen bloßen Menschen geboren habe, sei sie im übertragenen Sinne Gottesgebärerin (θεοτόκος); vgl. *incarn.* 15 (2,310 SWETE). THEODOR lehnt den Theotokostitel also nicht völlig ab, sondern läßt ihn in diesem eingeschränkten Sinne gelten. Im übrigen ist seine Mariologie ein getreues Spiegelbild seiner Christologie, die noch vor der Einheit der Person um die reinliche Scheidung der Naturen bemüht ist. Vgl. BABAI, *un.* 7 (217–220 VASCHALDE).

[2] Dieser Passus wird von THEODOR BAR KONAI, *schol.* 7 (CSCO 69, 190,2–7) zitiert, allerdings liest er im Sinne späterer nestorianischer Dogmatik anstelle von πρόσωπον *qnōmā*, was dem griech. ὑπόστασις entspricht.

bloßer Mensch (ψιλὸς ἄνθρωπος) wie wir auch. Deshalb verkünden die heiligen Schriften diese beiden Ausdrücke wie von einem einzigen Sohn, um mit dem Bekenntnis die Herrlichkeit des Eingeborenen und auch die Ehre des Menschen, in den er sich gekleidet hat, kundzutun.

4. Denn der selige Paulus hat, nachdem er „von denen (*sc.* den Juden) Christus stammte" gesagt hatte, „dem Fleische nach" (Röm 9,5) hinzugefügt, um die Naturen (φύσεις) zu scheiden und uns kundzutun, daß Christus von den Juden dem Fleische nach stammte, daß man aber nicht meinen sollte, es sei die Natur der Gottheit des Eingeborenen gewesen, noch sollte Gott Wort (θεὸς λόγος), der von Anfang an bei Gott und von Ewigkeit im Schoß des Vaters ist, damit benannt werden, sondern die Menschengestalt (μορφὴ τοῦ ἀνθρώπου), die er angenommen hatte. Damit nur ja nicht durch diesen Namen und diese Hinzufügung, daß die menschliche Natur von den Juden genommen worden sei, die Herrlichkeit Christi bis zur Schwachheit erniedrigt würde, daß er Mensch von Natur aus sei, von Menschen geboren und nichts weiter mehr, hat er im Anschluß gesagt: „Er ist Gott über alles", um die Herrlichkeit Christi kundzutun, die von Gott Wort herrührt, das ihn angenommen und mit sich verbunden hat, welches Ursache von allem und Herr über alles ist. Und aufgrund dieser genauen Verbindung (συνάφεια ἀκριβής) zwischen diesem Menschen und Gott Sohn wird er von der ganzen Schöpfung geehrt und auch angebetet. Und da der selige Paulus sagen konnte: „In ihm ist Gott über alles", hat er es so belassen und gesagt, er sei Gott über alles aufgrund der genauen Verbindung (συνάφεια ἀκριβής) der beiden Naturen. Es war nicht der aus den Juden dem Fleisch nach Geborene, von dem er meinte, daß er von Natur aus Gott über alles sei; auch war es nicht die Menschennatur, von der er bekannte, sie sei Ursache von allem und von Natur aus Herr über alles; *vielmehr mit „Christus dem Fleische nach" benennt er die Menschengestalt, die er angenommen

hat, den aber, der diese Gestalt angenommen hatte, bezeichnete er als „Gott über alles". Er hat diese beiden Dinge zugleich gesagt, um die Verschiedenheit der Naturen kundzutun. Denn es ist niemand, der von dem „er ist aus den Juden dem Fleische nach" bekennen würde, daß er von Natur aus Gott sei, noch aus dem „Gott über alles", daß er von Natur aus von den Juden sei[3]. In diesen beiden Äußerungen zusammen hat er die genaue Verbindung (συνάφεια ἀκριβής) zwischen dem Angenommenen und dem Annehmenden kundgetan, damit zugleich mit dem Unterschied der Natur auch für jeden jene Ehre und Herrlichkeit erkennbar würde, die dem angenommenen Menschen aus der Verbindung mit dem ihn annehmenden Gott erwachsen ist.

5. Und ebenso hat er auch an die Philipper folgendes geschrieben: „Der von der Gestalt Gottes ist und dieses Gleichsein mit Gott nicht für einen Raub erachtete, sondern sich selbst entäußerte und Knechtsgestalt annahm, da er in Menschengestalt und in Menschenform (σχῆμα) erfunden wurde" (Phil 2,6f). Ganz offenkundig hat er auch hier den Unterschied der Naturen dargestellt, daß jene die Gestalt Gottes (μορφὴ θεοῦ) und diese die Knechtsgestalt (μορφὴ δούλου) ist, daß jene annahm und diese angenommen wurde, daß der Annehmende in Menschengestalt im Angenommenen war. Der Angenommene war wahrhaft Menschengestalt, in der der Annehmende war. Und der Annehmende war, obgleich er nicht Mensch war, sondern in seiner körperlosen und unzusammengesetzten Natur

[3] Dieser Abschnitt der katechetischen Homilien wird in einem Brief des Papstes PELAGIUS so zitiert: *Sed Christum quidem secundum assumptam servi formam, eum autem qui eam assumpsit, super omnia nominatus Deum; intulit tamen hoc secundum coniunctionem, ut per significationem nominum, naturarum manifestam divisionem faciat. Nemo igitur, neque eum qui secundum carnem ex Iudaeis est, dicet Deum: nec iterum Deum qui est super omnia, secundum carnem ex Iudaeis* (9,443 MANSI). In etwas modifizierter Form findet er sich auch in den Akten des II. Konzils von Konstantinopel (9,216 MANSI).

existierte, in der Knechtsgestalt, die naturgemäß Körper und Zusammensetzung hat. Und dem Gesetz (νόμος) des menschlichen Leibes gemäß wurde er als Mensch erfunden. Und so hat er sich verborgen zu der Zeit, da er in der Welt war und unter den Menschen wandelte, so daß alle, die auf menschliche Weise hinschauten und sich auf nichts Weiteres verstanden, ihn für nichts anderes hielten als einen bloßen Menschen (ψιλὸς ἄνθρωπος). Durch diese Worte also hat er den Unterschied der Naturen offenbar gemacht, eben dadurch, daß jener Gestalt Gottes (μορφὴ θεοῦ) und dieser Knechtsgestalt (μορφὴ δούλου) ist, jener, der Annehmende, und dieser, der Angenommene, und uns über die menschliche Natur belehrt, in welcher unser Herr war. Er hat also gesagt, was der Knechtsgestalt (μορφὴ δούλου) zukommt, die der Angenommene hat: „Er hat sich verdemütigt und wurde gehorsam bis zum Tod, bis zum Kreuzestod. Deswegen hat ihn Gott auch über alle Maßen erhoben und ihm den Namen gegeben, der alle Namen überragt, damit im Namen Jesu jedes Knie sich beuge, im Himmel, auf der Erde und unter der Erde, und jede Zunge bekenne: Herr ist Jesus Christus zur Ehre Gottes, seines Vaters" (Phil 2,8–11).

6. Es war nämlich nicht die göttliche Natur, die den Tod empfing, sondern bekanntermaßen der angenommene Mensch, der Tempel für Gott Wort (θεὸς λόγος)[4]. Er ist es,

---

[4] THEODOR weist damit den Theopaschitismus der Arianer und Apolinaristen zurück. Die göttliche Natur ist leidensunfähig und kann nicht sterben; zum Theopaschitismus vgl. auch ELERT, *Ausgang* 71–132. Als Apologet greift er eine Argumentationsstruktur seines Widersachers JULIAN APOSTATA auf, wonach die Zerstörung heidnischer Tempel durch die Christen kein Beweis gegen die Existenz der Götter sei; vgl. JULIAN, *epist.* 48 (136–139 WEIS). Auch der Gott Logos steht in merkwürdiger Distanz zum bewohnten Tempel, dem angenommenen Menschen. Er leidet nicht, sondern läßt leiden, ist vom Tode nicht berührt. Also, folgert THEODOR, kann die Tatsächlichkeit des Todes Christi nicht als Beweis gegen seine Gottheit in Anspruch genommen werden.

der zerstört wurde, und ihn richtete der auf, der ihn angenommen hatte[5]. Nach dem Kreuz war es nicht die göttliche Natur, die erhoben wurde, sondern der angenommene Tempel: „Und er erstand von den Toten und fuhr auf in den Himmel und setzte sich zur Rechten Gottes." Und es war nicht die göttliche Natur, die Ursache aller Dinge ist, der dies verliehen wurde, da jeder sie anbetet, daß in ihr jedes Knie sich beuge, sondern die Anbetung wurde der Knechtsgestalt (μορφὴ δούλου) gewährt, die sie von ihrer eigenen Natur her nicht besaß. Da dies bekanntermaßen und ganz offenkundig über die menschliche Natur gesagt worden ist, hat er dies folgerichtig über die göttliche Natur gesagt, damit diese Rede Staunen erwecke und von den Hörern angenommen würde. Da es nämlich über die Menschennatur hinausgeht, von jedem angebetet zu werden, wurde dies notwendigerweise wie von einem einzigen gesagt, damit aufgrund der genauen Verbindung der Naturen (ἀκριβὴς τῶν φύσεων συνάφεια)[6] dieses Wort geglaubt wird. Er (*sc.* Paulus) hat nämlich klargestellt, woher der Angenommene eine solche Ehre bezieht, eben nur aus der göttlichen Natur dessen, der ihn angenommen hat und in ihm wohnt.

7. So haben auch unsere seligen Väter etwas Dementsprechendes bei der Abfassung des Glaubensbekenntnisses getan. Vor allem bezüglich der Natur der Gottheit des Eingeborenen haben sie uns gelehrt, daß „er aus dem Vater ist vor aller Zeit und aus der Natur des Vaters geboren

---

[5] Ein syr. Fragment aus *incarn.* lautet: „Der Vergängliche bedarf seines Erweckers, jener aber ist außerhalb des Leidens und erweckt den, der aufgelöst wird ... Denn der eine ist der, der aufgelöst wird, ein anderer der, der auferweckt. Und jener ist der Tempel, der die Auflösung erhält, dieser aber, der ihn auferweckt, ist der Gott Logos, der verheißt, er werde seinen zerstörten Tempel auferwecken ..." (51 SACHAU). Vgl. auch *hom.* 8,6.

[6] Der Text ist im Ms. etwas verwischt, die Pluralpunkte von *kyāne* sind nur schwach zu erkennen.

wurde und nicht geschaffen war, wahrer Gott und eines Wesens mit Gott, da er aus seinem Vater geboren wurde". Nachdem sie uns dies über die Gottheit des Eingeborenen gelehrt hatten, gingen sie zur Lehre vom Heilswalten (οἰκονομία) seiner Menschheit über und sagten: „Um uns Menschen willen und um unseres Heiles willen ist er vom Himmel herabgekommen, hat Fleisch angenommen und ist Mensch geworden wie wir, um das Heil für das ganze (Menschen-)Geschlecht (γένος) zu wirken." Sie haben all diese Dinge gelehrt, was bei der menschlichen Natur so vorkommt, in denen Gott für uns sein Heilswalten vollenden wollte: daß der, der um unseres Heiles willen angenommen worden ist, all das auf sich genommen hat, was auf die Menschen zukommt, daß er einer Auszeichnung gewürdigt und für uns zur Ursache der (Heils-)Güter wurde aufgrund unserer Gemeinschaft mit ihm. Sie sagten dies wie von einem einzigen in Übereinstimmung mit der Idee der Schriften. Es ist ja nicht so, daß diese menschlichen Dinge naturgemäß (φυσικῶς) von Gott verrichtet würden, sondern wegen der genauen Verbindung (συνάφεια ἀκριβής) haben sie diese menschlichen Dinge über ihn ausgesagt, damit auch die herrlichen Dinge, die von ihm ausgesagt werden, geglaubt würden, welche ihm nach dem Leiden widerfahren sind, die über die menschliche Natur erhaben ist, damit jedermann dem Gelernten zustimmt, daß es die göttliche Natur ist, die den Menschen angezogen hat, und daß er in seiner Verbindung (συνάφεια) mit ihr solche Ehre und Herrlichkeit empfangen hat.

8. Viele Dinge also sind ihm, wie wir gesagt haben, nach Menschengesetz (νόμος ἀνθρώπων) widerfahren, was wir aus dem Evangelium (εὐαγγέλιον) erfahren können. Auch wurde er nämlich nach seiner Geburt in Windeln gewickelt und in eine Krippe gelegt (vgl. Lk 2,7), er empfing die Beschneidung nach dem Gesetz (νόμος) und ging zum Tempel hinauf nach der Vorschrift des Mose, um vor dem

Herrn zu erscheinen und all das zu ertragen, während er an Größe, Weisheit und Gnade wuchs und dabei den Eltern untertan war (vgl. Lk 2,51 f). Und er verhielt sich genau nach der vollen Gerechtigkeit des Gesetzes. Dann unterzog er sich der Taufe, von der er uns den Neuen Bund (διαθήκη) gleichsam im Abbild (τύπος) gab, und erlitt Satans Versuchungen und nahm die Mühe der Reisen auf sich und brachte mit großer Sorgfalt sein Gebet zum Opfer dar, um es kurz zu sagen, er führte ein ganz und gar evangelisches (εὐαγγέλιον) Leben mit viel Mühsal und Schweiß und erwies große Geduld gegenüber seinen Peinigern. Schließlich übergab er sich dem Tod durch das Kreuz, um dadurch den Tod durch seine Auferstehung von den Toten zu vernichten.

9. Dies alles haben unsere seligen Väter beiseite gelassen und gesagt: „Geboren aus der Jungfrau Maria und gekreuzigt in den Tagen des Pontius Pilatus." Ersteres ist der Beginn seines Heilswaltens (οἰκονομία) für uns, letzteres das Ende. Unter diesen beiden Enden haben sie alles zusammengefaßt, was uns das Evangelienbuch (εὐαγγέλιον) Punkt für Punkt gelehrt hat. Er wurde also aus der Jungfrau Maria geboren wie ein Mensch nach Menschengesetz (νόμος ἀνθρώπων) und entstammte (ἐγένετο) einer Frau. So sagt nämlich der Apostel: „Gott sandte seinen Sohn, und er wurde geboren aus einer Frau, und er war unter dem Gesetz, um die, die unter dem Gesetz (νόμος) stehen, loszukaufen, damit wir die Annahme an Kindes Statt erlangten" (Gal 4,4 f). Mit dem Ausdruck „er wurde geboren aus einer Frau" zeigte er an, daß er nach Menschengesetz (νόμος ἀνθρώπων) durch eine Frau in die Welt eintrat, und durch das „er war dem Gesetz untertan, um die, die unter dem Gesetz stehen, loszukaufen, damit wir die Annahme an Kindes Statt erlangten" (zeigt der Apostel an), daß er (*sc.* Christus) für uns die gerechte Schuld beim Gesetzgeber bezahlt und uns Heil erworben hat.

10. Da er durch die Natur (κατὰ φύσιν) wie einer von uns geworden ist, hat er notwendigerweise für sein Geschlecht

(γένος) die Schuld bezahlt. Es war nämlich recht, daß er wegen der Teilhabe (μετουσία) an dieser Natur das auch tut, was zu tun war. Und genau darin wurden wir von der Knechtschaft der Sklaverei befreit wegen der Freiheit, die er uns gnadenhalber geschenkt hat. Daß er nun nicht von einem Mann gezeugt, sondern allein vom Heiligen Geist in seinem Mutterleib geformt worden ist, ist außerhalb der Menschennatur; daß er aber aus einer Frau geworden ist, geschah, um uns kundzutun, daß er gemäß dem Naturgesetz (κατὰ τὸν νόμον τῆς φύσεως) aus der Natur der Frau geformt und geboren wurde. Wenn sich nämlich das eine auf neue Weise ereignet und das andere nach dem Gesetz (νόμος) der Natur, dann fügt das der Natur nichts Fremdes zu; denn auch Eva ist aus Adam entstanden. Ihre Entstehung ist aber von allen anderen Menschen verschieden, da sie ohne eheliche Vereinigung (συνάφεια) allein aus der Seite ihren Ursprung (κατάστασις) genommen hat. Natürliche Verbindung hat sie sich nämlich mit Adam erworben, da sie aus ihm den Anfang ihres Seins genommen hat. So müssen wir es uns auch bei Christus, unserem Herrn, vorstellen. Das Neue ist, daß er ohne Vereinigung mit einem Mann aus einer Frau geformt worden ist in der Kraft des Heiligen Geistes. Vereinigt ist er mit der menschlichen Natur dadurch, daß er aus der Natur Marias ist[7]. Von daher

---

[7] In diesem Text arbeitet THEODOR die Adam-Christus-Parallele sehr schön heraus. Gleichzeitig bietet er ein treffliches Exempel seiner Zweinaturenlehre. Die menschliche Natur wird aus Maria erworben — auch hier fehlt bezeichnenderweise ein Hinweis auf die Theotokos —, die Göttlichkeit wird im jungfräulichen Charakter der Empfängnis insinuiert. Die Geburt aus Maria wird so zum Zeichen der Vollständigkeit der menschlichen Natur im antiapolinaristischen Sinne. THEODORS Polemik gegen die Engelschristologie wird verständlich, wenn man davon ausgeht, daß er den Apolinarismus dem klassischen Doketismus an die Seite stellt; vgl. *hom.* 13,9; 5,9.

heißt er auch Nachkomme Davids und Abrahams, da er in seiner Natur von ihrem Geschlecht (γένος) ist. Deswegen sagte der selige Paulus: „Nicht den Engeln hat er die kommende Welt unterworfen, von der wir sprechen, sondern wie die Schrift von ihm bezeugt und sagt: Was ist der Mann, daß du seiner gedachtest, der Menschensohn, daß du seiner dich annahmst?“ (Hebr 2,5 f). Ferner: „Es war nicht einer der Engel, den er angezogen hat, sondern einer vom Samen Abrahams“ (Hebr 2,16), womit er in seiner Rede angibt, daß unser Herr den Leib nicht von den Engeln genommen hat noch die Engel zum Haupt und zum Erneuerer jener kommenden Schöpfung, die wir erwarten, gemacht hat. Vielmehr einen Menschen hat er aus dem Samen Abrahams angenommen, in dem er das unaussprechliche Heilswalten (οἰκονομία) vollzog, den er vor allem von den Toten erweckte und zum unsterblichen und unwandelbaren Leben verwandelte und ihn zum Haupt und Erneuerer der ganzen Schöpfung gemacht hat, damit er zu Recht als Haupt der neuen Schöpfung geglaubt würde. Da der Mensch entsprechend dem Gesetz der Natur (κατὰ τὸν νόμον τῆς φύσεως) aus einer Frau geboren wird, gab es dennoch etwas Neues, daß er als einziger vom ganzen Menschengeschlecht ohne Vereinigung (συνάφεια) mit einem Mann im Schoß vom Heiligen Geist gebildet worden ist. Aber all das, was er für uns tat, geschah nach dem Gesetz (νόμος) unserer Natur: Schritt für Schritt sollte er sein Wachstum nehmen und zur Vollgestalt gelangen, wobei er auch die Vorschriften des Gesetzes (νόμος) genau erfüllte. Und weil er unsere Schuld dem Gesetz gegenüber beglich, empfing er den Sieg vom Gesetzgeber dafür, daß er die Vorschriften des Gesetzes bewahrt hatte, um durch ihn jenen Segen, der vom Gesetz für seine Beobachter verheißen war, auf sein ganzes Geschlecht (γένος) hin auszudehnen.

11. Er hat sich der Taufe unterzogen, um ordnungsgemäß (κατὰ τάξιν) die evangelische (εὐαγγελικός) Lebens-

form zu vermitteln, und dabei empfing er den Tod und vernichtete ihn. Es wäre für Gott ein leichtes und einfaches gewesen, ihn sogleich unsterblich, unverweslich und unwandelbar zu machen, wie er nach der Auferstehung geworden ist (ἐγένετο), da er aber nicht bloß ihn allein unsterblich und unwandelbar machen wollte, sondern auch uns, die wir Teilhaber an seiner Natur sind, mußte er ihn wegen dieser Teilhaberschaft zum Erstling von uns allen machen, wie der selige Paulus gesagt hat: „Er sei der Erste von allen" (Kol 1,17). Aufgrund der Vereinigung (κοινωνία, μετουσία), die wir mit ihm in dieser Welt haben, müssen auch wir zusammen mit ihm an den kommenden Gütern teilhaben. Und wie er, geboren aus einer Frau, Schritt für Schritt nach Menschenart Wachstum erfuhr und volljährig wurde, dem Gesetz (νόμος) untertan war und in ihm wandelte, so hat er auch das evangelische (εὐαγγελικός) Leben als Mensch den Menschen beispielhaft (τύπος) vermittelt. Da es nun recht war, daß wir, die wir später geboren sind, den Glauben an die kommenden Güter annehmen und glauben, daß Christus, unser Herr, für uns Erlöser, Haupt und Ursache all dieser Dinge ist, war es für uns erforderlich, daß wir auch schon jetzt in dieser Welt, soweit möglich, unsere Lebensart auf diese kommende Hoffnung hin ordnen. Dazu wurde er uns ja auch notwendigerweise zum Haupt. Er unterzog sich also der Taufe, um ein Beispiel (τύπος) für unsere Taufe zu geben. Und von da an machte er sich vom Wandel des Gesetzes frei und führte ein vollkommen evangelisches (εὐαγγελικός) Leben. Er erwählte sich Jünger und befestigte die Lehre des Gesetzes und die neue Lehre, zeigte an seiner Lehre entsprechenden Lebenswandel auf, der von der Lehre des Gesetzes verschieden ist, und lehrte, daß auch bei uns Gläubigen die Sitten mit jenen überstimmen mußten.

12. Denn auch wir, die wir getauft werden, tragen offen das Sinnbild (τύπος) jener Welt. Wir sterben nämlich mit ihm in der Taufe, und gleichnishaft (ἐν τύπῳ) erstehen wir

mit ihm und bemühen uns eifrig, nach seinen Gesetzen zu wandeln, wegen der Hoffnung auf jene kommenden Güter, die wir von der Auferstehung von den Toten erwarten, woran wir mit ihm Anteil erhalten werden. Wäre Christus, unser Herr, nämlich sofort von den Toten auferstanden, hätte er alle Menschen, die seit Urzeit gestorben waren, auferweckt und ihn sogleich jenes neue Leben in Vollkommenheit gegeben, so daß wir diese Dinge nicht mehr brauchten. Da er aber von Natur aus jene kommende Erneuerung nur an sich allein tatsächlich (ἐν πράγμασι) vollzogen hatte — er ist von den Toten erstanden, sein Leib ist unsterblich, seine Seele unwandelbar geworden —, ist es nämlich billig, daß diese alte und sterbliche Welt noch fortbesteht, damit die Menschen an ihn glauben und in der Hoffnung Teilhabe und dieses künftige Leben erhalten. Notwendigerweise hat er also die Gesetzesschuld (νόμος) beglichen, sich der Taufe unterzogen, den neuen, evangelischen (εὐαγγελικός) Lebenswandel aufgezeigt, der ein Sinnbild (τύπος) für die kommende Welt ist, damit auch wir, die wir zum Glauben an Christus gekommen sind und die Taufgnade erlangt und in diesem Sakrament (μυστήριον) das Sinnbild (τύπος) der kommenden Welt empfangen haben, nach seinen Geboten leben.

13. Deshalb hat der selige Paulus gesagt: „Dank sei Gott, daß ihr, die ihr Sklaven der Sünde wart, nun von Herzen dem Gleichnis der Lehre, die euch übermittelt worden ist, gehorsam geworden seid“ (Röm 6,17). Damit zeigte er an, daß wir durch die Taufe die Lehre vom neuen Lebenswandel nach dem Sinnbild (τύπος) der kommenden Welt empfangen haben, daß wir uns bemühen, soweit möglich, darin zu wandeln, aber nicht in der Gewohnheit des Gesetzes (νόμος), indem wir uns von der ganzen Sünde entfernt haben. So werden wir getauft: wie Leute, die mit ihm sterben und mit ihm gleichnishaft (ὡς ἐν τύπῳ) auferstehen. „Denn wir alle, die wir auf Jesus Christus getauft sind, sind auf seinen Tod getauft und mit ihm in der Taufe begraben

auf den Tod, damit, wie Jesus Christus von den Toten erstanden ist in der Herrlichkeit seines Vaters, auch wir im neuen Leben wandeln" (Röm 6,3f).

Nachdem wir nun die Taufgnade empfangen haben, sind wir allem Wandel des Gesetzes fremd geworden und gleichsam in einem anderen Leben: „Ihr seid tot für das Gesetz im Leib Jesu Christi" (Röm 7,4). Dies sagt er (*sc.* der Apostel), daß ihr durch die Geburt der Taufe zum neuen Leben gelangt seid und Teil des Leibes Christi, unseres Herrn, geworden seid. Wir erwarten, mit ihm Gemeinschaft (κοινωνία) zu haben, und jetzt sind wir vom Leben dieser Welt befreit und für die Welt und das Gesetz (νόμος) gestorben, da das Gesetz (νόμος) in dieser Welt Macht hat. Wir hingegen sind im Sinnbild (τύπος) der Taufe dieser ganzen Welt fremd geworden.

14. Als nun Christus, unser Herr, all das vollzogen hatte, unterzog er sich daraufhin dem Tod und nahm ihn durch das Kreuz auf sich. Sein Tod ereignete sich nicht im geheimen, sondern war gleichsam offenkundig und für alle bekannt, da die Auferstehung unseres Herrn durch die seligen Apostel der ganzen Schöpfung verkündet werden sollte. Für die Wahrheit ihrer Zeugnisse hätten die Zeichen (σημεῖα) genügt, die vom Heiligen Geist auf wunderbare Weise gewirkt worden sind. Vielmehr sollte auch jedermann sein Tod offenbar werden, dessen Abschaffung seine Auferstehung war. Er hat also die Bande des Todes vollkommen aufgelöst durch seine Auferstehung von den Toten und ist in den Himmel aufgefahren und sitzt zur Rechten Gottes und ist uns ein wahrer Bürge aufgrund der Teilhabe (μετουσία) an seiner Auferstehung: „Ihr seid nämlich durch die Gnade dessen lebendig geworden, der uns mit ihm auferweckt und uns einen Platz zur Rechten Gottes im Himmel gegeben hat, um für alle kommenden Zeiten die Größe des Reichtums und die Freundlichkeit seiner Gnade zu zeigen, welche er durch unseren Herrn Jesus Christus auf uns ausgegossen hat" (Eph 2,5–7). Daß wir

nur ja nicht wegen ihrer Größe und ihrer Erhabenheit über uns an den Gütern, die er uns verheißen hat, zweifeln! Er hat uns als Unterpfand (ἀρραβών) jener künftigen Güter die „Erstlingsgabe des Heiligen Geistes“ (Röm 8,23) geschenkt, wie der selige Petrus gesagt hat: „Er wurde zur Rechten Gottes erhoben und hat die Verheißungen des Heiligen Geistes bekräftigt, den er genommen und über uns in reichem Maße ausgegossen hat, wie ihr selbst gesehen und gehört habt“ (Apg 2,33). Verheißungen des Heiligen Geistes nennt er nämlich die Gnade, die zur Bekräftigung der künftigen Güter vom Heiligen Geist gegeben wurden, weil diese künftigen in der Kraft des Heiligen Geistes in uns bestehen, wie der selige Paulus gesagt hat: „Gesät wird ein sinnenhafter Leib, und er ersteht geistig“ (1 Kor 15,44). Und damit wir im Glauben und ohne Zweifel diese künftigen Güter erwerben, hat er schon hier unten die Erstlingsgabe des Geistes gegeben in Gestalt des Unterpfandes, das wir empfangen haben. Darüber sagt der selige Paulus: „An ihn habt ihr geglaubt und seid allesamt versiegelt worden im Heiligen Geiste, der das Unterpfand unseres Erbes ist“ (Eph 1,13 f).

15. Dies ist das Heilswalten (οἰκονομία) der Gnade Christi, unseres Herrn, die verwirklicht ist, um derentwillen wir uns der Taufe unterziehen. Schön haben unsere seligen Väter das Bekenntnis überliefert, indem sie zum Hauptstück (κεφάλαιον) des Glaubens führten und darin alles Erforderliche einschlossen, indem sie sagten: „Geboren aus der Jungfrau Maria, gekreuzigt in den Tagen des Pontius Pilatus.“ Aber unserer Meinung nach geht das Gesagte über das notwendige Maß hinaus, wenn diese Worte vom Heilswalten (οἰκονομία) der Gnade Christi uns mit diesen Ausdrücken überliefert worden sind. Damit ihr also nicht unvollkommene Lehre erhaltet und wir euch nicht durch die Fülle der Worte zur Last fallen, laßt uns, so Gott will, diese Dinge, die sich an das bisher Gesagte anschließen, für einen anderen Tag aufsparen. Für den heutigen Tag mag das

Gesagte genügen. Laßt uns nun Lobpreis darbringen dem Vater, dem Sohn und dem Heiligen Geist, jetzt und allezeit und in alle Ewigkeiten. Amen.

Ende der sechsten Homilie.

Siebte Homilie (7)

1. Kehren wir wieder zurück, und sprechen wir über die Gnade des Heilswaltens (οἰκονομία) der Menschheit unseres Herrn und Retters Jesus Christus, und schauen wir, was uns unsere seligen Väter bei der Abfassung des Glaubensbekenntnisses hinterlassen haben. Seht, es sind nämlich drei Tage, an denen ich mit euch, ihr Lieben, über dieses Thema spreche, da wir uns bemühen, daß ihr Schritt für Schritt lernt und das mit euch Besprochene auch behaltet. Gehen wir also auch heute dazu über, mit euch das zu besprechen, was sich an das bisher Gesagte anschließt und dazu gehört. Sogleich nämlich, da unsere seligen Väter vom Heilswalten (οἰκονομία) zu sprechen begannen, haben sie kundgetan, für wen dieses ganze Heilswalten veranstaltet wurde, indem sie sagten: „Um uns Menschen willen ..." Auch fügten sie noch hinzu: „Um unseres Heiles willen", damit deutlich wird, daß dies der Zweck des Heilswaltens ist. Sie fügten nun noch das „vom Himmel herabgestiegen" hinzu, um die grenzenlose Demut (Christi) uns gegenüber in seiner Herabneigung[1] zu verstehen zu geben, so als ob sie das Wort des seligen Paulus sagten: „Um unseretwillen ist er, der Reiche, arm geworden" (2 Kor 8,9), er, der von der Höhe seiner Ehre und von solcher Majestät sich zu unserer Schwachheit herabneigte. Und um uns kundzutun, wie er herabgestiegen ist, sagten sie, er sei Mensch gewor-

---

[1] Die Inkarnation des Logos ist damit auch qualitativ von den gewöhnlichen Akten göttlicher Kondeszendenz, wie sie sich etwa in der Begnadung der Gerechten ereignet, unterschieden; vgl. Facundus, *defens.* 3,2,13 (CCL 90a,77): „Aber der Gott Logos wohnte ihm ein von der Erschaffung im Mutterschoß an, er wohnte ihm aber nicht nach gewöhnlicher Einwohnung ein, auch nicht nach jener Gnade, wie man sie bei vielen erkennen kann, sondern in einer erhabeneren Weise, aufgrund deren wir sogar behaupten, daß die beiden Naturen geeint werden und gemäß der Einung eine einzige Person bilden *(adunari dicimus utrasque naturas et unam iuxta adunationem effectam esse personam).*"

den. Und dies geschah nicht in schlichter Sorge und im Geschenk einer kraftvollen Hilfe, wie er des öfteren getan hat und auch jetzt noch sich herabgelassen hat, sondern unsere Natur (φύσις) hat er angenommen und angezogen und war in ihr und wohnte ihr ein, um sie durch Leiden zu vervollkommnen und sie mit sich zu verbinden.

(Unsere Väter haben dies gesagt), um das Geschenk seiner Gnade kundzutun, die sie im Hinblick auf das Menschengeschlecht (γένος) erblickten, da er von uns einen Menschen annahm und in ihm war und wohnte. Sie haben uns gelehrt, daß er all diese Dinge nach dem Gesetz (νόμος) der Menschennatur (φύσις τῶν ἀνθρώπων) erlitten und erduldet hat, damit wir einsehen, daß er nicht bloß zum äußeren Anschein (ἐν σχήματι καὶ δοκήσει)[2] Mensch war, sondern in Wahrheit und nach Menschennatur all diese menschlichen Dinge erlitt. Um nun nicht ihre Rede zu verlängern, haben sie (*sc.* die Väter) all diese von ihm gewirkten Dinge eines nach dem anderen belassen, damit wir es beim Lesen des Evangeliums (εὐαγγέλιον) begreifen. Und zu Recht haben sie sich knapper Ausdrücke bedient und gesagt: „Geboren aus der Jungfrau Maria, gekreuzigt in den Tagen des Pontius Pilatus“, um mit dem Anfang und dem Ende das ganze Heilswalten (οἰκονομία) einzuschließen. Wir erinnern uns nämlich, euch, ihr Lieben, gesagt zu haben, daß es ein Gesetz (νόμος) für die Schriften gibt, in der Erwähnung des Kreuzes das ganze Heilswalten (οἰκονομία) Christi zu bekunden, da er durch das Kreuz zu Tode gekommen ist. Durch den Tod hat er den Tod beseitigt und neues, unsterbliches, unwandelbares Leben offenbart.

So haben auch unsere seligen Väter das ganze Heilswalten (οἰκονομία) in diesen Begriffen zusammengefaßt, aber sie haben erkannt, daß sie auf die Worte, die sie über das Leiden (πάθη) und das, was dadurch geschah, gesagt haben,

---

[2] Diese Formel begegnet in einem Fragment des Lukaskommentars zur Ölbergsszene Lk 22 (PG 66,723–726, hier: 725).

achten mußten, da sie über alles menschliche Denken erhaben sind. Daß nur ja nicht die Größe dessen, was im Leiden geschehen ist, einen Zweifel in den Hörern aufkommen läßt bezüglich des Leidens, daß man annimmt, es habe nur zum Schein (σχῆμα) stattgefunden, deshalb mußten sie auf ihre Rede achten, damit man glaubt, daß er auch wirklich gestorben ist, und um zu bekunden, daß der menschliche Tod und die Leiden allesamt durch die Auferstehung Jesu Christi beseitigt worden sind[3]. Wenn nämlich Christus aus diesem Grunde den Kreuzestod erlitten hat, um allen seinen Tod offen kundzutun und mit seinem Tod auch seine Auferstehung, durch die der Tod aufgelöst worden ist, dann haben auch unsere seligen Väter zu Recht vor allem auf die Rede von seinem Tod geachtet und uns dann über seine Auferstehung belehrt.

2. Deshalb haben sie, nachdem sie „gekreuzigt in den Tagen des Pontius Pilatus“ gesagt hatten, noch „begraben“ hinzugefügt, um zu lehren, daß er nicht bloß zum Schein[4] und einer bloßen Vermutung nach (ἐν δοκήσει) gestorben ist, sondern in Wahrheit einen menschlichen Tod gestorben ist, und daß nach seinem Tod auch sein Leib begraben worden ist nach dem Gesetz (νόμος) der Menschennatur. Auch darin folgen sie der Lehre des seligen Paulus, als er zu den Korinthern über die Auferstehung von den Toten sprach — deshalb erinnerte er auch an die Auferstehung Christi, unseres Herrn, um die allgemeine (Auferstehung) durch die von Christus zu bestätigen. Vor allem lehrte er über seinen Tod, indem er sagte, daß Christus gestorben und in Wahrheit gestorben sei. Denn nach dem Bekenntnis

---

[3] Leiden, Versuchungen, Sterblichkeit sind Kennzeichen der wahren, menschlichen Natur Christi. Eine vom göttlichen Logos ganz und gar durchdrungene menschliche Natur, wie sie der Apolinarismus lehrt, wäre auch nicht leidensfähig. Vgl. auch THEODORS Deutung der Versuchungsszene in Lk 4 (PG 66,717–724).

[4] Syr. *baḥzātā (visu, aspectu).*

seines Todes kann auch die Verkündigungsrede von seiner Auferstehung angenommen werden. Er hat nämlich gesagt: „Ich habe euch vor allem überliefert, was auch ich zuvor empfangen habe, daß Christus für unsere Sünden gestorben ist, wie die Schriften sagen, und begraben wurde" (1 Kor 15,3 f). Er hat sich dieser Hinzufügung „er wurde begraben" aber nicht absichtslos bedient, sondern um zu beweisen, daß er wahrhaft nach Menschengesetz (νόμος ἀνθρώπων) gestorben ist und den Tod ganz nach der sterblichen Natur (φύσις) erlitten hat[5].

3. In derselben Art (σχῆμα) haben auch unsere seligen Väter, nachdem sie „in den Tagen des Pontius Pilatus" gesagt hatten, um anzuzeigen, daß er gestorben ist, das „er wurde begraben" hinzugefügt, um gemäß der Verkündigung des Apostels zu lehren, daß er in Wahrheit gestorben ist. Wie der selige Paulus nach dem „er wurde begraben" die Wahrheit seines Todes kundgetan hatte, um dann das „am dritten Tag erstanden nach den Schriften" hinzuzufügen — auf diese Weise konnte er nämlich die Auferstehung Christi nach seinem Tode lehren, um den wahren Glauben an seinen Tod in den Herzen der Zuhörer zu verankern —, so haben auch unsere seligen Väter nach der Aussage „er wurde begraben" hinzugefügt: „Am dritten Tage auferstanden, wie die Schriften es gesagt haben". Genau dieses Wort der Schrift haben sie verwandt, um uns das Bekenntnis seiner Auferstehung zu überliefern.

4. Keinesfalls ist das Wort, das die Auferstehung verheißt, zu vernachlässigen: Für die Ungläubigen birgt es die Gefahr (κίνδυνος) des Todes und des Verlustes aller Güter, den Gläubigen aber schafft es Vertrauen. Und auf alle Wunder, die Christus in seinem Heilswalten (οἰκονομία) wirkte, legt die Auferstehung das Siegel. Denn die Voll-

---

5 Leider ist der Kommentar zu 1 Kor 15 zu lückenhaft, als daß er zur Deutung noch herangezogen werden könnte; vgl. STAAB, *Pauluskatenen* 193–196.

endung des gesamten Heilswaltens Christi ist die Auferstehung; sie ist die Haupttat unter allen von ihm gewirkten Verbesserungen, wodurch der Tod besiegt wird, die Verwesung verwest und die Leiden verschwinden, die Wandelbarkeit zunichte wird, die Regungen der Sünde erlöschen, die Macht Satans zerstört und die Gewalt der Dämonen aufgelöst wird und der Zwang aus dem Gesetz (νόμος) vergeht. Verheißen ist nun unsterbliches und unwandelbares Leben, wodurch dies alles zerstört und vernichtet wird, da eben darin die Dämonen ein Einfallstor für den Kampf mit uns besaßen.

5. Und deshalb hat der selige Paulus gesagt: „Wenn die Toten nicht auferstehen, dann ist auch Christus nicht auferstanden. Wenn nun Christus nicht auferstanden ist, ist unsere Verkündigung nichtig, nichtig auch unser Glaube" (1 Kor 15,13f). Wenn es also nicht möglich ist, daß die Toten auferstehen, dann ist es offensichtlich, daß auch Christus nicht von den Toten auferstanden ist, denn auch er war im Leib von derselben Natur (φύσις) und hat dem Naturgesetz (νόμος τῆς φύσεως) gemäß den Tod empfangen. Wenn wir nun bekennen, daß Christus erstanden ist, dann ist offenbar und gewiß, daß es die Auferstehung in Wahrheit gibt, denn wenn etwas nicht hätte sein können, hätte es sich auch bei ihm nicht ereignen können. Wenn es nun bei ihm geschehen ist (ἐγένετο) und sich ereignet hat, dann ist es offensichtlich und gewiß, daß es überhaupt möglich war. Wir dürfen also die Auferstehung nicht leugnen, als ob sie unmöglich wäre, vielmehr müssen wir unbedingt bekennen, daß sie schon einmal stattgefunden hat und den Anfang in Christus, unserem Herrn, genommen hat. Wer nämlich die Auferstehung im allgemeinen leugnet, macht auch die Auferstehung Christi zunichte, da er gerade im Fleische Teil der allgemeinen Natur (φύσις) ist. Wer nun dieses zunichte macht, zeigt, daß unsere Verkündigung überflüssig und auch unser Glaube leer ist. Da nämlich die Auferstehung das Hauptgut des Heilswaltens (οἰκονομία)

Christi in seinem Leib ist — durch sie werden alle diese Übel beseitigt und besteht für alle Güter ein Zugang —, höhlt, wer die Auferstehung für nichtig erklärt, unsere Verkündigung (κήρυγμα), ja unseren Glauben aus. Wenn nämlich der Tod nicht beseitigt ist, bleibt der Bereich der Übel bestehen und gibt es für uns keine Güter zu erwarten. Es ist klar, wenn nun die Auferstehung nicht stattgefunden hat (ἐγένετο), bleibt der Tod an der Macht und wird aus seiner Macht nicht verdrängt. Und durch den Tod hat auch die Sünde Gewalt und halten uns alle Übel umzingelt. Er (*sc.* der Apostel) hat nun gesagt: „Wenn die Toten nicht erstehen, ist auch Christus nicht erstanden. Wenn Christus nicht erstanden ist, ist unser Glaube nichtig, und ihr seid noch in euren Sünden" (1 Kor 15,16 f). Er hat nun kundgetan, daß durch die Auferstehung der Tod beseitigt wurde und durch den Tod die Sünde. Denn nach der Auferstehung sind wir unsterblich und unwandelbar geworden. Wenn es aber die Auferstehung nicht gibt, dann ist der Glaube nichtig, dann herrscht noch immer der Tod und mit ihm die Sünde. „Und auch ihr seid noch in euren Sünden", und es gibt für euch keine Hoffnung auf die Güter, die wir durch die Auferstehung euch verkündet haben.

6. Zu Recht haben also unsere seligen Väter nach dem Wort des Apostels als Hauptgut des Heilswaltens (οἰκονομία) Christi zuerst das „auferstanden von den Toten" genannt und dann noch „aufgefahren in den Himmel" hinzugefügt. So mußten wir nämlich, nachdem wir erfahren hatten, daß er von den Toten auferstanden ist, erkennen, wo er nach seiner Auferstehung ist. Wie nämlich die Heilige Schrift von Adam erzählt, daß Gott ihn erschaffen hat, und hinzufügt, wie, woher und an welchen Ort er ihn gestellt hat, um in diesem Leben zu wandeln, so haben sie auch in bezug auf Christus, unseren Herrn, der von uns genommen wurde und unserer Natur gemäß (κατὰ φύσιν ἡμῶν) existiert, nach dem „auferstanden von den Toten" zu Recht „aufgefahren in den Himmel" hinzugefügt, damit

wir begreifen, daß er in eine unsterbliche Natur verwandelt und in den Himmel aufgefahren ist, daß er über allem sein mußte.

7. Alle Evangelisten (εὐαγγελισταί) nun erzählten uns die Auferstehung von den Toten und beschlossen ihr Evangelienbuch (βίβλος εὐαγγελίου) mit ihr, wohl wissend, daß dies für unsere Lehre ausreichte, daß er von den Toten erstanden und ins unsterbliche und unwandelbare Leben hinübergewechselt ist, daß er uns zusammen mit ihm Hoffnung auf Teilhabe an diesen Gütern gegeben hat. Der selige Lukas nun, der auch ein Evangelienschreiber (γραφεὺς εὐαγγελίου) ist, hat das „aufgefahren in den Himmel" (Lk 24,51) hinzugefügt, damit wir begreifen, wo er sich nach seiner Auferstehung befindet. Es ist offenbar, daß er auch bei der Abfassung der Apostelgeschichte (πράξεις ἀποστόλων) uns dieses zu Beginn seiner Darstellung gelehrt hat; dann hat er den Rest Punkt für Punkt angefügt nach der gewohnten Reihenfolge (τάξις) der Darlegung. Denn nicht durch die Auferstehung ist Christus uns Erstlingsgabe geworden, sondern auch durch die Himmelfahrt; und durch beides hat er uns zu Teilhabern an seiner Gnade gemacht. Notwendigerweise müssen wir beides zur Kenntnis nehmen, da wir erwarten, nicht nur von den Toten aufzuerstehen, sondern auch zum Himmel aufzufahren, um dort mit Christus, unserem Herrn, zu sein.

8. So hat auch der selige Paulus gesagt: „Unser Herr Jesus wird auf den Befehl und das Wort des Erzengels und beim Schall des Hornes Gottes vom Himmel herabkommen, und die Toten in Christus werden zuerst erstehen, und dann werden wir, die wir übrig sind, mit ihnen auf den Wolken in die Lüfte erhoben, unserem Herrn entgegen, und so werden wir allezeit bei unserem Herrn sein" (1 Thess 4,16f). So hat er an anderer Stelle gesagt: „Unser Dienst ist im Himmel, woher wir unseren Retter, unseren Herrn Jesus Christus, erwarten, der unseren armseligen Leib verwandeln und dem Leib seiner Herrlichkeit anglei-

chen wird" (Phil 3,20f), um zu beweisen, daß wir zum Himmel geführt werden, woher Christus, unser Herr, kommt und uns durch die Auferstehung von den Toten verwandelt und uns seinem Leib ähnlich macht und uns zum Himmel hinaufführt, damit wir allezeit mit ihm zusammen sind. Und ferner: „Wir wissen, daß wir, wenn dieses unser irdisches Haus zerstört wird, vielmehr ein Bauwerk haben, das von Gott stammt, ein nicht von Menschenhand errichtetes Haus im Himmel auf ewig" (2 Kor 5,1). Damit hat er uns gelehrt, daß wir durch die Auferstehung unsterblich werden und im Himmel wandeln.

9. Und wenig später heißt es: „Solange wir im Leib sind, sind wir von unserem Herrn entfernt. Im Glauben nämlich wandeln wir und nicht im Schauen. Wir vertrauen aber darauf und erwarten, daß wir aus unserem Leib verscheiden und bei Christus sein werden" (2 Kor 5,6–8). Damit tut er kund, daß wir, solange wir in diesem sterblichen Leib sind, gleichsam dahinscheidend und von unserem Herrn entfernt sind, da wir noch nicht wirklich in den Genuß der kommenden Güter gekommen sind. Denn nur im Glauben haben wir sie empfangen und haben so große Gewißheit bezüglich der künftigen Dinge. Und mit großem Eifer erwarten wir die Zeit, da wir die Sterblichkeit dieses Leibes abstreifen und von uns werfen, um unsterblich und unwandelbar durch die Auferstehung von den Toten zu werden und dann mit unserem Herrn zusammenzusein wie Menschen, die nach geraumer Zeit und für lange Dauer von dieser Welt waren und darauf warteten, mit ihm vereint zu werden. Deswegen hat er gesagt: „Das Jerusalem dort oben ist frei, da es unser aller Mutter ist" (Gal 4,26). Als „Jerusalem da oben" nun hat er die Bleibe im Himmel bezeichnet, wo wir durch die Auferstehung von den Toten (wieder-)geboren und unsterblich und unwandelbar werden, wobei wir uns wahrhaft an der Freiheit in wahrer Freude erfreuen werden, wo uns keine Gewalt bedrängt noch Trauer zu uns gelangt, sondern wo wir in unaussprech-

licher Seligkeit existieren und in einer Freude, die kein Ende kennt. Da wir also darauf harren, uns dieser Güter zu erfreuen, unter denen als Erstlingsgabe Christus, unser Herr, ist, den Gott Wort angezogen hat und der aufgrund der genauen Verbindung (συνάφεια ἀκριβής) solcher Ehre würdig ist und der uns auch die Hoffnung auf Vereinigung mit ihm gegeben hat, hat uns zu Recht auch die Heilige Schrift darüber belehrt, daß er nicht nur von den Toten erstanden ist, sondern auch in den Himmel aufgefahren ist, damit auch wir dasselbe erhoffen sollen, wie auch unsere seligen Väter nach dem „am dritten Tage erstanden" das „aufgefahren in den Himmel" hinzugefügt haben.

10. An ihre Rede haben sie auch angeschlossen: „Der sitzet zur Rechten Gottes", erstens, um die Größe der Ehre anzuzeigen, die jenem angenommenen Menschen (ληφθεὶς ἄνθρωπος) aus der Teilhabe (κοινωνία, μετουσία) an Gott Wort, das ihn angezogen hat, erwachsen ist; zweitens, damit wir begreifen, für welche kommenden Güter wir bestimmt sind, wenn wir wirklich mit ihm Gemeinschaft (κοινωνία) haben werden[6]. Der selige Paulus hat nämlich, indem er sagte: „Auch euch, die ihr in euren Sünden und Fehlern tot wart, hat Gott durch Christus lebendig gemacht", hinzugefügt: „Durch Gnade seid ihr lebendig geworden, und er hat euch auferweckt und euch in den Himmel versetzt durch Jesus Christus" (Eph 2,1.5f). Damit hat er uns die Größe der Gemeinschaft (κοινωνία) aufgezeigt, die wir mit ihm haben.

11. Nachdem unsere Väter das festgelegt hatten, fügten sie noch folgendes völlig zu Recht an: „Der wiederkommen

[6] Auch dieser Textpassus stellt eine prägnante Zusammenfassung der Theodorschen Christologie mit den spannungsreichen Polen des *Verbum assumens — homo assumptus* dar. Der Primat des angenommenen Christus ist ein Primat der Ehre. Die δόξα ist diejenige Form, in der sich auch die Einheit des Prosopons am ausdrucksvollsten manifestiert. Die menschliche Natur Christi erfüllt eine exemplarische Funktion, insofern Christus als Mensch Prototyp und Urheber der Erlösung ist.

wird, zu richten die Lebenden und die Toten", um uns über sein zweites Kommen zu unterrichten, wo wir aufs neue mit ihm Gemeinschaft (κοινωνία) bekommen, da wir ihn wahrhaft „vom Himmel her erwarten" gemäß dem Apostelwort, „damit er uns seiner Herrlichkeit ähnlich macht" (Phil 3,20f). Und seinem Kommen haben sie nun „Richter der Lebenden und der Toten" hinzugefügt, um in uns mit dem Gedanken an die guten Werke, die an uns getan worden sind, auch die Ehrfurcht zu wecken und uns auf jenes herrliche gute Werk eines solchen Heilswaltens (οἰκονομία) vorzubereiten. „Lebende und Tote" haben sie gesagt: nicht daß Tote gerichtet würden — denn welches Gericht könnte denn Toten widerfahren, die keinen Empfindungssinn[7] haben? —, vielmehr erweckt er uns alle auf zu jener Zeit, da er kommt, jene, die aus Adam entstanden sind, alle Menschen, die verstorben sind, und er verwandelt sie in eine unsterbliche Natur (φύσις)[8]. Die Menschen aber, die die Auferstehung lebend antrifft, verwandelt er nur und macht sie von Sterblichen zu Unsterblichen. Deshalb haben sie „Lebende und Tote" gesagt. „Lebende" nannten sie die, die für jene Zeit aufgespart werden, Tote jedoch jene, die gestorben und abgeschieden sind, um uns zu erkennen zu geben, daß alle Menschen gerichtet würden und es keinen gibt, der der Prüfung entrinnen könnte, damit sie, wenn sie

---

[7] Syr. *r^e^gešṭā* meint die *vis sentiendi* des Menschen, sein Wahrnehmungsvermögen (αἴσθησις). Im Gegensatz zum extremen Thnetopsychismus hält THEODOR zwar an dem substantiellen Fortbestand der Seele nach dem Tode fest, nimmt aber an, daß sie aufgrund ihrer Leiblosigkeit nicht zu einer sinnenhaften Wahrnehmung fähig ist. Damit ist eine Grundvoraussetzung späterer nestorianischer Eschatologie schon bei THEODOR gegeben. Eine vergleichbare Position vertritt auch AITHALLAHA; vgl. BRUNS, *Aithallahas Brief* 66–70.

[8] Es gehört zu den Eigenarten der Theodorschen Christologie, daß der Dyophysitismus in einen eschatologischen Monophysitismus umschlägt; vgl. LERA, *Hombre* 242–245. Vergleichbares läßt sich auch für die Soteriologie des Mopsuesteners sagen. Die sterbliche Menschennatur wird vollkommen in die unsterbliche Natur hineinverwandelt.

einmal gerichtet sind, die Vergeltung empfangen, die ihrer Taten würdig ist, die einen für die guten, die anderen für die schlechten. Und alle werden geprüft und gerichtet, wie es ihr Wille erwählt hat[9].

12. So hat auch der selige Paulus im Brief an die Korinther gesagt: „Wir werden nicht alle entschlafen, sondern wir alle werden verwandelt werden. Ganz plötzlich, wie beim Zwinkern eines Auges, beim Schall des letzten Hornes werden die Toten unverweslich erstehen, und wir werden verwandelt" (1 Kor 15, 51 f). Dabei zeigt er in dem Ausdruck „wir werden nicht alle sterben, aber wir werden alle verwandelt" an: Die Toten nun erstehen unverweslich und unsterblich, die Lebenden aber werden in die unsterbliche Natur (φύσις) verwandelt. Beides geschieht (γίνεται) (wie) beim Zwinkern eines Auges. Daß auch wir nämlich verwandelt werden, dies hat er von den Lebenden gesagt. Da er zu dem Zeitpunkt, da er es schrieb, noch am Leben war, hat er die Person (πρόσωπον) der Lebenden auf sich selber bezogen, wie er auch an die Thessalonicher schrieb: „Wir, die wir übrigbleiben, gelangen nicht zu den Entschlafenen, da unser Herr auf Befehl und beim Ruf des Engelfürsten und beim Schall des Hornes Gottes vom Himmel herabkommen wird, und die Toten in Christus werden zuerst erstehen, dann werden wir, die Lebenden, zusammen mit ihnen auf den Wolken in die Luft entrissen, unserem Herrn entgegen, und wir werden immerdar mit unserem Herrn zusammensein" (1 Thess 4, 15–17)[10]. Er sagt nun, daß

---

[9] THEODOR insistiert auch bei der Auslegung der Paulusbriefe auf dem freien Willensentscheid (προαίρεσις) des Menschen; vgl. in diesem Zusammenhang auch WICKERT, *Studien* 61–77 (Freiheit und Wahl). THEODOR ist eher ein Anhänger des Synergismus als ein Verfechter der Prädestinationslehre; siehe WICKERT, ebd. 77–89.

[10] Vgl. hierzu auch den Pauluskommentar (2, 27–32 SWETE). THEODOR unterscheidet dort zwischen den „Entschlafenen" und den „Toten". Die „in Christus Entschlafenen" darf man nicht „Tote" nennen, weil sie der Auferstehung gewürdigt werden. Auch hier sind erste Ansätze für die spätere nestorianische Lehre vom „Seelenschlaf" zu finden.

sich all dies in der raschen Geschwindigkeit eines Augenzwinkerns ereignet, da die Lebenden nicht zu den Toten gelangten, wenn sie unserem Herrn entgegenzögen. Er zeigt damit an, daß diese auferstehen, jene aber verwandelt werden, beide Gruppen werden unserem Herrn entgegen entrückt.

13. Dies also haben unsere seligen Väter gesagt, um zu ermahnen, Furcht einzuflößen und auf eine künftige Rechenschaft vorzubereiten. Und zu Recht haben sie dieses Wort auf die Person (πρόσωπον) jenes Menschen, der für uns angenommen worden ist, gesagt: „Richter der Lebenden und der Toten", um uns jene Ehre anzuzeigen, die dem Tempel von Gott Wort zukommt — das ist jener Mensch, der um unseres Heiles willen angenommen worden ist[11] —, und uns in Schrecken zu versetzen, indem sie uns nämlich in ihrer Rede über das künftige Gericht belehren. Es wird also sehr hart für uns, wenn wir einen bösen und verkehrten Willen haben.

Derjenige nun, der von uns angenommen worden ist und in dem eine solche Würde ist, daß er die Lebenden und die Toten richten soll, da er von jeder Sünde frei war und aufgrund seiner Würde außerhalb des Todes sein konnte, hat nämlich gesagt: „Ich habe nämlich Macht, meine Seele dahinzugeben, und ich habe Macht, sie wieder zu nehmen" (Joh 10,18)[12], um anzuzeigen, daß er der Herr ist und Macht hat, zu sterben und nicht zu sterben. Er hat nun den

[11] Der „angenommene Mensch" (ληφθεὶς ἄνθρωπος) ist als der „Menschensohn" in Personalunion mit dem annehmenden Logos der Weltenrichter, siehe *comm. in Io.* 5,22 (CSCO 116,83): „Was er (*sc.* der angenommene Mensch) nicht hatte, empfängt er durch seine Einung mit dem Gott Logos *(per unionem suam cum Deo Verbo)*, welcher, da er kraft der eigenen Natur *(suapte natura)* Richter aller ist, völlig zu Recht seine Knechte richtet."

[12] Diese Bibelstelle gewinnt in der antiapolinaristischen Polemik erhöhte Bedeutung insofern, als sie den Beweis erbringt, daß Christus über eine menschliche Seele verfügt habe. Sein Leiden ist keine Naturnotwendigkeit, sondern geschieht freiwillig und betrifft auch nur die leidensfähige menschliche Natur; vgl. *comm in Io.* 10,16 (CSCO 116,146): „Er aber unterscheidet sich in doppelter Hinsicht von ihnen (*sc.* den

Tod, der ihn mit Gewalt überkommen sollte, auf sich genommen, und mit dem ihm eigenen Freimut (παρρησία) konnte er ihn machtvoll beseitigen und hat auch dem ganzen Menschengeschlecht (γένος ἀνθρώπων) die Vernichtung des Todes geschenkt. Wenn er nun Mensch ist von uns und unserem Geschlecht und über den Tod erhaben wegen der Fülle seiner Verherrlichung und vollkommen ohne Tadel in der Kraft des Heiligen Geistes, und doch Tod und Leiden auf sich genommen hat, den schändlichen Tod durch das Kreuz, um uns die Freude an den kommenden Gütern zu geben, dann wäre es bar jeden Verstandes, ihn für das, was er unseretwegen erduldet hat, zu verachten und nicht in seiner Liebe zu bleiben. Leben wir nun getreu dem Gesetz (νόμος) seiner Gebote, und halten wir seine Liebe und sein Erbarmen mehr als alles andere in Ehren! Dies ist, was wir unter Beweis stellen müssen wegen jener unaussprechlichen Güter, die uns durch ihn zugekommen sind.

14. Sieh also die Genauigkeit ihrer Worte, da sie, von seiner Menschheit und seinen Leiden und seiner Auferstehung erzählten, von ebenderselben Person (πρόσωπον)[13]

übrigen Menschen) und überragt sie. Erstens, weil er freiwillig und wann er es will, den Tod empfängt, zweitens, weil er wußte, daß er nur eine kurze Frist (im Grab) sein würde und der Tod aufgelöst werde und er nach Rückkehr der Seele zum Körper *(revertente anima ad corpus)* unverwesliches, unsterbliches Leben haben werde, viel besser als das frühere."

[13] Um die Vermischung der Naturen oder Wesenheiten zu vermeiden, verlegt THEODOR die Einheit Christi ins πρόσωπον. Freilich tut er sich mit einem Aussagentausch schwer, nicht zuletzt, weil er befürchtet, daß die Tätigkeiten der wandelbaren Menschennatur auf die Gottheit übertragen werden könnten. Deshalb findet sich auch an dieser Stelle die saubere Distinktion zwischen dem Annehmenden und dem Angenommenen. Die Frage, die sich allerdings sowohl bei THEODOR als auch später bei NESTORIUS stellt, ist, ob πρόσωπον lediglich eine „Rolle" oder „figürliche Darstellung" meint. Die Einheit in Christus ist bei beiden gewiß mehr als bloß akzidentiell-moralisch, auch wenn das begriffliche Instrumentarium recht mangelhaft erscheinen mag; vgl. GRILLMEIER, *Jesus der Christus* 1,717–726.

sprachen, die Gericht halten soll, damit nur ja keiner zweifelt, daß ein Mensch der künftige Richter der ganzen Schöpfung ist. Sie haben das „wieder“ (πάλιν)[14] hinzugefügt, um gleichsam in einem versteckten Hinweis auf die Gottheit des Eingeborenen (μονογενῆς) hinzuweisen, die in ihm ist, von dem er solche Würde erhalten hat. Wenn es nämlich nicht das gewesen wäre, was sie angeben wollten, dann hätte es zu sagen genügt: „Der kommt, die Lebenden und die Toten zu richten.“ Aber in der Hinzufügung haben sie auf seine Gottheit hingewiesen. Derjenige nämlich, der kommt, ist offensichtlich in Wahrheit jener Mensch, der von uns genommen worden ist, der aber vom Himmel kommt, von dem man zu Recht sagt, er wechsele von einem Ort zum anderen, wie gesagt wurde: „Jener Jesus, der von euch aufgefahren ist, wird ebenso wiederkommen, wie ihr ihn zum Himmel habt aufsteigen sehen“ (Apg 1,11), um offenbar kundzutun, daß der, der ihnen erscheint und bei ihnen ist und nun von ihnen getrennt ist, wiederkommt, und zwar sichtbar für alle Menschen.

Aber für diesen Menschen gilt das „wieder“ nicht; denn es war nicht er, der gekommen ist[15], sondern die Gottheit ist vom Himmel gekommen. Dies geschah nicht durch einen Ortswechsel von einem zum anderen, sondern durch Herablassung (κατάβασις)[16] und durch die Sorge (πρόγνωσις), die sie (*sc.* die Gottheit) in jenem für uns angenom-

---

[14] THEODOR legt großes Gewicht auf das πάλιν, welches sich wohl im *Caesareense*, nicht aber im ursprünglichen *Nicaenum* findet; vgl. die Texte bei KELLY, *Glaubensbekenntnisse* 181.215f. Auch das *Antiochenum* in der Wiedergabe bei JOHANNES CASSIANUS weist diese Wendung auf *(iterum veniet iudicare)*; vgl. KELLY, *Glaubensbekenntnisse* 183f.

[15] Es wird hier nicht klar ersichtlich, gegen wen THEODOR polemisiert. Hat er irgendwelche „Gnostiker“ im Visier, die von der Herabkunft eines himmlischen Fleisches Christi sprechen? Die Polemik jedenfalls ist traditionell und geht bis ins 2. und 3. Jh. zurück; vgl. GRILLMEIER, *Jesus der Christus* 1,208–219.

[16] Das syr. Wort *m^{e}ttaḥtyānūtā* meint *descensus, humiliatio*.

menen Menschen (ληφθεὶς ἄνθρωπος) an uns geübt hat. Sie ist es, die in der kommenden Welt „wieder“-kommt in jenem Menschen, den sie für uns angenommen hat. Der für uns angenommene Mensch (ληφθεὶς ἄνθρωπος) also ist jetzt fürs erste aufgenommen in den Himmel und wird dann fürs erste vom Himmel „wiederkommen“. Aber da ihre Redeabsicht auf die göttliche Natur gerichtet war, haben sie sein Kommen doppelt gerechnet: das erste Mal kam er vom Himmel durch jenen Menschen, und dann „wiederum“ wird er kommen in jenem angenommenen Menschen wegen der unaussprechlichen Verbindung (συνάφεια ἄρρητος), welche zwischen dem Menschen und Gott zustande gekommen ist (ἐγένετο).

15. Deshalb hat der selige Paulus nach dem „wir erwarten die Offenbarung des großen Gottes“ hinzugefügt „und Retters Jesus Christus“ (Tit 2,13)[17], um die über alles erhabene göttliche Natur aufzuzeigen, die wir erwarten, daß sie kommen und sich allen Menschen offenbaren soll. Da die göttliche Natur nicht in einem sichtbaren Äußeren erscheint, macht sie sich entsprechend der Fassungskraft des Betrachters den Menschen offenbar. Denn unter welcher Gestalt (σχῆμα) wir die Offenbarung der göttlichen Natur erwarten sollen, hat er uns im Zusatz „unseres Retters Jesus Christus“ kundgetan. Von jenem leiblichen Menschen meint er das; und er gibt uns deutlich zu erkennen, daß durch das Kommen jenes (Menschen) und seiner Erschei-

---

[17] Es ist in den Katechesen eindeutig, wie bereits SWETE (2,250, *adn. ad l.* 13) im Pauluskommentar vermutet hat, daß θεοῦ mit σωτῆρος identifiziert wird, und zwar im Sinne der Theodorschen Zweinaturenlehre, wobei „Gott“ für die göttliche und „Erlöser“ für die menschliche Natur steht. Nur tritt im Kommentar der ethische Nachfolgeaspekt auf Kosten der Christologie in den Vordergrund, siehe *comm. in Tit.* 2,13 (2,250,12–15 SWETE): „So daß wir den künftigen Zustand *(statum futurum)*, den wir erwarten, soweit möglich, nachzuahmen instand gesetzt erscheinen, wenn wir Christus erwarten als Gott und unseren gemeinsamen Retter, welcher ganz allgemein erscheinen und uns Wohltaten spenden wird.“

nung die göttliche Natur ihre Offenbarung gemacht hat, in demselben Menschen, der durch sie uns von Anfang an errettet hat, wird sie wiederum erscheinen, um uns diese unaussprechlichen Güter zu geben. Zu Recht haben also unsere seligen Väter diesen Zusatz gemacht, um durch das „wieder“ die göttliche Natur kundzutun, die auch dem sichtbar Erschienenen jene große Würde verliehen hat, mit der er richten soll. Sie ist es nämlich, die die ganze Welt gemäß dem Apostelwort richten soll, das besagt: „Er wird die ganze Erde richten durch den Menschen Jesus“ (vgl. 2Tim 4,1)[18]. Der selige Paulus hat nämlich dadurch deutlich kundgetan, daß durch diesen Menschen, der unseretwillen angenommen worden war und zur Festigung unseres Glaubens von den Toten erstanden ist, Gott die ganze Erde richtet. Aber dies Gesagte mag für die heutige Belehrung genügen. Lassen wir also den Lobpreis aufsteigen zu Gott Vater und dem eingeborenen Sohn und dem Heiligen Geist, jetzt und allezeit und in alle Ewigkeiten. Amen.

Ende der siebten Homilie.

---

[18] *Comm. in 2Tim.* 4,1 (2,222,18f SWETE): „Das heißt: Dann wird er alle richten, wenn er gemäß seiner Würde erscheint, in der er (schon jetzt) besteht.“

Es folgt die achte Homilie (8)

1. Die Lehre über Christus, unseren Herrn, haben wir folgerichtig nach der Überlieferung unserer seligen Väter hinreichend in den vergangenen Tagen euch, ihr Lieben, dargelegt. An euch ist es also, das mit euch Besprochene mit großer Sorgfalt im Gedächtnis zu behalten. Auch haben sie uns nämlich eine doppelte Redeweise entsprechend der Idee der Schrift über Christus, unseren Herrn, überliefert, der nicht bloß Gott war, aber auch nicht bloß Mensch, sondern in beiden[1] wahrhaft von Natur aus (φυσικῶς) existierte: sowohl Gott als auch Mensch. Gott Wort ist der Annehmende, der Mensch aber der Angenommene. Und der, der Gestalt Gottes ist, hat Knechtsgestalt angenommen; doch ist die Knechtsgestalt nicht die Gestalt Gottes. In der Gestalt Gottes ist der, der von Natur aus (φυσικῶς) Gott ist, der die Knechtsgestalt angenommen hat. Die Knechtsgestalt aber ist der, der von Natur aus (φυσικῶς) Mensch ist, der zu unserer Erlösung angenommen worden ist. Also war der Annehmende nicht derselbe, der angenommen worden ist, noch war der Angenommene derselbe, der angenommen hat[2]. Vielmehr ist der Annehmende Gott, der Angenommene ist Mensch. Und der Annehmende ist von Natur aus das, was Gott Vater ist. Er ist nämlich „Gott bei Gott", und das ist das, was der ist, bei dem er ist. Der Angenommene aber ist das von Natur aus (φυσικῶς),

---

[1] Man beachte hier die Redeweise THEODORS: Christus besteht *in* zwei Naturen, nicht *aus* zwei Naturen, die dann nach der Einigung zusammenfließen. Die Naturen sind also bleibend unterschieden. Das ἐν δύο φύσεσιν findet sich schließlich auch im *Chalcedonense* wieder; vgl. DS 302.

[2] Auch hier zeigt THEODORS Argumentation gewisse Schwachstellen. Böswillige Interpreten können hier leicht ein *alius et alius* herauslesen. Demnach wäre nicht ein und derselbe Gott und Mensch, und der Weg von einer Zwei-Naturen-Lehre zu einer Zwei-Söhne-Christologie wäre nicht mehr weit.

was David und Abraham ist, deren Sohn er ist und von deren Samen er stammt. Deshalb ist er der Herr und Sohn Davids, Davids Sohn wegen der Natur, Herr aber wegen der Würde, die ihm zuteil wurde. Doch ist er über seinen Vater David hinaus erhöht worden aufgrund der Natur (φύσις), die ihn angenommen hat[3].

2. Deshalb hat unser Herr, als er die Pharisäer fragte, wessen Sohn Jesus Christus sei, und sie ihm sagten, er sei Davidssohn (vgl. Mt 22,42), das gesprochene Wort nicht zurückgewiesen. Es war nämlich der Evangelist (εὐαγγελιστής) Matthäus, der erzählte, daß die Pharisäer Jesus dies gefragt hätten, der auch zu Beginn seines Evangeliums (εὐαγγέλιον) folgendermaßen schrieb: „Anfang des Evangeliums Jesu Christi, des Sohnes Davids, des Sohnes Abrahams" (Mt 1,1). Er hätte dies unmöglich zu Beginn seines Evangeliums lehren können, wenn er gewußt hätte, daß unser Herr dies verneint hätte. Er wagte es nämlich nicht, auch nur ein Wort, das unserem Herrn zuwiderlief, einzusetzen, wo er doch solchen Eifer gezeigt hatte, sein Evangelium (εὐαγγέλιον) folgerichtig nach den Gesetzen (νόμοι) Christi niederzuschreiben.

3. Vielmehr ist bekannt, daß unser Herr das ihm Gesagte, Christus sei Sohn Davids, keinesfalls zurückgewiesen hat; im Gegenteil, das Gesagte war gut und schön gesagt. Da nun alle Pharisäer und Juden einen bloßen Menschen (ψιλὸς ἄνθρωπος) als Messias erwarteten, der aus dem Samen des Hauses Davids stammen sollte — und darin stimmten

---

[3] In diesen Ausführungen zeigt THEODOR große Nähe zu seinem akademischen Lehrer DIODOR VON TARSUS. Soweit sich überhaupt aus den spärlichen Fragmenten eine Christologie eruieren läßt, vgl. dazu GRILLMEIER, *Jesus der Christus* 1, 506–515, kann man nur die entschiedene Gegnerschaft zu APOLINARIUS als gesichert annehmen. Die Problematik einer doppelten Sohnschaft, Christus ist Gottes Sohn und Davids Sohn, hat THEODOR nicht erst erfunden, sondern geht bereits auf DIODOR zurück; vgl. DIODOR, *Synous.* 1 (PG 33,1560): Τέλειον τὸν ἐκ Δαβὶδ ἀνείληφεν υἱὸς Θεοῦ υἱὸν Δαβίδ.

sie folgerichtig mit den Worten der Propheten überein —, waren sie andererseits nicht davon überzeugt, daß der Eingeborene Gottes (μονογενὴς τοῦ θεοῦ) der ist, der ihn aus dem Samen des Hauses David angenommen hatte und der in ihm wohnte, der durch ihn das ganze Heilswerk (οἰκονομία) um unseres Heiles willen vollzogen hat, sich mit ihm verbunden und ihn über die ganze Schöpfung erhöht hat. Da die Pharisäer davon nicht überzeugt waren, fragte sie unser Herr, wessen Sohn der Messias sei. Nachdem sie gesagt hatten, was sie wußten, daß er nämlich Sohn Davids sei, hat er sie gefragt: „Wieso hat David im Heiligen Geist ihn Herrn genannt, indem er sagte: Es sprach der Herr zu meinem Herrn: Setze dich zu meiner Rechten, bis ich deine Feinde als Schemel unter deine Füße gelegt habe. Wenn also David ihn Herrn genannt hat, wie kann er dann sein Sohn sein?" (Mt 22,43–45). Dies geschah gleichsam mit einem versteckten Hinweis[4] und nicht in klarer Rede, daß er ihnen eine Lehre über die Gottheit übermittelte. Dies war nämlich zu diesem Zeitpunkt zu hoch für den jüdischen Verstand, wo sogar die seligen Jünger vor der Kreuzigung unwissend waren: „Wenn ihr nämlich mich kennen würdet, würdet ihr auch meinen Vater kennen" (Joh 8,19). Ferner: „So lange Zeit schon bin ich bei euch, und ihr habt mich nicht erkannt, Philippus?" (Joh 14,9). Und ferner: „In Gleichnissen habe ich zu euch gesprochen, doch es kommt die Stunde, da ich ohne Gleichnisse mit euch sprechen werde, vielmehr werde ich euch offen meinen Vater kundtun" (Joh 16,25). Und: „Bis jetzt habt ihr mich nichts gefragt" (Joh 16,24). Und: „Ich habe euch noch viele Dinge zu sagen, aber ihr könnt es jetzt noch nicht aufnehmen. Sobald jedoch der Geist der Wahrheit kommt, wird er euch in die ganze Wahrheit einführen" (Joh 16,12f). Und vieles kann man im Evangelienbuch finden, was beweist, daß die Apostel vor der Kreuzigung die Gott-

---

[4] Syr. *b-remzā (allegorice).*

heit des Eingeborenen (μονογενής) nicht erkannt haben, auch nicht, daß der Sohn Gott Wort (θεὸς λόγος) aus dem Vater war, er, der in Wahrheit Sohn Gottes ist, den wir als gleichgeartet (ὁμοούσιος)[5] mit seinem Vater begreifen.

4. Denn er war davon überzeugt, daß dies noch nicht der rechte Zeitpunkt war, diese Lehre über seine Gottheit in aller Deutlichkeit zu Ende zu führen. Vielmehr gibt er durch seine Frage einen Wink, daß das Wissen über Christus nicht vollkommen war, das sie schon lange besaßen, da sie meinten, er sei bloß Mensch, ohne die göttliche Natur, welche in ihm wohnte, zu kennen, aufgrund deren er, aus dem Samen des Hauses David stammend, die Herrenwürde verdient hat. David wurde nämlich nicht sein (*sc.* Christi) Herr genannt, der von Natur aus von ihm abstammt, wenn ihn nicht etwas Erhabeneres und Größeres dazu gemacht hätte, ihn, der durch die Verbindung (συνάφεια) mit ihm (*sc.* dem Logos) zu jener großen Ehre erhoben worden ist, daß er als Herr über den erachtet wird, aus dem er von Natur aus (φυσικῶς) stammt. Also ist er eines Wesens (ὁμοούσιος) mit David dadurch, daß er aus seinem Samen stammt. Wir begreifen, daß er auch Herr ist aufgrund der Verbindung (συνάφεια), die er mit der göttlichen Natur (θεία φύσις) hat, die Ursache und Herr von allem ist[6].

5. Notwendigerweise müssen wir also beides zur Kenntnis nehmen: die annehmende Natur und die angenommene, den zu Gott Gehörigen und die Knechtsgestalt. Und Gott ist der Einwohnende, der Mensch aber sein Tempel, den er vollendet und zu seiner Wohnstatt gemacht hat[7]. Deshalb

---

[5] Wörtl. „von gleicher Natur wie sein Vater“. Diese syr. Umschreibung dient als Äquivalent für das griech. ὁμοούσιος.

[6] Nimmt man die Ausführungen in *hom.* 8,3 und 8,4 zusammen, so wird ersichtlich, daß THEODOR an eine doppelte Homousie denkt. Der Sohn ist der Gottheit nach eines Wesens mit dem Vater, aber auch eines Wesens mit David der Menschheit nach.

[7] Die Einwohnungschristologie läßt Nähe und Distanz des annehmenden Logos zum angenommenen Menschen deutlich werden. Die ein-

hat er gesagt: „Reißt diesen Tempel ein, und in drei Tagen richte ich ihn wieder auf“, was der Evangelist (εὐαγγελιστής) so erklärt: „Er aber sprach über den Tempel seines Leibes“ (Joh 2,19.21). Seinen Tempel nannte er also jenen angenommenen Menschen, indem er von sich selbst kundtat, daß er in einem Tempel wohne. Mit „seiner Wohnung“ hat er uns offenbar seine Herrschaft angezeigt, da er ihn (*sc.* den Tempel) gemäß seinem Willen der Vernichtung durch den Tod auslieferte und ihn in seiner gewaltigen Macht erweckte. Und damit er sterben sollte, ließ er das Leiden zu, was ihm von seiner Natur aus zukam, wobei er es als sein Herr verhinderte, daß er verweste und der Vernichtung preisgegeben wurde. Er ließ ihn nun sterben, weil er es so wollte, und nach seinem Tode erweckte er ihn seinem Willen gemäß wieder auf. Er hätte nämlich nicht gesagt: „Reißt diesen Tempel ein“, wenn er nicht von seiner Macht überzeugt gewesen wäre. Jetzt aber, da er Herr von beiden ist, hat er gesagt: „‚Reißt diesen Tempel ein!‘

6. Denn schon von Natur aus (φυσικῶς) besteht für ihn die Möglichkeit zur Auflösung, aber die Macht liegt in meinen Händen, sagt er, daß dies geschieht oder nicht. Denn durch meinen Willen gestatte ich es, daß er seiner Natur gemäß aufgelöst wird. Wenn ich nun nicht will, bin ich Herr, es zu unterbinden. Reißt also diesen Tempel ein! Was mich anbelangt, so kann ich nicht zerstört werden, da meine Natur unzerstörbar ist. Was aber ihn anbelangt, so gestatte ich es, daß er zerstört wird, weil es in seiner Natur liegt. Ich hätte das nämlich nicht zulassen können, wenn ich nicht mit ihm noch etwas Größeres vorgehabt hätte. Ich lasse es zu, da ich noch einen anderen Plan (πρόνοος) habe. Was ist das? Nun, nach drei Tagen erwecke ich ihn wieder

---

wohnende Gottheit bleibt in freier Souveränität von der Destruktion ihres Tempels verschont. Das Leiden betrifft nur die menschliche Natur, nicht aber die göttliche. So dient das Bild der Einwohnung THEODOR dazu, die alte theopaschitische Frage zu lösen.

auf. Sobald er zerstört wird, werde ich ihn wiederaufbauen und wiederherstellen durch die Auferstehung von den Toten, eine viel erhabenere und größere Sache als das Frühere. Er wird dann nämlich nicht sterblich, nicht zerstörbar sein in seiner Natur, wie er es jetzt ist, vielmehr unsterblich, unverweslich, leidensunfähig und unwandelbar[8]. So erwecke ich ihn nämlich auf, viel erhabener als das, was er jetzt von Natur aus (φυσικῶς) ist. Deshalb lasse ich es also zu, daß er aufgelöst wird, weil ich etwas Größeres an ihm tun will. ‚Reißt diesen Tempel ein!' Setzt euren Willen in die Tat um, schafft eure trügerische List herbei, denn ich gestatte es, daß ihr tut, was ihr wollt, damit, wenn ihr es getan habt, ihr auch meine alles überragende Macht zu spüren bekommt. Durch sie erwecke ich ihn von den Toten und mache aus ihm etwas Größeres als das, was er jetzt ist. Und dann werdet ihr merken, daß ihr ihn nicht hättet zerstören können, wenn ich es nicht gewollt hätte, und nicht gestorben wäre, wenn ich es nicht so bestimmt hätte. Weil ich es nämlich will, ist ihm auch dieses von Nutzen. ‚Reißt diesen Tempel ein, und nach drei Tagen richte ich ihn wieder auf.'"

7. Durch diese Worte hat er also ausreichend den Unterschied zwischen ihm und dem Zerstörten gezeigt; denn jener ist der Tempel, und er ist sein Bewohner. Ferner ist er als Tempel seine Wohnstätte, und als Gott ist er Bewohner. Aber es war nicht nur ein kurzfristiger Tempel, auch wohnte Gott Wort nicht für eine gewisse Zeit ein, nein, vielmehr handelt es sich um einen Tempel, von dem er sich niemals trennt, da es eine unaussprechliche Verbindung (συνάφεια) zwischen ihm und dem Bewohner gibt[9]. Und „er hat ihn

---

[8] Die Wesenseigenschaften der göttlichen Natur werden erst nach der Auferstehung der Menschennatur verliehen. In diesem Sinne kennt THEODOR eine „Vergöttlichung", auch wenn dieses Wort nirgends begegnet. Der Logos hat am angenommenen Menschen demonstriert, was in der kommenden Katastase allen Christgläubigen zuteil werden soll.

[9] Die bloße Analogie von Tempel und einwohnender Gottheit auf das Verhältnis von Gott Logos zum angenommenen Menschen anzuwen-

durch seine Leiden (πάθη) vollendet" nach dem Wort des seligen Paulus (Hebr 2,10). Er hat die Leiden gemäß seiner Natur angenommen, da er dessen bedurfte, der ihn von den Leiden befreit, dessen, der seine Natur verwandelte und ihn leidensunfähig machte und ihn in seinen Leiden krönte. Der in ihm einwohnt, ist von seiner Natur aus leidensunfähig und kann das Leidensfähige leidensunfähig[10] machen, um die angenommene Knechtsgestalt, seinen Tempel, jenen Menschen, der zu unserem Heile angenommen worden ist, durch Leiden zu vollenden und ihn unsterblich und vollkommen unwandelbar zu machen.

8. Der selige Paulus hat nämlich gesagt: „Nicht den Engeln hat er die kommende Welt unterworfen, von der wir sprechen, sondern, wie die Schrift bezeugt und gesagt hat: Was ist der Mann, daß du seiner gedachtest, der Menschensohn, daß du seiner dich annahmst? Nur ein wenig unter die Engel hast du ihn erniedrigt, mit Ehre und Herrlichkeit hast du ihn umhüllt und ihn zum Herrscher eingesetzt über das Werk deiner Hände, und alles hast du ihm zu Füßen gelegt" (Hebr 2,5–8). Nachdem er angezeigt hatte, daß er ihn nicht von den Engeln genommen hatte,

---

den, dies erscheint THEODOR viel zu schwach, um die Einzigartigkeit dieser besonderen gottmenschlichen Verbindung in Christus zum Ausdruck zu bringen. Man hat es eben mit einer Analogie zu tun, bei der die größere Unähnlichkeit in der Unauflösbarkeit der Verbindung besteht. Der Gott Logos geht eine unsägliche Verbindung ein, die zu keiner Zeit, auch nicht im Tode, gelockert wird. Sie ist daher auch nicht von bloß akzidentieller Natur, wie das Bild Gottheit — Tempel vielleicht vermuten lassen könnte. Man sollte sich diese Eigenart der Theodorschen Einigungskonzeption stets vergegenwärtigen, bevor man die Einwohnungstheorie von vornherein als ungeeignet für die Beschreibung der Einheit in Christus ansieht. Es steht jedenfalls fest, daß selbst CYRILL VON ALEXANDRIEN auf dieses Gedankenmodell nicht verzichtet hat, auch wenn es in späterer Zeit bevorzugt von Antiochenern und Nestorianern verwandt wurde; vgl. GRILLMEIER, *Jesus der Christus* 1, 445f. 678f. 697.

[10] Das Begriffspaar „leidensfähig" — „leidensunfähig" wird so zum Unterscheidungsmerkmal der beiden Naturen Christi.

sondern daß er Mensch ist, erklärt er uns, wer dieser Mensch ist, folgendermaßen: „Wir sehen, daß der, der ein wenig unter die Engel erniedrigt worden ist, nämlich Jesus Christus, wegen seines Todesleidens nun mit Ehre und Herrlichkeit auf seinem Haupt umgeben ist“ (Hebr 2, 9), um anzuzeigen, daß Jesus, dieser zu unserem Heile angenommene Mensch (ληφθεὶς ἄνθρωπος), „ein wenig unter die Engel erniedrigt ist“, da er den Tod kostete, „mit Herrlichkeit und Ehre aber auf seinem Haupte versehen“, da er von den Toten erstanden ist und durch seine Verbindung (συνάφεια) mit Gott über die ganze Schöpfung erhöht ist[11].

9. *Und um uns darüber zu belehren, warum er gelitten hat und ein wenig erniedrigt worden ist, hat er gesagt: „Außerhalb von Gott hat er für jedermann den Tod gekostet“ (Hebr 2, 9)[12], weil die göttliche Natur dies gewollt hat: daß er zum Nutzen aller den Tod koste, und um anzuzeigen, daß die Gottheit von dem getrennt war, der in der Todeserfahrung litt — da sie überhaupt keine Todeserfahrung machen kann; ohne sich freilich in der Sorge von ihm zu entfernen[13], blieb sie vielmehr ihm nahe und tat das Notwendige und jener Natur Entsprechende, die von ihr

---

[11] Vgl. zur Auslegung dieser Stelle *comm. in Ps.* 8, 5 (45–49 DEVREESSE).

[12] Anstelle von χάριτι θεοῦ liest THEODOR χωρὶς θεοῦ (vgl. STAAB, *Pauluskatenen* 204 f), was für die gesamte nestorianische Dogmatik nicht ohne Folgen geblieben ist. Die ostsyrische Überlieferung ist ihm darin uneingeschränkt gefolgt, da sie hierin den Schriftbeweis für die Leidensunfähigkeit der Gottheit Christi erblickte. Die westsyrischen Bibelübersetzer lesen in der Regel aufgrund ihres monophysitischen Verständnisses: „Denn er, Gott, kostete in seiner Güte den Tod.“ Vgl. hierzu MINGANA, *Nicene Creed* 86 Anm. 6.

[13] Dieser Abschnitt wird in den Akten des II. Konzils von Konstantinopel zitiert und verworfen: *Deinde ostendens cujus gratia passus est, diminutionem infert, ‚Quatenus circa Deum pro omnibus gustaret mortem‘ (Hebr. 2): quia, divina natura ita volente, separata illa, ipse per se pro omnium utilitate gustavit mortem; et ostendens quod deitas separata quidem erat ab illo qui passus est secundum mortis experimentum, quia nec possibile erat illam mortis experimentum accipere, non tamen illi qui passus est, abfuerat secundum diligentiam* (9, 217 f MANSI).

angenommen worden war. „Denn es war recht, daß er den, durch den und für den alles ist und der viele Söhne in seine Herrlichkeit einführte, zum Haupt ihres Heiles durch Leiden vollendete“ (Hebr 2,10). Durch die Todeserfahrung also wurde nicht er (*sc.* der Logos) erprobt, sondern er war bei ihm und tat das Rechte für seine Natur, das, was dem Schöpfer recht ist, der Ursache aller Dinge ist, vielmehr um diesen (*sc.* den angenommenen Menschen) durch Leiden zur Vollendung zu führen und ihn unsterblich, leidensunfähig, unverweslich und unwandelbar zu machen zum Heile der Vielen, die mit ihm Gemeinschaft haben sollten.

10. So lehren uns die heiligen Schriften den Unterschied der beiden Naturen (φύσεις). Dies müssen wir also unbedingt erkennen: wer der Annehmende ist und wer der Angenommene, daß der Annehmende die göttliche Natur ist, die für uns alles bewirkt hat[14], während dieser die menschliche Natur ist, die für uns angenommen worden ist von dem, der Ursache aller Dinge ist und in unaussprechlicher und für immer untrennbarer Verbindung (συνάφεια)[15] existiert.

Deshalb bleibt auch in Wahrheit die Gabe bei uns, auf deren Empfang wir warten wegen unserer Gemeinschaft mit ihm. *Auch die göttlichen Schriften lehren uns nämlich diese Verbindung, nicht nur, wenn sie uns die Kenntnis der

---

[14] Dieser Passus macht deutlich, daß THEODOR bei φύσις an die konkrete Menschennatur bzw. den konkreten Menschen denkt, der vom Logos angenommen worden ist. Die Schwierigkeiten, die daraus für die Bestimmung der Einheit in Christus resultieren, liegen auf der Hand, der Umschlag vom Dyophysitismus in den Dyoprosopismus, den ihm seine Gegner vorhalten, ist bereits in diesem konkreten Naturbegriff enthalten.

[15] THEODOR hält an der Unzertrennbarkeit der Verbindung zwischen Gott und Mensch in Christus fest. Gerade der Charakter der Unauflöslichkeit ist es, der diese Verbindung über die bloß akzidentiell-moralische Ebene hinaushebt, auch wenn THEODOR von seiner Ontologie her die Einheit der unterschiedlichen Seinsweisen von Gott und Mensch nicht seinsmäßig zu bestimmen vermag.

einzelnen Naturen lehren, sondern auch, indem sie gleichsam wie von einem einzigen[16] sprechen, was jedem einzelnen von ihnen zukommt, damit wir begreifen, welche wunderbare und erhabene Verbindung gewirkt worden ist[17], nach dem Ausspruch: „Von ihnen (*sc.* den Juden) ist Christus dem Fleische nach, der Gott über alles ist“ (Röm 9,5). Nicht ist der, der von den Juden dem Fleische nach ist, von Natur aus Gott über alles, noch ist der, der von Natur aus (φυσικῶς) Gott über alles ist, von Natur aus von den Juden, sondern beide Naturen lehrt uns der Apostel in seinem Wort. Unter dem Ausdruck „von ihnen ist Christus dem Fleische nach“ versteht er seine Menschheit, mit dem Ausdruck „Gott über alles“ belehrt er uns über die Natur seiner Gottheit. Er faßt nun seine Lehre über einen einzigen zusammen, indem er sagt: „Von ihnen ist Christus dem Fleische nach, welcher Gott über alles ist“ (Röm 9,5).

11. Und dies ist auch das, was unser Herr im Evangelium (εὐαγγέλιον) gesagt hat: „Wenn ihr den Menschensohn dorthin aufsteigen seht, wo er von Anfang an war“ (Joh 6,62). Siehe, der Menschensohn, der Mensch aufgrund seiner Natur (φύσις) war, war bekanntermaßen nicht von Anfang an im Himmel, sondern ist erst hinaufgezogen wegen der göttlichen Natur, die in ihm war, welche aber bereits im Himmel war. Indem er also von seinem Leib sagte, er könne unsterbliches Leben denen geben, die ihn essen, da dieses ausgesprochene Wort für die Hörer unglaublich war, wollte er sie überzeugen (πεῖσαι), daß es, auch wenn es jetzt unglaublich klingt, vielmehr später geglaubt werde. Wenn ihr mich unsterblich geworden und zum Himmel aufgefah-

---

[16] THEODOR BAR KONAI hat die änigmatische Wendung „wie von einem einzigen“ bei seinem Namensvetter in ein „wie von einer Hypostase *(qnōmā)*“ umgeändert. Dies wäre eine interessante Interpretation in Richtung auf die hypostatische Union hin, wo doch sonst der πρόσωπον-Begriff bevorzugt wird!

[17] Zitiert bei THEODOR BAR KONAI, *schol. 7* (CSCO 69, 190,7–12).

ren seht aufgrund dessen, was mir widerfährt, dann werdet ihr glauben, daß auch ihr aufgrund eurer Gemeinschaft (κοινωνία) mit mir das erhaltet, was mir widerfährt, aufgrund der göttlichen Natur (θεία φύσις), die in mir wohnt, die von Anfang an im Himmel ist. Und dieser *(sc.* der menschlichen Natur) verleiht sie Unsterblichkeit und läßt sie zum Himmel aufsteigen und wird euch Gemeinschaft mit mir schenken. Dies ist wie über einen einzigen gesagt zum Nachweis der entstandenen genauen Verbindung (συνάφεια ἀκριβής): „Wenn ihr den Menschen dorthin aufsteigen seht, wo er von Anfang an war" (Joh 6,62). Wenn dem aber nicht so wäre, wie wir gesagt haben, dann hätte er sagen müssen: „Wenn ihr den Menschensohn dorthin aufsteigen seht, wo der war, der in ihm ist, dann begreift ihr die Majestät der göttlichen Natur, die in mir wohnt, und ihr werdet das Wunder bestaunen, das mir widerfährt und meinetwegen auch euch."

12. Dies ist auch der Grundgedanke des Wortes: „Keiner ist je in den Himmel aufgestiegen außer jenem, der vom Himmel herabgekommen ist, der Menschensohn, der im Himmel ist" (Joh 3,13). Er hat nicht gesagt: „Niemand ist in den Himmel hinaufgestiegen, ich aber bin hinabgestiegen aufgrund der in mir wohnenden göttlichen Natur, die auch jetzt im Himmel ist", sondern er hat folgerichtig wie von einem einzigen gesprochen: „Niemand ist in den Himmel hinaufgestiegen außer dem Menschensohn, der in mir wohnt, der vom Himmel herabgestiegen ist und der im Himmel war." Er hat vielmehr diese Form (σχῆμα) der Rede beiseite gelassen und folgerichtig (ἀκολούθως) wie von einem einzigen gesprochen zum Aufweis und zur Bestätigung jener Wunder, die an dem Sichtbaren geschehen.

Und jedesmal, wenn die Schrift über das, was der menschlichen Natur (ἀνθρωπίνη φύσις) widerfährt, sprechen möchte, gibt sie, da sie über unsere Natur hoch erhaben ist, notwendigerweise einen Hinweis auf die göttliche Natur (θεία φύσις), indem sie ihre Verbindung (συνάφεια) zu erkennen gibt, damit das von diesem Menschen Ausgesagte geglaubt wird, jene Dinge, derentwegen die wunderbare göttliche Natur sich ihm verbunden hat. Daher kommt ihm alle Ehre und Herrlichkeit zu, um uns dadurch zu vergewissern, daß auch an uns sich diese Dinge einmal ereignen sollen. Denn dieser Mensch hätte nicht über diese großartigen Güter verfügen können, wenn er nicht zu Gott eine Verbindung (συνάφεια) gehabt hätte. Noch viel weniger hätten wir eine aussichtsreiche Hoffnung auf all diese kommenden Güter, wenn nicht die göttliche Natur, die sich in Knechtsgestalt kleidete, geneigt gewesen wäre, ihm all diese Güter zu schenken und ihren Genuß auch auf uns auszudehnen.

13. Aufgrund all dieser Ausführungen laßt uns also den Unterschied der Naturen (φύσεις) und ihre Verbindung (συνάφεια) aus den heiligen Schriften erlernen. Halten wir an dieser Lehre fest, und begreifen wir den Unterschied der Naturen: Gott ist der Annehmende und der eingeborene Sohn, die angenommene Knechtsgestalt hingegen ist der Mensch. Und Gott hat die guten Eigenschaften dieses Geschlechtes (γένος)[18] angenommen, und jener wird angenommen, daß er in seinen Tugenden verbleibe und uns mit der Teilhabe (μετουσία) an seiner Gnade überschütte[19].

---

[18] Der Logos nimmt eine vollkommene menschliche Natur an, ausgenommen die Sünde. Die menschliche Natur ist nicht in sich sündig, die Sünde gehört nicht notwendig zum Menschsein dazu, sondern stellt vielmehr ein Resultat der menschlichen Freiheit dar, ein Grundgedanke, den THEODOR in seiner späteren Gnadentheologie gegen den Manichäismus und einige westliche Theologen weiter entfaltet hat (2,335,35 bis 336,3 SWETE): „Und den Tod nahm er deshalb auf sich, aber auf keinen Fall die Sünde, sondern er war gänzlich von ihr frei. Was nämlich zur Natur gehört, das nahm er zweifelsohne an, die Sünde aber, welche nicht zur Natur gehört, sondern Sache des Willens ist, die nahm er keineswegs an. Läge nämlich die Sünde in der Natur, so der Ausspruch dieses Weisen (AUGUSTINUS, HIERONYMUS?), hätte er notwendigerweise die in der Natur liegende Sünde angenommen."

[19] Die Soteriologie THEODORS ist von seiner παιδεία-Vorstellung nicht ablösbar. Dies muß man berücksichtigen, sonst läuft man Gefahr, in dieser Stelle nur ein Abgleiten in Moralismus und Adoptianismus zu

Auch müssen wir nämlich die unzertrennliche Verbindung (συνάφεια) in unserer Erkenntnis bewahren, damit niemals, auch nicht für einen einzigen Augenblick, die Knechtsgestalt von jener göttlichen Natur abgetrennt wird, die sie angezogen hat. Keinesfalls nämlich hebt die Unterscheidung der Naturen (φύσεις) die genaue Verbindung auf, ebensowenig macht die genaue Verbindung (συνάφεια ἀκριβής) die Unterscheidung der Naturen hinfällig. Vielmehr bleiben die Naturen (φύσεις) geschieden in ihrer Wesenheit (οὐσία)[20], ihre Verbindung (συνάφεια) bleibt ohne Teilung[21], weil nämlich der Angenommene mit dem Annehmenden verbunden ist durch Ehre und Herrlichkeit, denn deswegen wollte Gott ihn annehmen.

14. *Keinesfalls sind wir nämlich, weil wir von zwei Naturen sprechen, gezwungen, auch von zwei Herren oder zwei Söhnen zu sprechen; dies wäre nämlich eine kapitale

---

vermuten. Im Hintergrund steht jedoch die Auseinandersetzung mit der arianischen Bewährungschristologie. THEODOR läßt den sittlichen Fortschritt (προκοπή) im Unterschied zu ARIUS nur für die menschliche Natur, nicht aber für den Präexistenten gelten. Das gesamte Dasein des angenommenen Menschen ist durch den göttlichen Logos begnadet, und dadurch ist auch sein Verbleiben in der Tugend gesichert. Die derart begnadete menschliche Natur Christi im besonderen wird so zum Ur- und Vorbild für die erlöste Menschheit im allgemeinen.

20 THEODOR setzt also auch in der Christologie die schon von seiner Trinitätstheologie her bekannte Identifizierung von φύσις und οὐσία fraglos voraus. Aus der Zweinaturenlehre folgt auch eine doppelte Homousie Christi, Christus ist gleichermaßen eines Wesens mit Gott Vater und mit den Menschen.

21 Syr. *d-lā pulāg* wird hier mit *sine divisione* übersetzt, nicht wie bei DEVREESSE mit *sine dubio* (nécessairement). Im Syrischen kommt alles auf den Unterschied der einzelnen Wurzeln *p-r-š (distinguere, separare)* und *p-l-g (dividere)* an. Jene meint die Distinktion der Naturen, diese aber ihre strenge Teilung, die von THEODOR ausdrücklich verworfen wird.

Torheit (ἰδιωτεία)[22]. Für alle Dinge nämlich, die in dem einen zwei sind und in dem anderen eins, (gilt): ihre Verbindung (συνάφεια) aufgrund deren sie eins geworden sind, hebt ja den Unterschied der Naturen (φύσεις) nicht auf, noch hindert der Unterschied der Naturen (φύσεις) sie daran, eins zu werden. „Ich und der Vater, wir sind eins" (Joh 10,30)[23]. Es ist aber keineswegs so, daß das „eins" das „ich" und „mein Vater" auflösen würde, die doch zwei sind. Und an anderer Stelle sagt er über Mann und Frau, daß sie nicht mehr zwei sind, sondern ein Leib (vgl. Mt 19,5), und das nicht, weil Mann und Frau ein Leib wären, sondern zwei sind. Vielmehr bleiben sie zwei dadurch, daß sie zwei sind, und eins sind sie dadurch, daß sie eins sind, und nicht zwei. Auf diese Weise (σχῆμα) sind auch hier zwei in der Natur (φύσις), aber eins durch die Verbindung (συνάφεια), zwei durch die Natur, da ein großer Unterschied zwischen den Naturen ist, eins durch die Verbindung, da die Anbetung nicht aufgeteilt wird[24]; vielmehr

---

[22] FACUNDUS, *defens.* 9,3,9 (CCL 90a,273), übersetzt: *Neque enim, si duas naturas dicamus, necessitas nos ulla constringit aut duos dicere filios, aut duos dominos, aut duos Christos, quoniam hoc putare extremae est amentiae.* Auch die *Collectio Palatina* 51,10 weist dieses Zitat auf, ebenso MARIUS MERCATOR, vgl. die Zusammenstellung bei MINGANA, *Nicene Creed* 12–16. Es bleibt anzumerken, daß MARIUS' Übersetzung tendenziös ist, vor allem dort, wo sie wichtige Adjektiva wie in *coniunctio exacta* schlicht ausläßt, vgl. MINGANA, *Nicene Creed* 16.

[23] THEODOR ist auf die diesem Bibelzitat inhärente Problematik nicht recht aufmerksam geworden. Handelt es sich doch, wie er selbst im Johanneskommentar betont, um eine natürliche Einheit *(aequalitas naturae et inseparabilis coniunctio)* von Vater und Sohn, so ist doch die Einheit von Gott und Mensch in Christus eben nicht „physischer" Art, vgl. *comm. in Io.* 10,31; 14,20 (CSCO 116,152.196).

[24] THEODOR hat hier bereits die rein begriffliche Ebene verlassen und ist auf das Gebiet der Liturgie hinübergewechselt. Die Einheit in Christus ist begrifflich nur schwer zu bestimmen, sie wird aber bekannt und geglaubt in der einen Anbetung. In diesem Sinne spiegelt die gläubige Anbetung jene „Ehre" und „Herrlichkeit" wider, die durch die „genaue Verbindung" beiden Naturen gemein ist. Doch ist dies weniger begrifflich oder gar ontologisch zu fassen, THEODORS Vorstellung stellt eher

erhält der Angenommene zusammen mit dem Annehmenden (dieselbe Anbetung), da er der Tempel ist, von dem sich sein Bewohner unmöglich fortbewegen kann[25].

15. All diese Dinge nun, die über die beiden gesagt werden, bekommen also die Benennungen der beiden, wenn eines von ihnen nicht dadurch geändert wird, wodurch es die Zahl „zwei“ erhält, wie die Schrift (vgl. Dan 7,4–7) zu uns von vier Tieren spricht, einem Löwen, einem Bären, einem Panther und einem anderen, noch abscheulicheren als sie: vier nennt sie nämlich, da ein jedes einzelne von ihnen Tier ist von seiner Natur (φύσις) aus. Und ferner: „Das Zeugnis zweier Männer ist wahr“ (Joh 8,17), weil jeder einzelne von ihnen von Natur (φυσικῶς) dasselbe ist wie sein Nächster. Dies meint auch das Wort: „Ihr könnt nicht zwei Herren zugleich dienen“ (Mt 6,24), da derjenige, der mit derselben Sorgfalt sowohl Gott als auch dem Mammon dient, zwei Herren hat. So ist es auch in diesem Fall. Wenn jeder von ihnen von Natur aus (φυσικῶς) Sohn wäre und Herr, könnten wir von zwei Söhnen sprechen und zwei Herren, entsprechend der Anzahl der Personen (πρόσωπα). Da aber von Natur aus (φυσικῶς) jener Sohn und Herr ist, dieser hingegen von Natur aus (φυσικῶς) weder Sohn noch Herr, vielmehr aufgrund der genauen Verbindung (συνάφεια ἀκριβής) mit dem Eingeborenen (μονογενής), dem Gott Wort (θεὸς λόγος), glauben wir, daß er diese (Titel) erhalten hat, deshalb bekennen wir, daß der Sohn einer ist. Und wahrhaftig, wir denken da zunächst an den „Sohn“ und „Herrn“, der von Natur aus (φυσικῶς)

---

einen Reflex auf die kirchliche Verkündigung dar, die nie „zwei Söhne“ oder „zwei Herren“ verehrt hat.

25 THEODOR bricht die bloße Äußerlichkeit des Bildes vom Tempel auf, indem er von einer unauflöslichen Verbindung der einwohnenden Gottheit mit ihrem Tempel spricht. Nähe und Distanz des Logos zum angenommenen Menschen kommen hierin gleichermaßen zum Ausdruck. Daß die Verbindung unauflöslich sein soll, enthebt sie der reinen Zufälligkeit.

beide Titel hat. Doch fügen wir in unseren Gedanken auch jenen Tempel hinzu, in dem er wohnt und sich allezeit aufhält, von dem er sich niemals trennt aufgrund der unauflöslichen Verbindung (συνάφεια) mit ihm; aufgrund deren glauben wir, daß er Sohn und Herr ist.

16. Und wenn es nun noch eine weitere Stelle gibt, wo die Schrift den Angenommenen Sohn nennt aufgrund der genauen Verbindung (συνάφεια ἀκριβής), die dem Annehmenden widerfahren ist, so wird er Sohn genannt, *wenn es nämlich heißt: „Über den Sohn, der aus dem Samen des Hauses David stammt dem Fleische nach" (Röm 1,3)[26]. Es ist klar, daß er (*sc.* Paulus) hier jenen Sohn nennt, der aus dem Samen des Hauses David dem Fleische nach entstammt, und nicht Gott Wort, sondern die angenommene Knechtsgestalt. Auf keinen Fall ist nämlich Gott Fleisch geworden (*sic!*)[27], auch stammt Gott nicht aus dem Samen des Hauses David, sondern jener Mensch, der für uns angenommen worden ist, den nennt der selige Paulus offensichtlich Gott[28]. Wir nun begreifen ihn als Sohn und

---

[26] Bedauerlicherweise ist Röm 1,3 im Pauluskommmentar nicht enthalten; vgl. STAAB, *Pauluskatenen* 113.

[27] Sätze wie diese waren natürlich Wasser auf die Mühlen derer, die THEODOR der Häresie bezichtigten. In der Tat hat THEODOR anders als etwa APOLINARIUS für das Werde-Schema in der Inkarnation nicht viel übrig; Gott kann als das reine Sein nichts werden, auch nicht Mensch. Deshalb bevorzugt THEODOR auch das Assumptionsschema und muß alle Aussagen des Prologs über das ἐγένετο im uneigentlichen Sinne auffassen; vgl. *comm. in Io.* 1,14 (CSCO 116,23–26). Es soll jede Wandelbarkeit und Veränderlichkeit des Logos im Sinne des Arianismus ausgeschlossen werden. Seine Kritiker halten ihm allerdings vor, daß die Rede von Mensch*werdung* Gottes damit entwertet sei.

[28] Dieser Abschnitt wird im II. Konzil von Konstantinopel zitiert und verworfen: *Quando enim dicit, ‚De Filio suo, qui factus est ex semine David secundum carnem' (Rom. 1), certum quidem quod filium hic eum qui ex semine David factus est secundum carnem, non Deum dicit Verbum, sed assumptam servi formam. Nec enim Deus secundum carnem, nec Deus ex semine factus est David, sed sumptus pro nobis homo, quem filium beatus Apostolus manifeste vocat* (9,217 MANSI).

nennen ihn auch so, aber eigentlich[29] nicht ihn, sondern nur aufgrund der von ihm eingegangenen Verbindung (συνάφεια) mit dem wahren Sohn.

17. Diese Erkenntnis hat auch unser Herr seinen Jüngern übermittelt: „Geht hinaus, macht alle Völker zu Jüngern, und tauft sie auf den Namen des Vaters und des Sohnes und des Heiligen Geistes“ (Mt 28,19). Nach dieser Überlieferung geben wir folgendermaßen die Ehre: Wie wir den Vater göttliche Natur (ϑεία φύσις) nennen und den Heiligen Geist göttliche Natur aus Gott Vater, wie den Vater und den Geist so bezeichnen wir also auch die göttliche Natur des Eingeborenen als Sohn. Aber zu dieser Erkenntnis der göttlichen Natur fügen wir noch jenen angenommenen Menschen (ληφϑεὶς ἄνϑρωπος) hinzu, durch den wir die Kenntnis von der göttlichen Natur empfangen haben, in dem der Annehmende ist, welcher Gott Wort (ϑεὸς λόγος) ist und sein Vater und der Heilige Geist. „Mein Vater, der in mir wohnt, wirkt diese Werke“ (Joh 14,10), und vom Heiligen Geist (heißt es), er sei in Gestalt einer Taube herabgekommen und habe in ihm Wohnung genommen (vgl. Joh 1,32). Da der eine sich vom anderen nicht trennt, der Sohn nicht vom Vater, noch der Vater vom Sohn — „ich bin nämlich in meinem Vater, und mein Vater ist in mir“ (Joh 17,21) —, auch nicht der Vater vom Heiligen Geist, „wer sollte nämlich wissen, was im Menschen steckt, wenn nicht der Geist des Menschen, der in ihm ist? So hat auch das, was in Gott ist, niemand erkannt, außer der Geist, der von Gott ist“ (1 Kor 2,11). Dies ist gesagt, um uns zu unterrichten, daß ebenso der Heilige Geist beständig und

[29] Damit haftet der gesamten Theodorschen Inkarnationslehre, ganz analog etwa auch zur Verwendung des Theotokostitels etwas „Uneigentliches“ an. Man wird das Gefühl nicht los, daß Christus „eigentlich“ nicht Gottes Sohn ist, sondern nur *per adoptionem*. Der Adoptianismus wäre dann nicht mehr restlos auszuschließen. Hier kommt CYRILL VON ALEXANDRIEN unstreitig das Verdienst zu, diese Schwachpunkte der Theodorschen Inkarnationslehre aufgedeckt zu haben.

ohne Trennung bei Gott Vater ist, wie ja auch unsere Seele, solange wir leben und Menschen sind, sich nicht von uns trennt. Notwendigerweise war also in jener angenommenen Knechtsgestalt der Sohn, und der Vater mit dem Sohn und dem Heiligen Geist[30].

18. Wenn er nämlich über den Rest der Menschen gesagt hat: „Wer mich liebt, hält meine Gebote, und ich werde ihn lieben und mich ihm zeigen; und ich und mein Vater, wir werden kommen und bei ihm Wohnung nehmen" (Joh 14,23.21), was wunderst du dich dann, wenn im Herrn Christus, welcher im Fleische ist, der Vater bei dem Sohn ist und zugleich auch der Heilige Geist? Wie wir also Vater, Sohn und Heiliger Geist sagen, die wir nun als die göttliche Natur (θεία φύσις) bezeichnen — in ihr müssen wir zur Gottesfurcht erzogen und getauft werden —, so sprechen wir, wenn vom Sohn die Rede ist, von der göttlichen Natur (θεία φύσις) des Eingeborenen (μονογενής), in dem Gott Wort erkannt und verkündet wird und in dem er jetzt ist, ohne daß sich weder der Vater noch der Heilige Geist von ihm entfernt hätten, weil die Dreifaltigkeit sich nicht zerteilt, da die Natur (φύσις) eine ist, unkörperlich und unendlich. Dies haben wir aus den göttlichen Schriften erfahren, und so müssen wir denken und glauben. Da nun diese Stoffülle für das Gesagte genügt, laßt uns unserer Rede den Lobpreis anfügen für Gott Vater, den eingeborenen Sohn und den Heiligen Geist in alle Ewigkeiten. Amen.

Zu Ende ist die achte Homilie.

---

30 In diesem Abschnitt entwickelt THEODOR eine bemerkenswerte trinitarische Theologie von der *inseparabilis operatio ad extra;* vgl. hierzu auch BRUNS, *Aithallahas Brief* 121 f. 126–128. Die göttlichen Hypostasen sind gleich in der Ehre, der Natur und der Wesenheit und werden in untrennbarer Gemeinschaft zum Zwecke der Heilsökonomie tätig.

Neunte Homilie (9)

1. Wie nun folgerichtig den heiligen Schriften entlang unsere seligen Väter uns über den Vater und den Sohn belehrt haben, ohne das Heilswalten (οἰκονομία) der Menschheit unseres Herrn und Retters Jesus Christus zu vernachlässigen, habt ihr in dem mit euch Besprochenen vernommen. Laßt uns also zu dem übergehen, was an das Gesagte anschließt: Dies ist jetzt die Rede vom Heiligen Geist, die unsere seligen Väter, welche sich von überall her zu Nizäa auf jener wundervollen Synode (σύνοδος) versammelt hatten, ganz schlicht und ohne weitere Vertiefung dargeboten haben: „Und an den Heiligen Geist." Sie wähnten nun, dies müßte dem Hörerkreis jener Zeit wohl genügen; ihre Nachfolger jedoch haben uns eine vollkommene Lehre bezüglich des Heiligen Geistes überliefert. Zunächst haben sich die westlichen Bischöfe (ἐπίσκοποι) untereinander versammelt und eine Synode (σύνοδος) veranstaltet, da sie nicht in den Osten kommen konnten wegen der Verfolgung, die von den Arianern in jener Gegend ausgegangen war. Später jedoch ließ dank der göttlichen Gnade die Verfolgung nach, und auch die östlichen Bischöfe (ἐπίσκοποι) nahmen voller Freude die von der westlichen Synode (σύνοδος) überlieferte Formel an. Sie stimmten mit ihrer Ansicht überein, und durch ihre Unterschriften zeigten sie ihre Gemeinschaft mit ihnen[1]. Was aber nun die Vervollständigung ihrer Lehre über den Heiligen Geist im

[1] Mingana, *Nicene Creed* 93 Anm. 1, vermutet hier zu Recht, daß Theodor sich auf den *Tomus Damasi ad Antiochenos* (Fragmente in DS 144–147) bezieht, der gegen 378 in Antiochien die Unterzeichnung von 146 Bischöfen erhielt. Konstantinopel kommt wegen der Differenz in den Credotexten weniger in Betracht, siehe Einleitung 24–35. Völlig abwegig hingegen erscheint der Rekurs auf die Alexandrinische Synode 362, da Theodor vom Abflauen der Verfolgung spricht, einer Situation also, die erst nach Valens (379) gegeben ist; vgl. hierzu auch Ortiz de Urbina, *Nizäa* 159–189.

nachhinein anbelangt, so rührt sie, wenn man es genau betrachtet, ursächlich von jenen Seligen her, die sich aus der ganzen geschöpflichen Welt in Nizäa zur ersten Synode (σύνοδος) versammelten.

2. Und warum haben unsere seligen Väter all das, was erst später über den Heiligen Geist gesagt worden ist, so unvollkommen überliefert? Der Grund ist klar und einsichtig: Zu jener Zeit nämlich hat der gottlose Arius, der zunächst die Lästerung über den Sohn Gottes erfand, gefrevelt, der eingeborene Sohn Gottes, Gott Wort (ϑεὸς λόγος), sei Geschöpf und aus dem Nichts gemacht. Und sie haben folgendermaßen gelehrt ...[2] Völlig zu Recht haben unsere seligen Väter aus diesem Grunde sich versammelt und diese wunderbare Synode (σύνοδος) veranstaltet. Denn jener Zeitpunkt gewährte ihnen die freie (παρρησία) Versammlungsmöglichkeit, da der gottliebende, selige Konstantin eifrig darum bemüht war, den Frevel der Häresien (αἱρησιώτης) zu tilgen und den Glauben der Kirche zu bewahren. Deshalb haben sie in ihrer Lehre über den Sohn genaue Begriffe in ausführlicher Rede verwandt, um den Frevel des Arius zu beseitigen und den wahren Glauben der Kirche Gottes festzulegen. Bezüglich des Heiligen Geistes aber haben sie nichts dergleichen unternommen, da bis zu diesem Zeitpunkt noch keine Streitfrage über ihn von den Häretikern (αἱρησιώτης) angestoßen worden war; vielmehr waren sie der Meinung, dies würde für das vollkommene Bekenntnis des wahren Glaubens genügen, wenn sie, der Überlieferung unseres Herrn folgend, den Namen des Geistes in ihrer Lehre einfügen und jeden darüber belehren, daß er zusammen mit dem Vater und dem Sohn im Glaubensbekenntnis genannt werden müsse. Keinesfalls aber könne man gottesfürchtig sein, wenn man mit dem Vater und dem Sohn nicht auch den Heiligen Geist nennt,

---

[2] An dieser Stelle scheint der Abschreiber etwas ausgelassen zu haben.

ihn bekennt und glaubt. Derart will nämlich ihre Rede bezüglich des „und an den Heiligen Geist" belehren.

3. Die Leute, die nichts weiter von den Geschöpfen begriffen haben, hätten wohl kaum in ihrem Glaubenssymbol und Bekenntnis den Heiligen Geist mit solcher Sorgfalt dem Vater und Sohn zugesellt, wenn sie nicht in ihrem Glaubensbekenntnis alle geschaffenen Dinge von der ungeschaffenen Natur (φύσις) hätten unterscheiden wollen. Und so ist es recht, daß der Geist mit dem Vater und dem Sohn genannt und bekannt wird, da auch er von jener ungeschaffenen Natur (φύσις) ist, die von Ewigkeit her existiert und Ursache aller Dinge ist, der allein alle Geschöpfe Ehrfurcht schulden[3]. Und daß dem so ist, das bezeugt unser Glaubensbekenntnis. Denn nicht an eine geschaffene Natur (φύσις) ist das Glaubensbekenntnis zu richten, sondern an die ungeschaffene, göttliche Natur (θεία φύσις). Auch ist dies nämlich nichts Neues, noch haben unsere seligen Väter etwas aus sich heraus erfunden und niedergeschrieben, vielmehr folgten sie offenkundig der Überlieferung unseres Herrn, die er seinen Jüngern aufgetragen hat, indem er zu ihnen sprach: „Geht, macht alle Völker zu Jüngern, und tauft sie im Namen des Vaters und des Sohnes und des Heiligen Geistes" (Mt 28,19).

Es ist also klar und offenkundig, daß er seine Jünger zu Lehrern der ganzen Schöpfung gemacht und ihnen aufgetragen hat, alle Menschen vom Irrtum der Vielgötterei zu bekehren, der sie seit alters her anhingen, indem sie die Geschöpfe mit dem Namen Gottes bezeichneten und den geschöpflichen Naturen eine Ehre beilegten, die ihnen gar nicht zustand. Sie sollten sie lehren, die Anbetung in Wahrheit der göttlichen Natur (θεία φύσις) darzubringen, die von Ewigkeit her Gott ist und ungeschaffen und Ursache aller Dinge. Er hat also nicht befohlen, daß sie alle Völker

[3] In *contr. Mac.* 8 (PO 9, 643 f) führt THEODOR aus, daß der Hervorgang des Geistes nicht nach Art der Kreatur zu denken sei.

vom Irrtum der Anbetung derer, die von Natur aus (φυσικῶς) nicht Gott sind, fernhalten sollten, um sie dann zu Jüngern irgendeines anderen (Götzen) zu machen, der nicht von Natur aus (φυσικῶς) Gott ist. Vielmehr hat er ihnen aufgetragen, daß sie anstelle der irrtümlichen Bezeichnung als Götter sie darüber belehren sollten, daß Gott eine ungeschaffene Natur (φύσις) ist, die von Ewigkeit existiert und Ursache aller Dinge ist, der notwendigerweise der Name „Herr und Gott" zusteht, da sie von Natur aus Herr und Gott ist. In diesem Glauben besteht die religiöse Erkenntnis (γνῶσις τῆς θεοσεβείας), und diese ist die Ursache aller Güter. Und auf diese Bezeichnungen hin sind wir getauft und erwarten, durch die Taufe die Teilnahme an den göttlichen, unaussprechlichen Gütern zu erlangen. Wir würden nämlich nicht bei der Taufe etwas anrufen, was nicht Ursache jener Güter ist, die wir empfangen sollen. Wir rufen nun (den Geist), da wir überzeugt sind, daß seine Kraft hinreicht, uns die himmlischen und unvergänglichen Güter zu schenken, auf die hoffend wir das Geschenk der Taufe empfangen.

4. Wie er (*sc.* Petrus) nämlich, als er sprach: „Im Namen Jesu, des Nazareners, erhebe dich, geh umher" (Apg 3,6), kundtat, daß Christus die Ursache für die Heilung des Gelähmten war, so hat auch er (*sc.* Jesus) befohlen: „Tauft im Namen des Vaters und des Sohnes und des Heiligen Geistes." Ganz offensichtlich tut er damit kund, daß diese Namen, zur Taufe gesprochen, Ursache all jener Güter sind, die wir zu empfangen erwarten. Als er sagte: „Im Namen des Vaters und des Sohnes und des Heiligen Geistes", da hat er es nicht einfach so dahingesagt, sondern aus ihren Namen sollten wir den Genuß der kommenden Güter erwarten, wie nämlich durch den Propheten gesagt wurde: „Der Herr ist außerhalb von dir. Einen anderen kennen wir nicht. Deinen Namen rufen wir an" (Jes 26,13), um damit kundzutun, daß sie keinen anderen Herrn kennen würden und keinen anderen anrufen würden außer demjenigen, der

wahrhaft Herr ist. Und ferner: „Aufgrund deines Namens werden wir alle unsere Hasser zertreten" (Ps 44,6: LXX Ps 43,6). Und: „In deinem Namen ist unser Horn erhoben" (Ps 88,25 LXX), um kundzutun, daß sie sich durch seine Anrufung Macht über all ihre Feinde erworben haben. Und an anderer Stelle: „Und den Namen des Herrn will ich anrufen" (Ps 115,4 LXX). Dies bedeutet: Ich glaube, daß der Herr für mich ist und für mich die Ursache aller Güter ist.

5. Ebenso hat auch er „im Namen des Vaters und des Sohnes und des Heiligen Geistes" gesagt, damit seine Jünger von ihm lernen, daß alle Völker auf diese Bekehrung warten, welche die Ursache aller ihrer Güter ist, weil der Herr in Wahrheit jene Natur (φύσις) ist, die im Namen des Vaters und des Sohnes und des Heiligen Geistes bekannt wird, worauf wir getauft werden, jene Bezeichnung, die fähig und mächtig ist, uns die himmlischen Güter zu schenken, die wir erwarten, auf die hoffend wir uns der Taufgnade genaht haben. Und wie er uns aufgetragen hat, den Vater anzurufen bei Unterweisung und Taufe, da die göttliche Natur (θεία φύσις) es ist, die von Ewigkeit existiert und Ursache aller Dinge ist und uns die verheißenen Güter der Taufe gewähren kann. Es ist offenkundig, daß auch dem Heiligen Geist und ihm allein aufgrund seiner Nennung zusammen mit dem Vater und dem Sohn, da er von derselben Natur (φύσις) ist, die von Ewigkeit existiert und Ursache aller Dinge ist, wahrhaft der Name Gott und Herr gebührt.

6. Wenn er uns nun in diesem Bekenntnis die geschaffene und die ungeschaffene Natur (φύσις) überliefern wollte, müssen wir wissen, daß er eine Fülle zahlloser Geschöpfe ausgelassen hat, das heißt alles. Doch ein Mensch mit geordnetem (κατασκευσμένος) Verstand würde so nicht denken. Es ist gewiß, daß die Lehre von der göttlichen Erkenntnis, die unser Herr überliefert hat, und die Benennung aus dem Glaubensbekenntnis, die er uns gelehrt hat, der göttlichen Natur (θεία φύσις) zusteht, auf die wir nach

seinem Befehl getauft werden. Diese Anrufung vermag uns die kommenden Güter zu schenken. Und so sind wir gehalten, keinen anderen Namen zu erwarten, der Ursache für die künftigen Güter ist, außer der göttlichen Natur (θεία φύσις), die von Ewigkeit existiert und die Ursache aller Dinge ist. Es ist offenbar, daß er den Geist nicht mit dem Vater zusammen genannt hätte, wenn sie nicht von einer Natur (φύσις) wären, die von Ewigkeit her existiert und Ursache aller Dinge ist, der wahrhaft der Name Herr und Gott gebührt und durch deren Gnade auch wir die Teilnahme an den künftigen Gütern erlangt haben[4].

Dies alles haben auch unsere seligen Väter verstanden, die deswegen gesagt haben: „Und an den Heiligen Geist", damit man von ihnen zur Kenntnis nimmt, daß sie der Überlieferung unseres Herrn nachfolgen, und um allen kundzutun, daß gemäß der Lehre unseres Herrn der Heilige Geist zusammen mit dem Vater und dem Sohn zu bekennen ist, weil er von derselben göttlichen Natur (θεία φύσις) des Vaters ist, von der auch der Sohn ist, an die wir zu glauben haben und die wir anbeten müssen, weil sie die Ursache der kommenden Güter ist.

7. Sie haben nun das Wort so ohne weitere Vertiefung stehen lassen, da bis zu diesem Zeitpunkt von den Häretikern (αἱρησιώτης) noch keine Frage bezüglich des Heiligen Geistes aufgeworfen worden war. Sie dachten, daß im Anschluß an die Überlieferung unseres Herrn die Hinzufügung des „heilig" zur Nennung des Geistes voll ausreiche für eine vollkommene Belehrung derer, bei denen die Wahrheit in Ansehen steht. Es reicht also für einen Menschen guten Willens das, was unsere seligen Väter nach der Lehre unseres Herrn gesagt haben. Keinesfalls hätten sol-

---

[4] Die Argumentation läuft hier, wie etwa auch in *contr. Mac.* 9 f. 18 (PO 9, 644–648. 656 f), auf den Unterschied zwischen den *naturae creatae* und der *natura Dei increata* hinaus. Der Heilige Geist ist aufgrund seiner natürlichen Einheit mit dem Vater kein weltlicher Geist.

che, die den Glauben lehrten, auf welche Weise wir von der göttlichen Natur (ϑεία φύσις) zu denken haben, ein Wort bezüglich des Heiligen Geistes in ihrem Glaubensbekenntnis hinzugefügt — etwas, was sie klar über den Sohn Gottes gelehrt haben, daß wir ihn wesensgleich (ὁμοούσιος)[5] mit seinem Vater nennen sollen —, wenn sie nicht davon überzeugt gewesen wären, daß auch er aus der göttlichen Natur (ϑεία φύσις) Gottes, des Vaters, ist.

8. Auch genügt schon die Einheit des Namens, wie die göttliche Schrift sie uns lehrt, um die Natur (φύσις) des Heiligen Geistes anzuzeigen. Ein einzelner Name wäre ihr nicht zuteil geworden, wenn sie nicht von göttlicher Natur (ϑεία φύσις) wäre, da es nämlich viele sind, die in den heiligen Schriften mit dem Namen „Geist" (πνεῦμα) bezeichnet werden[6]. Auch werden nämlich die Engel so benannt: „Er schuf seine Engel als Geist" (Ps 103,4 LXX). Gleichfalls auch unsere Seele: „Es geht aus sein Geist, und er kehrt zur Erde zurück" (Ps 145,4 LXX). Auch von der Luft (ἀήρ) heißt es ferner: „Er läßt die Winde wehen und die Wasser strömen" (Ps 147,18: LXX Ps 147,7), und so nennen wir all das, was im Vergleich mit den sichtbaren und sinnlich genau faßbaren Dingen eine feine Natur hat und nicht durch irgendeine Form (σχῆμα) begrenzt wird, Geist.

9. Obgleich es nun viele Dinge gibt, die im alltäglichen Gebrauch mit diesem Namen „Geist" bezeichnet werden, ist nach der Lehre der göttlichen Schrift dieser Name „Geist", für sich genommen, eine Bezeichnung der göttlichen Natur (ϑεία φύσις), die unkörperlich und völlig unbegrenzt ist, von der die göttliche Schrift bezeugt, daß sie

---

[5] Ähnlich argumentiert ATHANASIUS, *decr.* 21 (17f OPITZ), bezüglich des Homousios, daß es zwar nicht dem Wortlaut, wohl aber der Idee nach in der Schrift enthalten sei; vgl. auch ORTIZ DE URBINA, *Nizäa* 94–100.

[6] Hier erscheint das Problem der göttlichen Einheit und der kreatürlichen Vielheit. Innerhalb der syr. Literatur des 4. Jh. sei noch auf AITHALLAHA hingewiesen; siehe BRUNS, *Aithallahas Brief* 51–53.

wahrhaft Geist ist und so genannt wird[7]. Deshalb hat unser Herr jener Samariterin, die dachte, daß Gott an einem bestimmten Ort angebetet wird, und gegen die Juden stritt, ob nun der Berg Garizim oder Jerusalem der rechte Ort für die Anbetung sei, gesagt: „Gott ist Geist, und die, die ihn anbeten, müssen ihn in Geist und Wahrheit anbeten" (Joh 4,24). Dies heißt soviel wie: Ihr alle seid schwer im Irrtum mit eurer Meinung, wenn ihr denkt, daß an dieser oder an einer anderen Stelle sich Gott vorzugsweise aufhält, da Gott nämlich unkörperlich und unbegrenzt ist und nicht durch einen Ort eingeschlossen wird, sondern an allen Orten gleichermaßen ist. Eine schöne und rechtschaffene Verehrung, welche geziemend und würdig[8] ist, ist daher folgende: man soll anbeten und glauben, daß Gott unkörperlich und unbegrenzt ist, und (ihn) mit reinem Gewissen ehren, indem man glaubt, daß Gott an keinem Ort eingeschlossen und begrenzt wird[9].

10. So gibt es viele Dinge, die diesen Namen „Seiendes" haben. Alles nämlich, was aus dem Nichts erschaffen ist, wird so genannt, da es „ist". Als Gott nämlich vom seligen Mose gefragt wurde, welcher sein Name sei, sagte er: „Ich

---

[7] Der Heilige Geist ist Geist von Natur aus im Unterschied zu den kreatürlichen „Geistern", die diesen Namen nur im abgeleiteten und uneigentlichen Sinne führen, vgl. *contr. Mac.* 4f (PO 9,640–642) sowie *hom.* 9,10. Die „Formlosigkeit" des Geistes liegt in seiner Unendlichkeit und Unbegrenztheit (ἄπειρον) begründet, vgl. *contr. Mac.* 26 (PO 9,666). Die Kategorie des Unendlichen impliziert zugleich die Unteilbarkeit des göttlichen Geistes, vgl. *contr. Mac.* 12 (PO 9,649–650).

[8] Ms. ist leider verschmiert; ich lese mit DEVREESSE *šāwe (dignus)*, anders als MINGANA *šmā (nomen)*.

[9] Vgl. den Johanneskommentar zu dieser Stelle (CSCO 116,64f): „Die Zeit wird kommen, ja sie ist schon angebrochen, da Gott angebetet wird, wie es sich gebührt und seiner Natur entspricht. Gott ist nämlich von unkörperlicher Natur und wird nicht örtlich umschrieben, sondern ist überall und muß entsprechend diesem Begriff verehrt werden. Der ist der wahre Anbeter, der ihm in gebührender Absicht Ehre erweist und reinen Gewissens glaubt, daß er allenthalben mit dem Unermeßlichen *(immenso)* sprechen kann."

bin der Seiende. Dies ist mein Name auf ewig, und dies ist mein Gedenken für alle Generationen" (Ex 3, 14f). Keinesfalls wollte er damit sagen, daß anderes außer dem Seienden nicht sei, sondern daß ihm allein dieser Name höchst treffend zustehe, da er nicht zu einer Zeit existierte, zur anderen aber nicht, sondern vielmehr von Ewigkeit und zu aller Ewigkeit existiert und existiert er. In der gleichen Weise kommt, wenn man von vielen „Geistern" spricht, dieser Name „Geist" strenggenommen (nur) der göttlichen Natur zu, die wahrhaft unkörperlich und unbegrenzt ist.

11. Wenn man nun, sobald die Schrift vom „Heiligen Geist" spricht, die allgemeine Bedeutung anlegt, stürzt man die Hörer in Verlegenheit. Sobald sie nun hören „Heiliger Geist", (fragen) sie: „Was soll das heißen, wo doch diese Namensbezeichnung all jenen, die mit diesem Namen bezeichnet werden, gleichermaßen zukommt?" Sobald nun von dem Seienden die Rede ist, verstehen wir also auch nicht, von wem die Rede ist, da es viele Seiende gibt und es nicht bekannt ist, ob es über einen Menschen oder sonst etwas ausgesagt wird. Diese allgemeine Benennung bedarf also einer Ergänzung, aus der heraus der so Bezeichnete erkannt wird[10]. Gott aber begreifen wir nicht so, weder wenn wir vom „Seienden" noch wenn wir vom „Geist" sprechen. Wir sind nämlich überzeugt (πεῖσαι), daß wir,

---

[10] In den Fragmenten THEODORS findet sich ein Abschnitt mit der Überschrift *Universali rei nomine speciem non indicari* (35f SACHAU), in dem THEODOR sich mit der Frage auseinandersetzt, ob denn nicht die Bezeichnung Gottes als „Seienden" eine Herabsetzung des göttlichen Seins darstelle, da dieser Name auch den Kreaturen zukomme: „... da wir einen gewichtigen Beweis haben, um die Torheit derjenigen zu tadeln, welche glauben, daß mit einer Allgemeinheit *(re universali)* notwendigerweise auch die Besonderheit jedes beliebigen Gegenstandes *(necessarie speciem cujusvis rei cognosci)* erkannt werde. Dieses ‚ist' (ἔστιν) ist etwas, was Gott und allen Seienden gemeinsam ist. Wir sagen nämlich, ‚Gott ist' und ‚alles Seiende ist', um nicht alles einzeln aufzuführen. Aber nicht weil Gott ist, behaupten wir, daß andere Dinge nicht seien."

wenn wir ihn „seiend“ nennen, damit kundtun, daß er allein der Seiende ist. Und wenn wir ihn Geist nennen, dann ist er allein in Wahrheit Geist.

12. Auch bezüglich des Heiligen Geistes ist es nötig, zu fragen, wenn es „im Namen des Vaters und des Sohnes und des Heiligen Geistes“ heißt, von welchem Geist da die Rede ist. Aber es gibt wohl keinen Menschen, der so verrückt wäre, zu meinen, diese Behauptung bedürfe einer weiteren Frage, denn es ist gewiß, daß einzig und allein ihn die göttliche Schrift mit diesem Namen zu bezeichnen pflegt und ihn zusammen mit dem Vater und dem Sohn an jeder Stelle bezeichnet, ganz in der Art, wie sie ihn allein auch in der Taufüberlieferung bezeichnet. Und während nun alle Geister (πνεύματα) einen gemeinsamen Namen aufgrund der gemeinsamen Verwendung angenommen haben, da sie in ihrer Natur (φύσις) im Vergleich zu den sichtbaren Dingen sehr fein sind und in keiner Form (σχῆμα) für die sichtbaren Sinne greifbar sind, wird dieser Name „Geist“ zu Recht von der göttlichen Natur (θεία φύσις) ausgesagt, weil sie in Wahrheit Geist ist, unkörperlich und unbegrenzt. So, das haben wir nämlich erfahren, ist die göttliche Natur (θεία φύσις). Deswegen wird mit diesem Namen allein der Heilige Geist genannt und bekannt zusammen mit Vater und Sohn, da er an ihrer Natur (φύσις) teilhat, wie wir auch, sobald wir „Vater“ hören, obgleich es viele Väter gibt, dennoch darunter den einen großen[11] Gott verstehen, der von Ewigkeit in Wahrheit existiert. Und obgleich viele „Sohn“ heißen, denken wir, daß der Sohn einzig ist und nicht durch irgendeine Veränderung[12] Sohn geworden ist und in der Art der Söhne bei uns existiert, die aus der Veränderung des Samens entstanden sind und dann

---

[11] Der Text ist etwas verschmiert. Ms. hat *rabbā (magnus)*, doch ist dies möglicherweise eine unglückliche Verschreibung für *abbā (pater)*.

[12] Der Sohn ist ἄτρεπτος, wie THEODOR im Anschluß an das Nizänum (DS 126) herausstellt.

Söhne heißen, sondern er ist in Wahrheit allein der Sohn aus dem Vater, welcher von Ewigkeit existiert, und er ist von Ewigkeit aus ihm und mit ihm. Ebenso denken wir auch, wenn wir hören „Heiliger Geist", nicht an irgendeinen der sogenannten Geister (πνεύματα), sondern er allein wird in Wahrheit mit diesem Namen bezeichnet und ist unkörperlich und unbegrenzt, von dem bekannt wird, daß er mit dem Vater und dem Sohn in einer göttlichen Natur ist.

13. Wie jenes Wort „Geist" hat auch die Hinzufügung des „heilig" dieselbe Bedeutung. Denn viele werden Heilige genannt, wie es heißt: „Wenn er in der Herrlichkeit seines Vaters und seiner heiligen Engel kommt" (Lk 9,26). Ferner: „Heilig ist die Wohnstatt des Höchsten" (Ps 46,5: LXX Ps 45,5). Viele Wesen tragen diesen Namen der Heiligkeit, aber sie werden mit einem allgemeinen Ausdruck benannt, da sie von Gott die Heiligkeit erhalten haben. In Wahrheit heilig ist jedoch die göttliche Natur (θεία φύσις): „Heilig bist du, und furchtgebietend ist dein Name" (Ps 111,9: LXX Ps 110,9). Ebenso sprechen auch die Serafim, wenn sie der göttlichen Natur das ihr zukommende Lob darbringen: „Heilig, heilig, heilig ist der Herr, der Starke. Voll sind Himmel und Erde von seiner Herrlichkeit" (Jes 6,3).

In Wahrheit ist der heilig, der in seiner Natur (φύσις) unwandelbar und unveränderlich und von keinem anderen die Heiligkeit erhalten hat, sondern der allein dem Heiligkeit geben kann, wem er will. So nennt die göttliche Schrift Heiligen Geist den, der allein mit dem Vater und dem Sohn in der Taufe angerufen wird, ebenso auch in der katechetischen Unterweisung, da dieser Name „Heiliger Geist" in Wahrheit der göttlichen Natur (θεία φύσις) zukommt[13]. Deswegen fragen wir also, wenn wir diesen Na-

---

[13] Ebenso wie BASILIUS setzt auch THEODOR mit dem Taufbefehl ein; vgl. DÖRRIES, *De Spiritu Sancto* 132–148.

men „Heiliger Geist“ hören, nicht: „Wen bezeichnet er?“, sondern wir sind überzeugt (πεῖσαι), daß der, der allein so aufgrund seiner Natur (φύσις) ist und wie es seiner Natur zukommt, zusammen mit dem Vater und dem Sohn bekannt wird.

14. Eine einzige ist nämlich die Natur (φύσις) des Vaters und des Sohnes und des Heiligen Geistes. Von daher ist es für solche, die guten Willens sind, leicht zu begreifen, daß unsere seligen Väter hinreichend die Natur des Heiligen Geistes gelehrt haben, indem sie ihn zusammen mit dem Vater und dem Sohn offenkundig überlieferten gemäß der Überlieferung unseres Herrn, der seinen Jüngern jene, der göttlichen Natur (θεία φύσις) zustehende Bezeichnung genannt hat. Es genügte ihnen, diesen Namen im Glaubensbekenntnis einzufügen, das sie lehrten, weil diese Bezeichnung in ihrer Einzigartigkeit ausreicht, die Natur des Ausgesagten anzugeben. Weil einige, die zu Bosheit neigen, obgleich die Dinge nun so liegen, dennoch ihren Starrsinn so weit bringen, daß die einen den Heiligen Geist Knecht und Geschöpf nennen, die anderen sich dieser Namen enthalten, ihn aber nicht Gott nennen wollen[14], bestand nun die Notwendigkeit für diese Kirchenlehrer, die aus der gesamten geschöpflichen Welt (οἰκουμένη) versammelt waren[15], die die Erben jener ersten Seligen waren, den Willen ihrer seligen Väter offen vor jedermann darzulegen und in

[14] THEODOR differenziert zwischen den einzelnen Spielarten der pneumatomachischen Häresie. Erstere, die den Geist Knecht und Geschöpf nennen, sind eindeutig Arianer, letztere, wie etwa im Kreis um EUSTATHIUS, halten zwar an der Wesenseinheit von Vater und Sohn fest, wollen aber den Geist nicht als „Gott“ im strengen Sinne bezeichnen; vgl. ORTIZ DE URBINA, *Nizäa* 157–189; RITTER, *Konstantinopel* 19–131; DÖRRIES, *De Spiritu Sancto* 94–120. Auch aus *contr. Mac.* 2 (PO 9,638) geht hervor, daß die Pneumatomachen als selbständige Gruppe neben den Arianern erscheinen.

[15] THEODOR mißt dieser besagten Synode ökumenische Bedeutung bei; zur Diskussion, ob Antiochien oder Konstantinopel gemeint sei, vgl. Anm. 1, oben 203.

genauer Nachforschung die Wahrheit ihres Glaubens zu erweisen, indem sie auch den Gedankengang ihrer Väter erklärten. Sie verfaßten für uns Gläubige ermahnende Worte, um den Irrtum der Häretiker (αἱρησιώτης) zu beseitigen. Und wie ihre Väter im Bekenntnis des Sohnes verfuhren, als sie mit dem Frevel des Arius stritten, so taten sie es, als sie über den Heiligen Geist sprachen, um seine Lästerer zu widerlegen.

15. Auch erachteten sie es für eine vollkommene Torheit, Knecht und Geschöpf den zu nennen, von dem wir glauben, daß die Anrufung seines Namens bei der Taufe uns von Sünde und Verderben befreit und uns von Grund auf erneuert gemäß der Überlieferung unseres Herrn, da ein Knecht nicht befreien und ein Geschöpf uns nicht von Grund auf erneuern kann. Auch erschien es ihnen als ein Mangel an Verständnis, wenn man bezweifelt, daß ein derart Beschaffener Gott zu nennen sei. Wer nämlich weder Geschöpf noch Knecht ist, von dem ist gewiß, daß er Gott ist[16]. Wenn er nämlich Geschöpf ist, ist er auch Knecht, wenn aber weder Geschöpf noch Knecht, dann ist er in Wahrheit Gott. Denjenigen also, in dessen Namen wir unsere grundlegende Erneuerung und Befreiung erwarten — wenn er namentlich zusammen mit dem Vater und dem Sohn angerufen wird, von dem wir glauben, daß er uns Erneuerung und Freiheit schenkt —, Geschöpf oder Knecht zu nennen, dies ist eine grobe Unverschämtheit und eine gewaltige Lästerung. Es ist für uns eine notwendige Pflicht, ihn Gott zu nennen, da keine andere Natur (φύσις) erschaffen, erneuern und befreien kann, ausgenommen allein die göttliche Natur (ϑεία φύσις), die nicht erschaffen und nicht gemacht, vielmehr Ursache aller

---

[16] Es gibt also kein Zwischending zwischen Schöpfer und Geschöpf, entweder ist es das eine oder das andere. Damit ist auch die pneumatomachische Position widerlegt, wonach der Geist zwar nicht Knecht oder Geschöpf sei, aber auch nicht Gott genannt werden dürfe; vgl. *contr. Mac.* 2.24 (PO 9,638.664).

Dinge ist und ihre Werke erneuern kann, wie sie es will, und imstande ist, gemäß ihrem Willen uns Freiheit zu schenken.

16. Schön ist es also, daß unsere seligen Väter unter diesem Gesichtspunkt in ihrem Glaubensbekenntnis zusammen mit dem Vater und dem Sohn auch den Heiligen Geist verkündigten, der göttliche Natur (θεία φύσις) ist. Und in Ergänzung der wenigen Worte hat die wahre Lehre der Kirche bestätigt, was jenen, die sich der heiligen Taufe genaht haben, zur Erläuterung dient, indem sie sagten: „Und an den Heiligen Geist." Es ist aber kein Unterschied im Verständnis zwischen dem, was unsere Väter verfaßten, und jenem „an den Heiligen Geist". Auch fügten sie nämlich dieses Wort ein, da sie überzeugt waren, daß der Heilige Geist einer ist, der mit diesem Namen genannt wird, wie uns die göttlichen Schriften lehren. Sie erklärten uns aber deutlich den Sinn des Wortes mit Hilfe jenes „und an den Heiligen Geist" in voller Übereinkunft mit dem Gesetz (νόμος) der Schriften. Wie es heißt, daß der Vater einer ist und der Sohn einer, so ist auch einer der Heilige Geist, wie sie es überlieferten.

Deswegen hat auch der selige Paulus an einer Stelle gesagt: „Wir alle sind durch den einen Geist zu einem Leib getauft" (1 Kor 12,13). An anderer Stelle: „Es ist ein Herr, ein Glaube, eine Taufe, ein Leib und ein Geist und ein Gott Vater, der über allem und in allem und in uns allen ist" (Eph 4,4–6). Und ferner: „Es gibt nämlich einen Unterschied in den Gaben, aber einer ist der Geist. Es gibt einen Unterschied in den Diensten, aber einer ist der Herr. Es gibt Unterschiede in den Kräften, aber es ist nur ein Gott, der alles in allem wirkt" (1 Kor 12,4–6). Auch hat er nämlich hierdurch klar kundgetan: Wie der Herr einer ist, da er der Herr ist und keiner sonst außer ihm, so ist er auch Gott, da Gott einer ist und keiner Gott außer ihm, so ist er auch der Geist, und keiner ist Geist außer ihm. Geschaffene Wesen gibt es viele, und von Natur aus (φυσικῶς) durchaus verschieden. Eine ist aber die göttliche Natur (θεία φύσις) die unwandelbar und Ursache aller Dinge ist, und es gibt nichts, was nicht geschaffen und Ursache für die anderen geschaffenen Dinge wäre, ausgenommen jene Natur (φύσις). Wer von jener Natur ist, ist wahrhaft nicht geschaffen und Ursache aller Dinge. Deshalb ist der Vater einer, der wahrhaft allein Vater ist und göttliche Natur (θεία φύσις). Und einer ist der Sohn, der wahrhaft Sohn ist von göttlicher Natur, die Gott ist, und einer ist der Heilige Geist, der allein der Heilige Geist ist und so von den heiligen Schriften genannt wird, wie wir es erfahren haben, da auch er von jener Natur (φύσις) ist, die von Ewigkeit existiert und Gott ist und ungeschaffen und Ursache aller Dinge, die allein wahrhaft Gott und Herr ist, weil sie alles geschaffen hat und über alles herrscht. Und im eigentlichen Sinne (ἀκριβῶς) ist und heißt er Geist, weil er wahrhaft existiert, unkörperlich und unendlich. Und ihm steht im eigentlichen Sinne die Bezeichnung „Heiligkeit" zu, da er allein von Natur aus (φυσικῶς) heilig ist und unwandelbar und Heiligkeit schenkt, wem er will, und von den Neigungen zum Bösen befreit. Alle Geschöpfe sind nämlich nicht von Natur aus heilig, sondern nur für die Heiligkeit dessen empfänglich (δεκτικός), der auch die Ursache ihres Gewordenseins (γενέσθαι) ist.

17. Völlig zu Recht hat der selige Paulus, als er die Epheser zur Einheit mahnte, daß sie eines Sinnes sein sollten, jene Natur (φύσις) in Erinnerung gerufen, aufgrund deren sie verpflichtet seien, eines Willens zu sein. Er sagte nämlich: „Bemüht euch also, die Unversehrtheit des Geistes im Bande des Friedens zu bewahren" (Eph 4,3). Und wie ihr nämlich von einem Geist gezeugt seid, um eins zu sein von eurer Geburt her, so sollt ihr miteinander verbunden und vereint sein. Dabei baut er auf ebenjenem Wort auf: „Einer ist der Leib und einer der Geist, wie auch ihr zu einer Hoffnung eurer Berufung gerufen seid" (Eph 4,4). Weil ihr aus einem Geist geboren seid, seid ihr ein

einziger Leib Christi (unseres Herrn?)[17], da er das Haupt des angenommenen Menschen (ληφθεὶς ἄνθρωπος) ist, durch den wir die vertraute Gemeinschaft (οἰκείωσις) mit der göttlichen Natur (φύσις) haben, die wir erwarten, an der kommenden Welt zusammen mit ihm teilzuhaben, da wir glauben, „daß der Leib unserer Niedrigkeit verwandelt wird und in der Gestalt seiner Herrlichkeit sein wird" (Phil 3,21). Und für die Hoffnung auf diese (Güter) sind wir berufen und geboren aus der Taufe in der Kraft des Heiligen Geistes, damit wir gleichsam im Bild (τύπος) und im Unterpfand (ἀρραβών) dieser künftigen Dinge die Erstlingsgabe des Geistes empfangen, durch die wir eine Wiedergeburt erhalten haben und in der wir es erlangt haben, ein einziger Leib Christi zu sein.

18. Ferner sprach der selige Paulus, als er sein Wort erweiterte: „Einer ist der Herr und ein Glaube, eine Taufe, ein Leib, ein Heiliger Geist und ein Gott, Vater über allem und in allem und in uns allen" (Eph 4,5). Einer, heißt es, ist der Geist, aus dem ihr geboren wurdet, wie der Herr einer ist und Gott einer ist, der unser Herr und Schöpfer ist, wie wir glauben, und wir gewürdigt wurden, ihn aufgrund der Taufgnade Vater zu nennen. Ein Glaube und eine Taufe, da wir, obgleich wir Vater, Sohn und Heiliger Geist sagen, vielmehr eine Natur (φύσις) meinen, und zwar des Vaters und des Sohnes und des Heiligen Geistes, an die zu glauben wir angewiesen wurden und die anzurufen wir in der Taufe (die Erlaubnis) erhalten haben. Es ist klar, daß er den Glauben nicht „einen" genannt hätte, wenn er nicht davon überzeugt gewesen wäre, daß die Bezeichnungen Vater, Sohn und Heiliger Geist, in denen die Taufunterweisung besteht, nicht eine einzige Natur (φύσις) bildeten. Noch hätte er „eine Taufe" gesagt, wenn er nicht gewußt hätte, daß diese Namen, die in der Taufe angerufen werden, eine

[17] Ms. ist an dieser Stelle unleserlich; ich konjiziere *marān (dominus noster)*.

Kraft (δύναμις), ein Wille (θέλημα) und eine Wirkmacht (ἐνέργεια) sind, in der die Gnade der Wiedergeburt vollkommen geübt wird.

So war die Hinzufügung des „einen" völlig ausreichend, um uns über die göttliche Natur (θεία φύσις) des Heiligen Geistes hinreichend zu belehren, daß diese eine ist, wie der Vater einer ist und der Sohn einer ist, von denen wir glauben, daß ein jeder von ihnen einer ist, da die göttliche Natur (θεία φύσις) eine ist, welche ungeschaffen und von Ewigkeit existiert und Ursache aller Dinge ist. Denn alle Geschöpfe sind nämlich bekanntermaßen zahlreich, verschieden und unterschiedlich in ihrer Natur (φύσις), da sie so geworden sind (ἐγένετο), wie es ihrem Schöpfer gefallen hat. Sie sind verpflichtet, ihre ganze Blickrichtung auf jene Natur (φύσις) zu lenken, welche ungeschaffen und Ursache aller Dinge ist. Was nun uns anbelangt, so mag uns das bisher Gesagte genügen, den Rest sparen wir, sofern es der Herr will, für einen anderen Tag auf. Nun laßt uns unserer Rede ein Ende machen und den Lobpreis emporbringen zu Gott, dem Vater und dem eingeborenen Sohn und dem Heiligen Geist, jetzt und allezeit und in alle Ewigkeiten. Amen. Amen.

Ende der neunten Homilie.

Zehnte Homilie (10)

1. Ich bin davon überzeugt, daß ihr euch an das erinnert, was wir zu euch, ihr Lieben, über den Heiligen Geist gesagt haben, indem wir die Größe seiner Würde aufzeigten dadurch, daß er mit dem Vater und dem Sohn in der Taufunterweisung benannt wird. Einen weiteren, keinesfalls geringen Beweis haben wir jenem Umstand entnommen, daß er allein auf einzigartige Weise „Heiliger Geist" genannt wird, ein Name, der von der Lehre der Schriften her allein über die göttliche Natur (θεία φύσις) ausgesagt wird, und ferner jenem Umstand, daß er auch „ein Geist" heißt, wie es „ein Vater, ein Sohn, ein Gott und ein Herr" heißt. Für diejenigen, die in der Religion einen guten Willen haben, genügt das in den heiligen Schriften Gesagte; es wurde auch in der Überlieferung unserer seligen Väter festgelegt. Da es aber kein Wort gibt, was einen bösen Verstand leicht überzeugen (πεῖσαι) könnte, haben sie notwendigerweise ihrer Lehre das, was sie wußten, hinzugefügt als Ermahnung für die Gläubigen und zur Widerlegung des Frevels der Häretiker (αἱρεσιώτης). Und sie fügten in ihrer Rede Worte ein, die jenen gleichen, welche über den Sohn gesagt wurden. Auch als sie nämlich über den Sohn sprachen, genügte es für diejenigen, die sich überzeugen lassen wollten, daß er eingeborener (μονογενής) Sohn genannt wurde, um aufzuweisen, daß er in Wahrheit Sohn ist aus der Natur (φύσις) seines Vaters. Wegen jener Verrückten aber, die es verdrehen wollten, fügten sie noch an, daß er aus ihm vor allen Zeiten geboren worden ist und ungeschaffen, wahrer Gott vom wahren Gott, eines Wesens (ὁμοούσιος) mit seinem Vater. Den Sinn des Namens „Eingeborener" (μονογενής) haben sie für jedermann klargestellt, zur Festigung der Gläubigen, aber auch zur Zurechtweisung der Feinde der Wahrheit.

2. Auf diese Art (σχῆμα) also haben sie auch das Wort eingefügt, das uns die Genauigkeit jenes Namens zu ver-

stehen gibt, der uns von den göttlichen Schriften über den Geist — in der Unterweisung und bei der Taufe — zusammen mit dem Vater und dem Sohn benannt wird. Für diejenigen also, die in der Religion einen guten Willen haben, genügte es also, um ihnen kundzutun, daß der Heilige Geist von der göttlichen Natur (θεία φύσις) Gottes, des Vaters, ist. Da aber jene ihren ganzen Blick auf den Frevel lenkten und auch nach einer solchen glaubwürdigen Belehrung in ihrem Frevel und ihrer Lästerung verharrten, gedachten unsere seligen Väter völlig zu Recht, durch eine kleine Hinzufügung die Lehre von der Religion für alle Menschen festzulegen und darüber hinaus besonders für euch, die ihr euch dem Geschenk des Geistes genaht habt. Was also haben sie gesagt? „Und an den einen Heiligen Geist."

3. Es ist keinesfalls so, daß sie diesen Ausdruck erfunden hätten, sondern der Lehre unseres Herrn haben sie ihn entnommen, der vor seinem Leiden, als er mit all seinen Jüngern sprach, ihnen kundtun wollte, was für eine Auferstehung von den Toten er den Menschen gebe, wobei er ihnen sagte, er gebe ihnen die Gnade des Heiligen Geistes, von dem ihnen der Genuß jener künftigen Güter verliehen würde, welche wunderbar sind und bei denen verbleiben, die ihres Empfanges gewürdigt werden.

Die Majestät und Würde des Heiligen Geistes hat er uns notwendigerweise in seiner Lehre überliefert, aufgrund deren er uns die Größe der Gnade[1], die den Gläubigen zuteil werden soll, kundgetan hat. Laßt uns also eifrig

---

[1] THEODOR unterscheidet auch in *contr. Mac.* 27 (PO 9, 666f) deutlich zwischen der göttlichen Natur des Geistes, seinem Sein aus und mit dem Vater, und der zeitlichen Sendung durch den Sohn. Die Pneumatomachen haben aus der Tatsache der Sendung auf die Inferiorität des Gesandten gegenüber dem Sender geschlossen. Daher hebt THEODOR das göttliche Sein des Geistes von seinem Gnadenwalten ab; „Paraklet" bezeichnet nicht das Sein des Geistes, sondern ist ein Synonym für „göttliche Gnade", vgl. ebd.; vgl. zum Ganzen auch *hom.* 10,7.

daran glauben, daß die wunderbaren Güter von dort geschenkt und niemals mehr von uns genommen werden. Er hat nun folgendermaßen gesagt: „Wenn ihr mich liebt, haltet ihr meine Gebote, und ich werde meinen Vater bitten, und er wird euch noch einen anderen Beistand schikken, der allezeit bei euch bleiben wird" (Joh 14,15f). Dies nun tat er in seinem Wort kund: „Ihr seid verpflichtet, in meinen Geboten auszuharren und abzuirren in gar keiner Weise (σχῆμα). Es ist also nichts Ungewöhnliches, was ihr da empfangt, vielmehr darum soll eure Sorge gehen, daß ihr die Gnade des Heiligen Geistes empfangt, der allezeit bei euch sein wird und euch die himmlischen Güter schenken wird." Um das Gesagte zu bestätigen, fügte er hinzu[2], welche Würde dem Heiligen Geist zusteht, indem er sagte: „Geist der Wahrheit" (Joh 14,17)[3]. Denn dies ist die Natur (φύσις) des Geistes, daß er als Unwandelbarer alles in Wahrheit gibt. Da er nämlich von Ewigkeit ist und unwandelbar[4] und unveränderlich in seiner Natur (φύσις), kann er auch anderen den Genuß jener himmlischen Güter verleihen, die weder vergehen noch sich verändern.

4. „Lüge" nennt man etwas Vergängliches und Unbeständiges, „Wahrheit" hingegen etwas Unvergängliches und Bleibendes. Ein Lügner ist, wer etwas sagt, was nicht ist, wahrhaftig hingegen, wer sagt, was ist. Lüge nennt er nämlich das, was nicht bleibt, sie ist nämlich etwas geworden, was nicht ist, Wahrheit hingegen, was bleibt und allezeit existiert. Und deshalb hat der selige David gesagt:

---

[2] Ms. hat „fügten sie hinzu", B bietet den Singular.

[3] Wie bereits in der Einleitung, oben 31, dargelegt, ist die Wendung „Geist der Wahrheit" vermutlich Bestandteil des Theodorschen Glaubenssymbols gewesen. Unter der Prämisse, daß Sein und Wahrheit zusammenfallen, kann THEODOR aus Joh 14,17 die volle Gottheit des Geistes herauslesen.

[4] Die Unveränderlichkeit bzw. Unwandelbarket (ἀτρεπτότης) ist Kennzeichen der Gottheit und wird daher von THEODOR sowohl für den präexistenten Logos als auch für den Geist ausgesagt.

„Ich sprach in meiner Erregung: Jeder Mensch lügt" (Ps 116,11: LXX Ps 115,2). Das heißt: Da ich mich erhob und über meine Seele Großes sann, bin ich plötzlich in arge Schwierigkeiten geraten und der Angst unterworfen, da ich nichts bin und als Geringer und Schwacher verloren bin, wenn deine wunderbare Hilfe mir nicht geholfen hätte. Ich bin erstaunt über die Vielzahl der Übel, die mich erfaßt haben, und ich sehe ein, daß ich in eitler Weise Großes von meiner Seele dachte. Durch Erfahrung habe ich nämlich herausgefunden, daß die menschlichen Dinge nichts sind, vielmehr sind sie offensichtlich allesamt trügerisch[5]. Auch der Reichtum, die Herrschaft und die Macht und all diese Dinge, die als groß und wunderbar unter den Menschen angesehen werden, all diese Dinge, auch die Tatsache, daß wir existieren, all das ist offensichtlich Trug, gleichsam nämlich als Täuschung jener, die uns sehen, geben wir uns den Anschein, als ob wir existierten. Aber schon recht bald belehrt uns der Tod, daß wir nichts sind, und all die großen Güter, die wir zu haben meinen, schwinden sogleich mit dem Ende unseres Lebens dahin.

5. Wie man also das, was nicht bleibt, Trug nennt, so nennt man Wahrheit das Bleibende gemäß jenem Wort: „Güte und Wahrheit begegnen einander" (Ps 85,11: LXX Ps 84,11). Dies soll anzeigen, daß er (*sc.* Gott) uns in Wahrheit die Gnade gibt. Deshalb wird er auch Gott der Wahrheit genannt, weil er alles in Wahrheit geben kann. „Du hast uns erlöst, Herr, Gott der Wahrheit" (Ps 31,6: LXX Ps 30,6).

---

[5] Vgl. den Psalmenkommentar zu dieser Stelle (CCL 88a, 359): „Da ich kraft des Geistes und der Vernunft entschwunden bin, um mich über Menschenmaß zu erheben, habe ich schließlich die Eitelkeit der Sterblichen erkannt und eingesehen, daß der Zustand der Lebenden gering und nie beständig und stets unzuverlässig ist *(vilem et numquam consistentem semperque infidum statum esse viventium)*. So auch an anderer Stelle: ‚Lügner sind die Menschenkinder', das heißt doch: Sie sind der Nichtigkeit unterworfen und stündlich wandelbar *(vanitati obnoxii et in singulas horas mutabiles)*."

Das heißt doch: Du hast uns Erlösung geschenkt von den uns bekannten Übeln, weil du allein die bleibenden, unvergänglichen Güter geben kannst, wem du willst. Dies also hat der selige David über Gott gesagt, als er ihn „Gott der Wahrheit" nannte, um kundzutun, daß er in Wahrheit schenken kann.

6. Dies hat unser Herr über den Heiligen Geist gesagt, um die Wahrheit jener Güter zu beweisen, die uns vom Heiligen Geist in der kommenden Welt gegeben werden sollen. So ist es der Heilige Geist, dessen Gnadengeschenk ihr empfangen sollt, der die himmlischen und unvergänglichen Güter einem jeden verleiht, wem er will, da er von Ewigkeit in seiner Natur (φύσις) existiert, unwandelbar und unveränderlich. Deshalb ist auch das, was er gibt, auf ewig feststehend, unveränderlich und unvergänglich. Unwandelbar und unvergängliche Dinge kann nur der (geben), der selber von Ewigkeit existiert und in seiner Natur (φύσις) unwandelbar ist, ewigseiende, göttliche Natur (φύσις) ist. Von den geschaffenen Dingen ist nämlich kein einziges, was aus sich selbst heraus Bestand hätte. Wie sollte jemand, der nämlich einen anderen zum Grund seiner Existenz hat, wahrhaft aus sich selber existieren können, es sei denn, daß er dies von seinem Schöpfer gnadenhalber verliehen bekam? Wer nämlich von Ewigkeit existiert, vermag auch, da er aufgrund seiner Natur (φύσις) unwandelbar ist, anderen unvergängliche Güter nach eigenem Gutdünken zu geben.

In aller Kürze also hat uns Christus, unser Herr, ein großes Zeugnis über die Natur (φύσις) des Heiligen Geistes gegeben, indem er sagte, „Geist der Wahrheit". Da nun dieses Wort in keiner Weise den Geschöpfen zukommt, die weit davon entfernt sind, anderen etwas Bleibendes zu verleihen, da sie vielmehr selbst ihres Schöpfers bedürfen, um in dem zu verbleiben, was sie einmal in ihrer Natur (φύσις) sind, deshalb hat er folgerichtig hinzugefügt: „Die Welt kann ihn nicht empfangen, da sie ihn weder gesehen noch erkannt hat" (Joh 14, 17). Man soll nun, heißt es, sich nicht wundern, daß der Heilige Geist derart in seiner Natur (φύσις) und Macht (δύναμις) existiert, da er durch seine Natur (φύσις) über alle Schöpfung erhaben ist und es nichts Geschöpfliches gibt, was ihn von Natur aus (φυσικῶς) sehen oder aufnehmen noch ihn begreifen könnte, wenn er nicht nach seinem eigenen Willen den Menschen seine Erkenntnis offenbaren würde. Deshalb hat er hinzugefügt: „Ihr habt ihn erkannt, da er bei euch ist und in euch wohnt" (Joh 14, 17). Und zu Recht erhaltet ihr seine Erkenntnis, da ihr von ihm das Geschenk der Gnade empfangen habt, welche bei euch bleibt allezeit, um den Genuß der künftigen Güter zu bestätigen, da ihr unsterblich und unwandelbar werdet.

7. So haben unsere seligen Väter dieses Wort über den Heiligen Geist gesprochen, wie sie es von unserem Herrn empfangen haben, und haben noch ein weiteres hinzugefügt: „Der aus dem Vater hervorgeht." Auch dieses hat unser Herr in der Belehrung seiner Jünger gesagt: „Wenn nämlich der Geist kommt, der Beistand, den ich euch sende, der Geist der Wahrheit, der aus dem Vater hervorgeht, wird er von mir Zeugnis ablegen" (Joh 15, 26). Auch hat er nämlich hier die Gnadengabe des Heiligen Geistes, welche künftig allen Jüngern nach seiner Himmelfahrt zuteil werden sollte, kundgetan. „Wenn nämlich der Beistand kommt, den ich euch senden werde", damit meinte er nämlich die Gnade des Heiligen Geistes, die er ihnen schenken wollte. Denn nicht die göttliche Natur (θεία φύσις) des Geistes sollte er senden, da diese sich allerorten befindet, sondern von dem Geschenk jener Gnade, die über sie ausgegossen wurde, hat er gesprochen. Diese heißt ja auch „Paraklet", was „Tröster" bedeutet, da er das Nötige zu lehren fähig und imstande ist, um ihre Seelen in den vielen Versuchungen dieser Welt zu trösten.

8. Nachdem er nun von der Gnadengabe des Heiligen Geistes gesprochen hatte, begann er über die Natur (φύσις)

und die Größe seiner Würde zu erzählen, um kundzutun, welche Gnade sie empfangen sollten. Indem er „Geist der Wahrheit" sagte, geschah dies, um die Größe seiner Natur (φύσις) kundzutun, und daß sie fähig ist, die unvergänglichen Güter jedermann zu verleihen, dem sie will. Und dann fügten sie noch jenes „der aus dem Vater hervorgeht" hinzu, was bedeutet, daß er allezeit bei Gott Vater und nicht von ihm getrennt ist[6]. Dies ist auch das, was der selige Paulus gesagt hat: „Wer weiß, was im Menschen ist, außer dem Geist des Menschen, der in ihm ist? So weiß auch niemand, was in Gott ist, außer dem Geist, der aus Gott ist" (1 Kor 2,11). Dies bedeutet: „Wie der Geist des Menschen nicht von ihm getrennt ist, solange er existiert und Mensch bleibt, so ist auch der Heilige Geist nicht von Gott Vater getrennt, ihm, der aus ihm ist und aus seiner Natur (φύσις) und allezeit mit ihm erkannt und bekannt wird."

9. Dies ist das, was unser Herr gleichsam im Gleichnis kundtat, indem er sagte: „Der aus dem Vater hervorgeht". Eine Quelle ist nämlich der Heilige Geist, der allezeit in Gott ist und von Ewigkeit nicht von ihm getrennt ist[7]. Keinesfalls ist er nämlich im nachhinein geschaffen worden, sondern von Ewigkeit existiert er in ihm und aus der Natur (φύσις) Gottes, des Vaters, und von Ewigkeit ist er, und wie ein unversiegbarer Strom eines Flusses verteilt er seine Gaben an jeden, dem er will.

So sagt er auch an anderer Stelle: „Wer an mich glaubt, wie die Schriften sagen, aus dessen Leib werden Ströme lebendigen Wassers hervorfließen" (Joh 7,38). Der selige Evangelist (εὐαγγελιστής) hat dieses Wort erklärt und gesagt: „Er sagte dies über den Geist, den seine Gläubigen

---

[6] Der ewige Hervorgang des Geistes aus dem Vater ist auch das Thema in einigen Kapiteln der *contr. Mac.* 16f. 21 (PO 9, 654–656. 660f). Er gehört zu den Glaubensgeheimnissen im strikten Sinne.

[7] Zum Geist als „Quell der Heiligkeit" bei BASILIUS vgl. DÖRRIES, *De Spiritu Sancto* 130.

empfangen sollten. Denn der Geist war noch nicht, da Jesus noch nicht verherrlicht war" (Joh 7,39). Offensichtlich zeigt er hier an, daß er über die Gabe des Geistes spricht. Keinesfalls hat er über die Person (ὑπόστασις) oder über die Natur (φύσις) des Heiligen Geistes gesprochen, daß sie nicht gewesen sei, als Jesus noch nicht verherrlicht war. Sie war nämlich von Ewigkeit, vor aller Schöpfung. Vielmehr sprach er von der Gnade des Heiligen Geistes, jener Gabe, die nach der Auffahrt unseres Herrn in den Himmel über die seligen Apostel und die Anwesenden ausgegossen und sichtbar wurde[8]. Er sagt also, daß schon recht bald die Gabe des Heiligen Geistes über all seine Gläubigen ausgegossen werde, in der Gestalt eines unversiegbaren Flußstromes, weil der Geist von Gott geschenkt werde. Und er tut seine Wirkweise (ἐνέργεια) kund, aufgrund deren er seinen Gläubigen unvergängliches Leben schenkt.

10. Wer also sagt, der Heilige Geist gehe aus dem Vater hervor, tut kund, daß er von Ewigkeit zusammen mit Gott Vater existiert und nicht von ihm getrennt wird, da er allezeit und von Ewigkeit in ihm ist. Wenn nämlich in Art eines Flusses die Gaben des Heiligen Geistes strömen — unversiegbar ist ihr Quell, welcher die Natur des Heiligen Geistes ist —[9] und er aus Gott Vater hervorgeht, dann ist

---

[8] Vgl. die Parallelauslegung im Johanneskommentar (CSCO 116, 115): „Jeder, der der Schrift folgt und an mich glaubt, wird mit Gnade erfüllt, so wie der Strom, der nicht nur nicht austrocknet, sondern von ihr überquillt, so daß er sich selbst genug ist und noch vielen anderen dient. So sind auch in der Tat die Apostel, nachdem sie den Geist empfangen hatten, vielen anderen mit der empfangenen Gabe zur Ursache eines großen Nutzens geworden. Laßt uns nun dies begreifen, daß ‚Heiliger Geist' häufig nicht die Person des Heiligen Geistes und seine Natur bezeichnet *(non personam Spiritus Sancti eiusque naturam designare)*, sondern sein Wirken und seine Gnade *(eius operationem eiusque gratiam)*. Dies hat er offenkundig über die Gnade gesagt, welche die Apostel zu empfangen im Begriffe waren und welche durch sie anderen weitergeleitet werden sollte."

[9] Dieser Einschub findet sich in B.

offenbar, daß er von Ewigkeit aus ihm und mit ihm existiert und nicht erst im nachhinein und zuletzt geworden ist (ἐγένετο). Ebenso ist es, wenn die Schrift sagt: „Ein Fluß ging hervor aus Eden, das Paradies zu tränken, und von dort teilte er sich und wurde zu vier Hauptströmen" (Gen 2,10). Notwendigerweise begreifen wir, daß der Quell, der Flüsse aus Eden hervorströmen läßt, nicht abgetrennt ist, da dort immer etwas ist, was hervorgeht[10]. So gibt uns unser Herr, als er im Gleichnis vom Heiligen Geist sagte, er gehe aus dem Vater hervor, zu verstehen, daß der Heilige Geist von ihm nicht getrennt ist, sondern von Ewigkeit aus ihm und in ihm und mit ihm existiert und wie ein unversiegbarer Strom Gaben verteilt an die ganze Schöpfung, entsprechend dem Maß des Glaubens derer, die ihn empfangen, wie der selige Paulus gesagt hat: „Es gibt Unterschiede in den Gaben, aber es ist ein einziger Geist" (1 Kor 12,4). Und ferner: „Jedem wird die Offenbarung des Geistes gegeben nach seinem Nutzen" (1 Kor 12,7).

Als unsere seligen Väter dieses Wort unseres Herrn erläuterten, sagten sie, er gehe aus der Natur (φύσις) des Vaters hervor, und er gehe von Ewigkeit aus ihm hervor und war von Ewigkeit in seinem Vater und ist nicht erst nachträglich geworden. Wer nun von Ewigkeit aus dem Vater und mit ihm ist, von dem ist gewiß, daß er auch aus seiner Natur (φύσις) hervorgeht, da auch unmöglich etwas anderes mit Gott zusammensein kann außer dem, was in seiner Natur (φύσις) aus ihm ist.

11. Danach fügten sie ihrer Lehre „lebendigmachender Geist" an, ein Wort, das beweisen kann, daß der Heilige Geist Gott ist, wie das, was oben gesagt worden ist. Unser Herr hat nämlich gesagt: „Dieses Wasser, was ich gebe,

---

[10] Die syr. Überlieferung des Genesiskommentars bricht an dieser Stelle ab, vgl. *comm. in Gen.* 2,10 (21 SACHAU), so daß man nicht sagen kann, ob THEODOR bereits hier auf den Heiligen Geist anspielt.

wird in seinem Inneren zu einem Wasserquell, der hinüberfließt ins ewige Leben“ (Joh 4,14). Und in seiner Rede tut er die Gabe des Heiligen Geistes kund, der das ewige Leben denen verleiht, die es verdienen. Und ferner heißt es an anderer Stelle: „Wer an mich glaubt, wie die Schriften sagen, aus dessen Leib werden Ströme lebendigen Wassers fließen“ (Joh 7,38). „Lebendiges Wasser“ nennt er die Gabe des Heiligen Geistes, da er das ewige Leben verleihen kann[11]. Und der Apostel sagt ferner: „Die Schrift tötet, der Geist aber macht lebendig“ (2 Kor 3,6). Damit gibt er uns zu verstehen, daß er uns unsterblich macht. Und ferner an anderer Stelle: „Adam, der erste Mensch, wurde zur lebendigen Seele, der zweite Adam hingegen zu lebenschaffendem Geist“ (1 Kor 15,45). Er tut damit kund, daß Christus, unser Herr, in seinem Leib zur Unsterblichkeit verwandelt wurde durch die Auferstehung von den Toten in der Kraft des Heiligen Geistes[12], wie er auch an anderer Stelle gesagt hat: „Er wurde erkannt als Sohn Gottes in Kraft und im Heiligen Geiste, da er von den Toten er-

---

[11] Dies geht noch deutlicher aus dem Johanneskommentar (CSCO 116,63) hervor: „Dies hat er zu Recht gesagt, da in der Tat die Kraft des Geistes von solcher Art ist. Daher empfangen wir von ihm diese Erstlingsgabe des Geistes *(primitias Spiritus)* in der Hoffnung auf künftige Auferstehung; sofern sich nun diese Angelegenheit gleichnishaft *(in figura)* vollzieht, so hoffen wir doch dann die vollkommene Gnade zu empfangen, wenn wir durch seine Teilhabe unverweslich bleiben werden.“

[12] Ein griech. Fragment zu dieser Stelle lautet: „Er (Paulus) sagt nämlich nicht ‚zu einer lebenschaffenden Seele‘, sondern einer ‚lebendigen‘, im Unterschied zur Seele der vernunftlosen (Tiere), welche mit dem Körper zugrunde geht. Nachdem nun auch der erste Mensch zu einer lebendigen Seele geworden ist, verstarb und nicht auferstehen konnte, erstand der zweite, weil er lebenschaffenden Geist hatte und Seele, durch sich selbst“ (STAAB, *Pauluskatenen* 195). Bemerkenswert ist hier zum einen die Abwehr des Thnetopsychismus, der Ganztodtheorie, die den Menschen auf die vernunftlose Kreatur reduziert, zum anderen aber auch die kritische Auseinandersetzung mit APOLINARIUS, welcher den göttlichen Logos mit der Vernunftseele identifizierte.

standen ist, Jesus Christus, unser Herr“ (Röm 1,4). „Und wenn der Geist, der unseren Herrn Jesus Christus von den Toten erweckt hat, in euch wohnt, wird der, der unseren Herrn Jesus Christus erweckt hat, auch euren toten Leib zum Leben erwecken aufgrund seines Geistes, der in euch wohnt“ (Röm 8,11).

12. Auch unser Herr hat, als er über seinen Leib lehrte, gesagt: „Der Geist macht lebendig, das Fleisch (Leib) taugt zu nichts“ (Joh 6,63), um kundzutun, daß es vom Heiligen Geist herrührt, von dem auch er die Unsterblichkeit hat, und daß er dies den anderen zum Beweis gibt. Dies gehört nun zu der Natur, die von Ewigkeit existiert und die Ursache aller Dinge ist. Denn dem, der aus dem Nichts etwas machen kann, kommt auch das Lebendigmachen zu, was bedeutet, uns unsterblich zu machen, so daß wir allezeit leben. Denn auch unter allen erhabenen Geschöpfen sind solche, die eine unsterbliche Natur (φύσις) haben. Es ist offensichtlich und gewiß, daß der, der solches tun kann, auch den Rest vollbringen kann. Gott beweist nun, daß dies der göttlichen Natur (φύσις) zu tun zukommt, indem er sagt: „Wißt also, ich bin es, und es ist kein Gott außer mir. Ich mache tot und mache lebendig, ich verwunde und mache heil“ (Dtn 32,39). Und er macht kund, daß es seiner Macht allein zukommt, von den Toten zu erwecken und solche, die unter Wunden stehen, von der ihnen auferlegten Strafe zu befreien.

13. Mit diesen Worten haben uns also unsere seligen Väter ermahnt, indem sie uns belehrten, wir hätten zu glauben, daß der Heilige Geist aus der göttlichen Natur (θεία φύσις) Gottes, des Vaters, ist. Deshalb wird er zusammen mit dem Vater und dem Sohn bekannt und geglaubt, in der Unterweisung und bei der Taufe. Jeder von uns ist im Namen des Vaters und des Sohnes und des Heiligen Geistes getauft worden gemäß der Lehre unserer Väter, die der Überlieferung unseres Herrn entströmt, damit jedem klar und gewiß ist, daß uns unsere seligen Väter folgerichtig

die Lehre des wahren Glaubens gemäß dem Befehl Christi überliefert haben. Auch sind nämlich die Worte des Glaubensbekenntnisses nichts anderes als die Erklärung und das Verstehen jener Worte, die unser Herr überliefert hat. Denn er, der aufgetragen hat: „Lehret die Völker im Namen des Vaters und des Sohnes und des Heiligen Geistes" (vgl. Mt 28,19), hat uns offen kundgetan, daß die göttliche Natur (φύσις) des Vaters und des Sohnes und des Heiligen Geistes einzig ist. Es wäre nämlich unmöglich, daß jene von den Heiden zur wahren Religion gelangen, indem sie den Irrtum der Vielgötterei von sich werfen und sich von jenen fernhalten, die sich in lügnerischer Weise „Gott" nennen, vielmehr statt dessen die Lehre annehmen, welche sie in die Nähe des Vaters und des Sohnes und des Heiligen Geistes bringt, wenn es nicht erwiesen und bekannt wäre, daß die göttliche Natur (θεία φύσις) eine ist, welche von Ewigkeit existiert und Ursache aller Dinge ist. Daß wir uns nur ja von solchen fernhalten, die nicht wahrhaft Götter sind, und an die göttliche Natur (θεία φύσις) glauben, die Vater, Sohn und Heiliger Geist ist! Daß wir uns nur ja davon fernhalten, die Schöpfung Götter zu nennen, und statt dessen an die eine Natur (φύσις) glauben, welche unerschaffen ist, aus dem Nichts alles erschaffen kann, die wahrhaft Herr und Gott ist, dem zu Recht diese Bezeichnung und Ehre geschuldet werden!

14. Und deshalb hat unser Herr die Taufe der Lehre hinzugefügt, damit die Taufe den Abschluß für die Lehre bilde. Es ist nämlich recht, daß diejenigen, die sich von den trügerischen Götzen entfernt und erfahren haben, daß die göttliche Natur (φύσις) einzig ist, welche von Ewigkeit existiert und Ursache aller Dinge ist, die Vater, Sohn und Heiliger Geist ist, in jenen Namen das Geschenk der Taufe empfangen, welches zum wunderbaren Genuß und zum Unterpfand (ἀρραβών) der künftigen und unaussprechlichen Güter gegeben wird. In der Anrufung dieser Namen bei der Taufe geschieht das Bekenntnis, da diese Namen,

die angerufen werden, zu jener göttlichen Natur (φύσις) gehören, die von Ewigkeit existiert und Ursache aller Dinge ist und aus dem Nichts alles schaffen kann und allezeit um sie besorgt ist und sie versorgt. Zu Recht erwarten wir, in diesen Namen des Vaters und des Sohnes und des Heiligen Geistes, die bei der Taufe angerufen werden, von Grund auf erneuert zu werden und die wahre Freiheit zu erlangen.

15. Und folgerichtig haben sie ferner an das Taufbekenntnis auch das Glaubensbekenntnis von der „einen, katholischen Kirche“ angefügt. Ich bin getauft, so heißt es, um Glied am großen Leib der Kirche zu werden, wie der selige Paulus gesagt hat: „Ein Leib und ein Geist, wie ihr in der einen Hoffnung eurer Berufung berufen seid“ (Eph 4,4). Denn nicht dieses von Hand errichtete Bauwerk nennt er Kirche, wenngleich sie von der in ihr stattfindenden Versammlung der Gläubigen diesen Namen erhalten hat. Vielmehr nennt er „Kirche“ die gesamte Versammlung der Gläubigen, die in der rechten Weise Gott fürchten, jener, die nach dem Kommen Christi allerorten an ihn glauben bis zur Vollendung der Welt und dem Kommen unseres Erlösers vom Himmel her, das sie erwarten (vgl. Phil 3,20). Denn auch unser Herr hat, als er seinen seligen Aposteln sagte: „Geht, unterweist alle Völker, und taufet sie im Namen des Vaters und des Sohnes und des Heiligen Geistes, indem ihr sie lehrt, all die Gebote, die ich euch befohlen habe, zu halten“, hinzugefügt: „Seht, ich bin bei euch alle Tage bis zur Vollendung der Welt“ (Mt 28,19f).

16. Dieses „bei euch“ hat er in der Person (πρόσωπον) der Apostel jedem gesagt, der künftig bis zur Vollendung allerorten an ihn glaubt und nach dieser Überlieferung getauft wird. Diese Versammlung der Gottesfürchtigen nennt auch unser Herr „Kirche“, als er sagte: „Du bist Kephas, und auf diesen Felsen werde ich meine Kirche bauen, und die Pforten der Unterwelt werden sie nicht

überwältigen" (Mt 16,18)[13]. Auf diesen Glauben und diese Verheißung hin alle Gottesfürchtigen zu sammeln, hat er versprochen, daß ihre Versammlung nicht aufgelöst werde und ihren Feinden im Kampf nicht unterliege. Darüber hat auch der selige Paulus gesprochen: „Durch die Kirche wird den Mächten und Gewalten im Himmel die Tiefe der Weisheit Gottes bekanntgemacht, die er vor den Zeiten durch unseren Herrn Jesus Christus bereitet hat" (Eph 3,10f)[14]. Damit tut er kund, daß sich ob dieser vielfältigen Weisheit Gottes jene unsichtbaren Mächte wundern, daß er (*sc.* Gott) alle Menschen zur Gottesfurcht sammelt und sie zum einen Leib Christi macht durch die Wiedergeburt aus der heiligen Taufe und sie zu erwarten instand setzt, in der kommenden Welt mit ihm teilzuhaben an diesen künftigen Gütern.

17. Diese Kirche nennt er Leib Christi, da sie in dieser Welt durch die Wiedergeburt aus der Taufe gleichnishaft (τυπικῶς) Gemeinschaft mit ihm erhalten hat, in der kommenden Welt hingegen tatsächlich (ἐπ' αὐτοῖς ἔργοις) und wahrhaftig, da „der Leib unserer Niedrigkeit verwandelt und in Gestalt seines verherrlichten Leibes sein wird" (Phil 3,21). Wenn wir nämlich in dieser Welt im Gleichnis des

---

[13] Das griech. Fragment des Matthäus-Kommentars (129 REUSS) handelt von der Vollmacht und dem petrinischen Privileg der Gesamtkirche: „Dies sagt er also, weil bei der Kirche der Schlüssel für das Himmelreich ist. Wenn nämlich jemand Beziehung zu ihr hat, so wird er auch gänzlich solche zu den himmlischen Dingen haben. Wer nämlich der Kirche angehört und ihr zugerechnet wird, ist Teilhaber (μεριτής) und Erbe des Himmels, wer dieser jedoch erst einmal fremd geworden ist, wird keine Gemeinschaft mit den himmlischen Dingen haben. Diesem Wort folgen bis auf den heutigen Tag die Priester der Kirche, die einen schließen sie als Unwürdige aus, die anderen führen sie, durch Umkehr würdig geworden, ein."

[14] Zur kosmischen Bedeutung der Kirche als Leib Christi vgl. auch *comm. in Eph.* 3,10–12 (1,157f SWETE) sowie das Fragment zur Stelle (13f SACHAU), dort mit dem Hinweis auf die Tradition als Offenbarungsübermittlerin.

Adamleibes existieren, ihm im Leibe ähnlich, so heißen wir auch „Leib Christi, unseres Herrn", da wir bestimmt sind, die Herrlichkeit seiner Gestalt zu empfangen, sobald der Leib unserer Niedrigkeit verwandelt wird.

18. Dies tut auch der selige Paulus an anderer Stelle kund, indem er sagte: „Ich freue mich der Leiden euretwegen und vervollkommne im Fleische den Mangel an Drangsalen Christi für seinen Leib, welcher seine Kirche ist, deren Diener ich, Paulus, bin" (Kol 1,24f). Ganz offenkundig nennt er „Leib Christi" die Kirche, deren Auferbauung er diente, für die er viel gelitten und durchgemacht hat. So tut er kund, daß alle Gläubigen ein Leib in der einen Kraft des Heiligen Geistes sind, da sie zu einer künftigen Hoffnung berufen sind. Deshalb schreibt er auch an die Korinther folgendermaßen: „Ihr seid der Leib Christi, unseres Herrn" (1 Kor 12,27). Und ferner sagte unser Herr in den an seine Jünger gerichteten Worten in Form (σχῆμα) eines Gebetes: „Nicht nur für sie bitte ich, sondern auch für die, die künftig an mich glauben werden aufgrund ihrer Worte, daß sie alle eins seien, wie du, mein Vater, in mir bist, und wie ich in dir bin, daß auch sie in uns eins seien" (Joh 17,20f). Ich will nämlich, sagt er, daß nicht nur sie, sondern auch alle, die durch sie an mich glauben werden, eins seien durch die Wandlung[15] in bezug auf die Güter. Wie ich mit dir eine genaue, unaussprechliche Verbindung (συνάφεια) habe, so sollen auch sie allesamt in ihrem Glauben an uns eins werden durch die Vollendung ihrer Verwandlung (μεταποίησις) auf die Güter hin und in der Gestalt meiner Herrlichkeit sein und Verbindung (συνάφεια) mit mir be-

[15] Μεταποίησις? Der Terminus begegnet in der Eucharistielehre, er meint an dieser Stelle jedoch die Wandlung, die sich durch die Auferstehung in der kommenden Welt an der menschlichen Natur ereignen wird, an der der Gläubige durch Taufe und Eucharistie schon jetzt Anteil erlangt.

sitzen, durch die sie zur Würde einer Vertrautheit (οἰκείωσις) mit der göttlichen Natur (ϑεία φύσις) erhoben werden.

19. Da wir im Gleichnis (τύπος) dieser Dinge durch die Taufe stehen, wie wir zusammen mit Christus in der Taufe sterben und auferstehen nach dem Zeugnis des seligen Paulus, deshalb bekennt ein jeder von uns: „Ich glaube und werde getauft im Namen des Vaters und des Sohnes und des Heiligen Geistes in der einen, katholischen (καϑολική) heiligen Kirche." Mit diesem Wort soll gesagt sein: Nicht um Kleinigkeiten willen, sondern um großer, wunderbarer Dinge und um himmlischer Güter willen soll ich getauft werden. Ich erwarte nämlich von der Taufe, daß auch ich einer der Söhne der Kirche werde, welche die Versammlung jener Gläubigen ist, die durch die Taufe gewürdigt wurden, Leib Christi, unseres Herrn, zu heißen und die unaussprechliche Heiligkeit empfangen und die Hoffnung auf Unsterblichkeit die künftige Unwandelbarkeit. Und es gibt eine einzige Kirche, die all das umfaßt aufgrund jener, die allerorten glauben und das himmlische Leben erwarten, wie der selige Paulus sagte: „Die Kirche im Himmel, in der die erstgeborenen Söhne Gottes eingeschrieben sind" (vgl. Hebr 12,23). Er nannte sie Erstgeborene, da sie die wunderbare Annahme an Sohnes Statt (υἱοϑεσία) empfangen sollten durch eine vorzügliche Erwählung, nicht wie die der Juden, die eine wandelbare war, sondern wunderbare Unsterblichkeit und Unwandelbarkeit im Guten, die denen verliehen wird, die ihrer würdig sind. „Eingeschrieben im Himmel" nennt er sie, da sie dort wohnen sollen. „Heilig" nennen sie also die Kirche wegen der Heiligkeit und Unwandelbarkeit, die sie vom Heiligen Geist empfangen sollte. „Katholisch" (καϑολική) nun, um alle bekanntzumachen, die allerorten und zu aller Zeit zum Glauben gekommen sind, „eine" nun, sagen sie, weil alle, die an Christus glauben, und nur sie allein, jene künftigen Güter empfangen und die eine, heilige Kirche sind.

20. Und um anzuzeigen, welches der Gewinn dieses Glaubens ist, haben sie „Vergebung der Sünden" gesagt. Nicht eine schlichte Vergebung fügten sie ihrer Rede an, sondern die vollständige Vernichtung der Sünde, wie auch unser Herr gesagt hat: „Dies ist mein Leib, der für die Vielen zerbrochen wird zur Vergebung der Sünden" (vgl. Mt 26,26.28). Dies bedeutet: Alle Sünden werden getilgt werden. Wahre Vergebung der Sünden heißt nämlich nicht Nachlaß eines Teils der Sünden, sondern bedeutet, daß alle vollständig vergeben werden sollen[16], wie der selige Johannes gesagt hat: „Seht, das Lamm Gottes, das hinwegnimmt die Sünde der Welt" (Joh 1,29). Dies aber ereignet sich vollkommen in der kommenden Welt, sobald wir durch die Auferstehung unsterblich und unwandelbar geworden sind, wo auch jegliche Regung der Sünde aufgehört hat. Deshalb hat auch der selige Paulus gesagt: „Wenn die Toten nicht auferstehen, ist auch Christus nicht auferstanden. Wenn Christus nicht auferstanden ist, ist unser Glaube leer, und ihr seid noch in eueren Sünden" (1 Kor 15,16f), um anzuzeigen, daß wir durch die künftige Auferstehung von

---

[16] PHOTIUS, *cod.* 177 (PG 103,516f), überliefert ein aufschlußreiches Zitat aus THEODORS verschollenem Werk *De peccato originali*. Dort ist von einer „doppelten Sündenvergebung" die Rede, einer für die begangenen Sünden und einer anderen der eigentlichen, welche mit der Sündelosigkeit (ἀναμαρτία) des kommenden Äons zusammenfällt: „Er sagt, es gebe zwei Sündenvergebungen, eine für begangene Sünden, die andere ist die Sündelosigkeit, das Nicht-mehr-Sündigen, was er vollkommene und vornehmliche Sündenvergebung und vollständige Hinwegnahme der Sünde nennt ... Er sagt, eine solche Sündenvergebung habe schon vom Heilswalten Christi, des Herrn, her zu erscheinen begonnen und werde uns in Form eines Unterpfandes geschenkt (ἐν ἀρραβῶος τάξει), vollkommen und tatsächlich (τελείως καὶ ἐπ' αὐτοῖς ἔργοις) wird sie in der mit der Auferstehung verbundenen Wiederherstellung (ἐν τῇ μετὰ τὴν ἀνάστασιν ἀποκαταστάσει) gegeben, zu deren Erlangung wir und die Kinder getauft werden ... Nach der Auferstehung, sagt er, werden wir nicht mehr sündigen ..."

den Toten die vollkommene Vernichtung der Sünde erwarten.

21. Deshalb haben auch unsere seligen Väter, nachdem sie von der Vergebung der Sünden gesprochen haben, „die Auferstehung des Leibes und das ewige Leben“ hinzugefügt. Damit taten sie kund, daß wir dies empfangen, sobald wir von den Toten erstanden sind und den Genuß der ewigen Güter erlangt haben. Dann, wenn wir unwandelbar geworden sind, findet nämlich wirklich die vollkommene Auflösung der Sünde statt, und wir sind eine, heilige, katholische (καϑολική) Kirche geworden, die wir unaussprechliche Heiligkeit erlangen und unsterblich und unwandelbar geworden sind und es erlangt haben, allezeit mit Christus zusammenzusein. „Sobald nämlich dieses Verwesliche die Unverweslichkeit und dieses Sterbliche die Unsterblichkeit angezogen hat, dann ist das Wort erfüllt, das geschrieben steht: Der Tod ist im Sieg verschlungen. Wo ist dein Sieg, Unterwelt? Und wo ist dein Stachel, Tod? Denn der Stachel des Todes ist die Sünde, und die Kraft der Sünde ist das Gesetz (νόμος)“ (1 Kor 15, 54–56). Dann findet wirklich auf einen Schlag die Auflösung all dieser Dinge statt: des Todes, der Sünde, der Verwesung. Und mit ihnen wird auch das Gesetz (νόμος) zunichte, da wir das Gesetz (νόμος) nicht brauchen, ist man erst einmal heilig, unsterblich und unverweslich geworden.

22. Notwendigerweise haben also unsere seligen Väter zuerst das Bekenntnis des Glaubens überliefert, indem wir unterrichtet werden sollten gemäß der Überlieferung unseres Herrn und das lernen sollten, was wir über den Vater und den Sohn und den Heiligen Geist wissen sollten, daß Vater, Sohn und Heiliger Geist eine göttliche Natur (ϑεία φύσις) sind, eine Natur (φύσις), die von Ewigkeit her existiert und Ursache aller Dinge ist. Diese Natur (φύσις) allein wird zu Recht Herr und Gott genannt, die wir gläubig bekennen sollen und der von allen Geschöpfen Anbetung gebührt. Dennoch lehrten sie uns das Taufbe-

kenntnis, um uns kundzutun, daß man entsprechend der Überlieferung unseres Herrn, der gesagt hat: „Geht, lehrt und tauft im Namen des Vaters und des Sohnes und des Heiligen Geistes" (Mt 28,19), auf diese Weise unterrichtet würde und die Taufe empfange im Namen des Vaters und des Sohnes und des Heiligen Geistes. Diejenigen nun, die wegen der Hoffnung auf die wunderbaren Güter getauft werden sollen, dürfen keine andere Natur (φύσις) anrufen außer jener, die alle Güter allen Geschöpfen schenkt. Sie fügten dann nun das Bekenntnis der künftigen Güter ein wegen ihrer Hoffnung auf die Taufgnade, (der) wir uns nahen, da wir unbedingt wissen müssen, welche Güter jener Unterweisung verliehen werden: daß Vater, Sohn und Heiliger Geist eine göttliche Natur (θεία φύσις) sind, ebenso der Glaube an die Wiedergeburt der heiligen Taufe, wodurch wir (Güter) empfangen, die himmlisch und unvergänglich sind, die die göttliche Natur (θεία φύσις), welche von Ewigkeit existiert und Ursache aller Dinge ist, uns geben kann.

23. Wir haben also zur vollkommenen Belehrung an diesen vielen vergangenen Tagen euch, ihr Lieben, eine Erklärung des Glaubens gegeben. An euch ist es also, daß ihr euch mit Sorgfalt an diese mit euch gewechselten Worte erinnert, daß ihr ohne Abänderung das Glaubensbekenntnis der wahren Religion bewahrt und so den Genuß jener kommenden Güter erlangt, deren Gott euch würdigen möge in der Gnade seines Eingeborenen (μονογενής), unseres Herrn Jesus Christus. Ihm und seinem Vater zusammen mit dem Heiligen Geist sei Lob und Ehre, jetzt und allezeit und in alle Ewigkeit. Amen. Amen.

Zu Ende geschrieben sind die zehn Homilien: eine Erklärung des Glaubens, verfertigt vom erhabenen und christusliebenden Mar Theodor, dem Bischof und Deuter der göttlichen Schriften.